中俄经济学家论中俄经济社会发展

Социально-экономическое развитие России и Китая глазами российских и китайских экономистов

程恩富　［俄］梁赞诺夫　主编

中国社会科学出版社

图书在版编目(CIP)数据

中俄经济学家论中俄经济社会发展／程恩富，(俄罗斯)梁赞诺夫主编．—北京：中国社会科学出版社，2019.10
ISBN 978-7-5203-5172-0

Ⅰ.①中… Ⅱ.①程…②梁… Ⅲ.①中国经济—经济发展—文集②社会发展—中国—文集③经济发展—俄罗斯—文集④社会发展—俄罗斯—文集 Ⅳ.①F124-53②F151.24-53

中国版本图书馆CIP数据核字(2019)第210277号

出 版 人	赵剑英
责任编辑	田 文
责任校对	张爱华
责任印制	王 超
出 版	中国社会科学出版社
社 址	北京鼓楼西大街甲158号
邮 编	100720
网 址	http://www.csspw.cn
发 行 部	010-84083685
门 市 部	010-84029450
经 销	新华书店及其他书店
印刷装订	北京君升印刷有限公司
版 次	2019年10月第1版
印 次	2019年10月第1次印刷
开 本	710×1000 1/16
印 张	18.25
字 数	263千字
定 价	128.00元

凡购买中国社会科学出版社图书，如有质量问题请与本社营销中心联系调换
电话：010-84083683
版权所有 侵权必究

主编简介：

程恩富：1950年生于上海。中国社会科学院学部委员、学部主席团成员，中国社会科学院大学学术委员会副主任兼首席教授、博士生导师，中国社会科学院习近平新时代中国特色社会主义思想研究中心学术指导委员、经济社会发展研究中心主任、世界社会主义研究中心副主任、马克思主义理论创新智库学术委员会委员。曾任中国社会科学院马克思主义研究院院长、马克思主义研究学部主任。

第十三届全国人民代表大会教育科学文化卫生委员会委员；国务院学位委员会马克思主义理论学科评议组成员；中央马克思主义理论研究和建设工程首席专家；国家社会科学基金项目评审专家；教育部高等学校科学研究优秀成果奖评委；《国际思想评论》（英文）、《世界政治经济学评论》（英文）和《海派经济学》等期刊主编；担任全球学术团体——世界政治经济学学会会长、中国政治经济学学会会长、中华外国经济学说研究会会长；兼任俄罗斯圣彼得堡国立大学、莫斯科金融政法大学荣誉教授，山东大学特聘教授，日本经济理论学会国际顾问，俄罗斯《政治经济学问题》杂志编委。

独著和主编《经济学方法论》（中文、日文版）、《劳动创造价值的规范与实证研究——新的活劳动价值一元论》（中文、英文版）、《现代政治经济学》（中文、越南版）等30多部著作；出版《程恩富选集》《改革开放与中国经济》《重建中国经济学》等8部个人文集；在《中国社会科学》《马克思主义研究》《求是》《人民日报》等发表600多篇文章。在学术研究、理论宣传、立法政策探讨三方面均有较多成果，被中外论著数千次引用，中外媒体数百次专题采访报道，是国内外著名马克思主义理论家和经济学家。

梁赞诺夫：1949 年出生，俄罗斯圣彼得堡国立大学经济理论教研室主任、经济学教授、博士。曾就读于列宁格勒国立大学经济学院政治经济学专业，1972 年在该校担任政治经济学讲师，1978 年列宁格勒国立大学（政治经济学系）研究生毕业。担任俄罗斯经济哲学学院副院长、独联体国家国际政治经济学协会协调员、俄罗斯自然科学院院士。

主要研究方向：俄罗斯经济发展理论、政治经济学、当代俄罗斯经济发展的宏观经济和制度问题。发表 150 多篇学术论文，出版 8 部个人专著。多篇学术论文被翻译成英语、德语、中文、波兰文等在国外发表。

主要学术专著：《（非）真正的资本主义：危机的政治经济学及其对世界经济和俄罗斯的影响》（莫斯科经济出版社 2016 年版），《制度分析与俄罗斯经济学》（莫斯科经济出版社 2013 年版），《俄罗斯经济体制：正在转向另一种经济》（圣彼得堡国立大学出版社 2009 年版），《俄罗斯经济发展：19—20 世纪的改革和俄罗斯经济》（圣彼得堡科学出版社 1998 年版）。

主要学术论文：《无息经济及金融社会化：新金融秩序的选择与替代》（《经济学家》2016 年第 8 期），《政治经济学及其分析能力：检验危机的理论模型》（《政治经济学问题》2015 年第 2 期），《资本主义制度下危机理论的发展：政治经济学的传统与现代性》（《经济理论杂志》2014 年第 4 期），《新型工业化的时机：俄罗斯的前景》（《经济学人》2013 年第 8 期）。

序　一

中国和俄罗斯都是当今世界舞台上主张和平、发展、合作、共赢的大国，同时，两国又是非常有影响力的友好邻邦的典范。

历史上，俄罗斯对中国的影响是巨大的。中国共产党人在探索中华民族独立、解放发展道路的进程中，"十月革命一声炮响，给中国送来了马克思列宁主义"；中国先进分子接受马克思列宁主义后，以俄国布尔什维克党为榜样建立了中国共产党，从此，中华民族的精神面貌焕然一新，中国革命焕然一新。

今天，中国和俄罗斯的睦邻友好关系不断地迈上新台阶。2019年6月5日，中国国家主席习近平在莫斯科克里姆林宫同俄罗斯总统普京会谈。两国元首高度评价建交70年来双边关系发展，一致同意秉持睦邻友好、合作共赢理念，发展中俄新时代全面战略协作伙伴关系，将两国关系提升到更高水平，更好惠及两国人民和世界人民。

两国学术界的合作和交流，也不断地迈上新台阶。早在2000年，由中国社会科学院程恩富教授和俄罗斯圣彼得堡国立大学梁赞诺夫教授合作，联合中国和俄罗斯的经济学家，曾合作出版过论文集《中俄经济学家论中俄经济改革》，论文集分别在中国和俄罗斯用中文和俄文出版发行。中国和俄罗斯的经济改革，以其独特的改革方式和不同的改革成果引起了中外经济学家极大的兴趣和关注，两国专家在该文集中，就中国和俄罗斯经济改革的历史、战略、目标、结果等进行了全面系统而又深刻的比较研究，开创了两国学者共同合作研究这一重大问题的先河，受到两国学界和政界的高度关注。上海市和圣彼得堡市原市长分别为中俄文版书籍作序。

即将付梓的《中俄经济学家眼中的中国和俄罗斯经济社会发展》是在著名经济学家程恩富学部委员和梁赞诺夫院士的推动下，中国和俄罗斯两国经济学家开展学术合作的延续，依然是分别用中文和俄文在中国和俄罗斯出版发行。该论文集主要围绕中国和俄罗斯经济社会发展问题展开研究，既有宏观的视野，也有微观的思考，是中国和俄罗斯学者的最新研究成果。

推动中俄两国学者的学术交流和合作符合中国和俄罗斯发展的需要。当前面对以美国为首的新帝国主义实行的经济政治文化军事霸权主义、单边主义的世界格局下，中俄两国均需要精心做好对外宣传工作，创新对外宣传方式，着力打造融通内外的新概念新范畴新表述，讲好中国和俄罗斯故事，传播好中国和俄罗斯声音。作为学者，需要开展好学术外宣、学术外交，以学术活动为载体，向国际社会宣传中国和俄罗斯的学术和文化。本书既是让中国了解俄罗斯的经济社会发展，也是让俄罗斯了解中国的经济社会发展，这对于中国和俄罗斯加深了解、彼此借鉴，具有重要的理论和现实意义。同时，对于那些对中国和俄罗斯经济社会发展感兴趣的他国读者而言，也提供了一个了解和掌握情况的窗口。

程恩富
2019 年 7 月

序　二[*]

圣彼得堡国立大学的经济学家和中国经济学家的这本论文集延续了以往的合作研究传统。差不多20年前，第一本同类型的论文集分别用俄文和中文出版。① 两国关系巩固和发展的重要性有了继续进行合作研究的需求，因为两国间有许多共同目标和利益，而且两国经济领域要解决的问题相近，都需要提出各自的解决方案。

第一本论文集致力于研究两国的市场改革政策，其形成的特点，所具有的特色，取得的成绩和后果。一系列重要情况都证明开展这方面工作的正确性。

首先，中国经济的市场改革启动得比俄罗斯早，且改革伊始就取得积极进展。因此，我们致力于详细了解中国是如何取得成功的，尤其在考虑到可否在我国运用中国经验的背景下。在20世纪90年代，中国经济的市场改革还没有完全完成。人们认为，由于社会经济结构和发展水平存在显著差异，以及文明特征的不匹配，中国经验对我们用处不大。

其次，我国在1998年经济危机加剧、经济崩溃之后，开始认识到，按照所谓的"华盛顿共识"提出的新自由主义市场改革方案不适合俄罗斯。这更加体现了把中国改革的经验与俄罗斯改革的负面结果

---

[*] 俄罗斯经济学家梁赞诺夫为俄文版图书写的序言（陈爱茹译）。

① Экономические реформы в России и Китае глазами российских и китайских экономистов//Под ред. В. Т. Рязанова, Л. Д. Широкорада, Чэн Эньфу, Ли Синя. Санкт-Петербург-Шанхай, 2000.

进行比较，研究中国改革经验的必要性。

再次，必须调整俄罗斯改革方针的那段时间里，意味着在那个时间段要解决一个更为普遍的问题——在经济政策和理论上拒绝西方国家经验的绝对化和主导地位。因此，东方发展方向在研究中的出现意味着需要考虑到世界经济改革的多样性以及经济增长的成功范式。

即将付梓的论文集及其选题，一方面，延续了对两国经济发展进行比较分析的主要方向，这对于改善俄罗斯经济体系具有重要意义。对我们而言，今天仍然在不断取得成功的中国经济发展的经验是有益的，但我们不是致力于模仿经济发展模式，而是首推中国在出台经济政策中所遵循的实事求是传统和合理的就事论事的方法。

另一方面，论文集的编制和出版符合近年来俄罗斯和中国加强战略互动和全面合作发展的主流。在世界矛盾急剧尖锐化、对抗和争夺领导权的斗争加剧的背景下，这显得尤为重要。在世界处于如此复杂和自相矛盾的形势下，更密切的合作和互动对我们两个国家都有益。

在这部论文集中，重点关注中国和俄罗斯当前的经济发展情况。第一部分介绍了俄罗斯经济学家的文章。其选题皆立足于分析我国经济发展面临的紧迫问题。特别强调，作为开展新技术革命的重要前提，论证实施新工业化政策的必要性迫在眉睫。在这种情况下，产业政策的活跃和金融部门的完善是从它们对俄罗斯经济增长和结构变革所能产生的影响的视角来揭示的。与财产权和已经发生的制度变迁相关的重要理论和实践问题也是分析的对象。重要的是，要研究清楚，经过一段时间积极的市场改革后发生了什么。还有一篇是研究俄罗斯的通货膨胀过程和反通胀政策的经验。由于经济发展总是需要对其所带来的社会后果进行评估，因此，文集中也有相应的文章关注这一选题。最后，论文集中还有一篇关于审计制度在俄罗斯建立的文章，审计制度的出现揭示了我国市场基础设施建设的特点。

论文集的第二部分介绍了中国经济学家的文章。他们也是分析当代中国经济发展面临的紧迫问题。了解这些文章，可以让您比较全面地获悉与中国所宣布的新的经济发展方针相关的信息。中国执行新的经济发展方针的必要性被阐释为：为实现全面建成中等发达的社会（"小康"）创造前提条件，接下来，在2020—2035年，在"中国特色社会主义"的总概念框架下，实现社会主义现代化的发展目标。有一篇文章对俄罗斯和中国的经济发展模式进行了比较分析。他者的观点有时是出乎意料的、尖锐的和具有批判性的，在评价历史事件和当代问题的时候，触碰到一些新的边界，这些在内部并不总是可见的。由于对外贸易对中国具有重要作用，所以实施开放政策的问题反映在相应的文章中。当然，"丝绸之路"建设倡议的提出，对中国起着至关重要的作用，中国研究者要必然关注。这些文章评估了"一带一路"倡议在发展我们两国合作方面的潜力。

总而言之，俄罗斯和中国经济学家的论文集所收录的文章，无疑有助于更准确地揭示我们两国经济发展的共性和特性，理解它们在俄罗斯和中国如何制定和实施的理论立场和实践方法。

B. T. 梁赞诺夫
2019 年 7 月

目 录

新时代将加速经济新常态下的民富国强进程 …………… 程恩富（1）

中国经济模式的特殊性兼与俄罗斯比较 ………………… 李 新（17）

中国构建现代化经济体系：基本框架与实现
　　战略 …………………………………………… 程恩富　柴巧燕（37）

浅析城镇化推进模式与提高农村居民消费率的关系 …… 侯为民（59）

中国对外开放中的国家经济自主性问题
　　探析 …………………………………………… 舒　展　刘墨渊（77）

"一带一路"倡议与大欧亚伙伴关系
　　——中俄之间的经贸合作与发展 ………………… 刘晓音（90）

G20国家创新竞争力发展态势及其中国的表现 ……… 黄茂兴（105）

"一带一路"倡议下交通基础设施建设促进新疆
　　与中亚贸易发展 ……………………………… 刘　越　闵路路（121）

俄罗斯经济发展的特点：机遇和优先
　　战略 …………………………………… ［俄］В. Т. 梁赞诺夫（138）

俄罗斯的社会政策 ………………………… ［俄］О. А. 德罗兹多夫（151）

俄罗斯产业政策对工业结构和经济增长的影响
　　——去工业化作为俄罗斯转型过程的
　　　　后果 …………………………… ［俄］А. Н. 利亚金（169）

俄罗斯的通货膨胀和抗通胀政策的
　　特点 ………………………………… ［俄］А. Ю. 普罗塔索夫（186）

当代俄罗斯的产权和制度变迁 ………… ［俄］ A. A. 舍维廖夫（215）
俄罗斯审计：发展阶段与发展因素 …… ［俄］ Ю. Н. 古佐夫（233）
俄罗斯经济金融化的特征及其对经济增长的
　　影响 ………………………… ［俄］ В. В. 伊万诺夫（248）
俄罗斯经济新工业化和新工业革命…… ［俄］ М. А. 鲁缅采夫（263）

新时代将加速经济新常态下的民富国强进程

程恩富[*]

"两个一百年"的战略规划将加速民富国强进程，推动新中国持续走向繁荣富强，而西方民富国强受阻的根本原因是资本主义各种对抗性矛盾，中国和西方国家出现两种不同的经济新常态。本文阐述中外民富国强的若干现状以及不同经济新常态的现实表现、制度特点和理论政策，并提出我国处于世界经济体系"中心—外围"中的"准中心"概念。

一 "两个一百年"的战略规划加速民富国强进程

习近平新时代中国特色社会主义思想是对马列主义及其中国化理论的继承和发展，最为突出的体现在经济社会发展中国家规划的战略导向作用与市场配置一般资源的决定性作用的结合方面。作为有长远战略规划的领导型执政党的中国共产党，与西方"二无型"（无党章、无党员）执政党在治国理政方面的最大区别在于：中国共产党基

---

[*] 程恩富，中国社会科学院经济社会发展研究中心主任，中国社会科学院大学首席教授，世界政治经济学学会会长。

于以人民为中心来提升民富国强的发展思想,把社会主义制度与市场经济制度有机结合,既充分"发挥国家发展规划的战略导向作用"①,又充分利用市场配置一般经济资源的决定性作用(一般资源不包括教育、文化、卫生、社会保障、住房和交通运输等重要的非物质资源或物质资源)。这明显地体现在"两个一百年"的奋斗目标及其实施中。

具体来说,改革开放之后,我们党对我国社会主义现代化建设作出战略安排,提出"三步走"战略目标,使解决人民温饱问题和人民生活总体上达到小康水平这两个目标提前实现。在此基础上,党的十八大确立了"两个一百年"奋斗目标,即到建党一百年时全面建成小康社会。然后再奋斗30年,到新中国成立一百年时,基本实现现代化,把我国建成社会主义现代化国家。

党的十九大报告又提出,从现在到2020年,必须按照全面建成小康社会的各项要求,紧扣我国社会主要矛盾变化,统筹推进"五位一体"总体布局,协调推进"四个全面"战略布局,使全面建成小康社会得到人民认可、经得起历史检验。从2020年到21世纪中叶可以分两个阶段来安排:第一个阶段,从2020年到2035年,在全面建成小康社会的基础上,再奋斗15年,基本实现社会主义现代化。这就把党的十八大报告提出的基本实现现代化的时间表提前了15年。第二个阶段,从2035年到21世纪中叶,在基本实现现代化的基础上,再奋斗15年,把我国建成富强民主文明和谐美丽的社会主义现代化强国。②

正是以上这些关于民富国强的中长期战略规划对社会主义市场经济的战略主导作用,既使市场经济的长处得到了充分的发挥,又使社会主义制度的优越性得到了充分的发挥,从而有效防范了资本主义市

---

① 习近平:《决胜全面建成小康社会,夺取新时代中国特色社会主义伟大胜利——在中国共产党第十九次全国代表大会上的报告》,人民出版社2017年版,第34页。
② 同上书,第28—29页。

场经济中存在的企业生产的有组织性与整个社会经济的无政府或无秩序状态之间对立的弊端,实现了国家调节为主导和市场调节为基础互为条件、优势互补的双重有机结合,是社会主义有计划发展规律的客观要求和出色表现。

因此,习近平总书记指出:"在社会主义条件下发展市场经济,是我们党的一个伟大创举。我国经济发展获得巨大成功的一个关键因素,就是我们既发挥了市场经济的长处,又发挥了社会主义制度的优越性。我们是在中国共产党领导和社会主义制度的大前提下发展市场经济,什么时候都不能忘了'社会主义'这个定语。之所以说是社会主义市场经济,就是要坚持我们的制度优越性,有效防范资本主义市场经济的弊端。我们要坚持辩证法、两点论,继续在社会主义基本制度与市场经济的结合上下功夫,把两方面优势都发挥好,既要'有效的市场',也要'有为的政府',努力在实践中破解这道经济学上的世界性难题。"[1] 也就是说,中国特色社会主义市场经济的实践表明,鉴于资本主义市场经济存在"个别工厂中的生产的组织性和整个社会的生产的无政府状态之间的对立"[2],我们必须基于社会主义制度的优越性,使国家规划的战略导向作用与市场配置一般经济资源的决定性作用的成功结合,便可有效防范资本主义市场经济的弊端,同时破解既要"有效的市场",也要"有为的政府"这道经济发展上的世界性难题,实现市场和政府在功能上的"双强格局",加速新时代在经济新常态下的民富国强进程。

二 关于新中国持续走向繁荣富强的问题

有舆论说,毛泽东使我们站起来、邓小平使我们富起来、习近平使我们强起来;也有舆论说,毛泽东社会主义1.0版本是一穷二白、

---

[1] 《习近平关于社会主义经济建设论述摘编》,中央文献出版社2017年版,第64页。
[2] 《马克思恩格斯全集》第20卷,人民出版社1971年版,第298页。

邓小平社会主义2.0版本是富起来、十八大后社会主义3.0版本是强起来。这些表述均不准确。准确地说，新中国成立前中国是一穷二白，但新中国成立以来从毛泽东时代开始，我们不仅站起来了，而且逐步富强起来了，富强是一个后浪推前浪的持续更好的过程。新中国近70年民富国强的统计数据，并不支撑割裂民富与国强的论点，也不支撑毛泽东时代没有逐步富强起来的论点。习近平总书记关于不能把新中国成立以来的两个30年建设发展互相否定的政治底线和原则是十分正确的。

众所周知，新中国的诞生，真正开启了中华民族伟大复兴的历史之门。新中国的建设，尽管经历了种种挫折和干扰，仍然取得了世界历史上任何其他国家从未达到过的辉煌经济成就。我国在改革开放前1949—1978年的大约30年间完成了重化工业化，建立了一个门类初步齐全、依靠内循环可以基本自给自足的国民经济体系，实现了包括导弹、卫星、核武器在内的自我武装，经济发展速度赶上并超过了世界绝大多数国家，年均GNP约为6%，可以跻身同期世界最快经济发展之列，社会生产力、综合国力、人民生活水平均比新中国成立前有较大提高，与主要发达国家的若干重要经济差距迅速缩小。因此，邓小平主持起草的《关于建国以来党的若干历史问题的决议》确认："在工业建设中取得重大成就，逐步建立了独立的比较完整的工业体系和国民经济体系"；"农业生产条件发生显著改变，生产水平有了很大提高。……1980年同1952年相比，全国粮食增长近一倍，棉花增长一倍多。尽管人口增长过快，现在已近十亿，我们仍然依靠自己的力量基本上保证了人民吃饭穿衣的需要"；"城乡商业和对外贸易都有很大增长。……1980年，全国城乡平均每人的消费水平，扣除物价因素，比1952年提高近一倍"；"教育、科学、文化、卫生、体育事业有很大发展"。

改革开放以来的40年间，中国国民经济更是高速腾飞，年均GDP增速约为9%，远远高于同时期世界经济平均3%左右的增长速度，达到同期世界第一，大大超过德、日、美等国在其崛起甚至"黄金时期"的增长速度。目前，国民经济总量和对外贸易总额已排名世界第二、外汇储备排名世界第一。"神舟"系列载人宇宙飞船发射成功、"嫦娥"探月工程、高铁、天河计算机、北斗导航等一张张响亮的"中国名片"，成为"中国奇迹"的有力见证，标志着我国综合国力和国际地位也居于世界前列。我国人均国内生产总值已达8000多美元，人民生活实现由接近温饱到全面小康的历史性跨越。与此同时，我国在民主政治、文化、社会建设等方面也都取得显著成就。

改革开放前后两个时期都是社会主义新中国约70年历史的有机组成部分，都是作为一个整体的社会主义新中国历史。应当说改革开放前的发展为改革后的发展奠定了物质文化基础，改革后的发展是在这个基础上的大发展。但是，当今中国社会上有一些论著为了论证改革开放的必要性和伟大成就，对前30年发展采取历史虚无主义态度，或者片面地只讲失误和不足，甚至是用歪曲的手段进行基本否定，割裂、扭曲改革开放前后两个时代的继承和发展关系。这对于我们科学认识新中国逐步富强的历史发展，从而客观总结历史经验教训、把握有关发展规律，是非常有害的。

对此，党的十九大报告作出准确的描述："中国特色社会主义进入新时代，意味着近代以来久经磨难的中华民族迎来了从站起来、富起来到强起来的伟大飞跃，迎来了实现中华民族伟大复兴的光明前景"；"我们党团结带领人民完成社会主义革命，确立社会主义基本制度，推进社会主义建设，完成了中华民族有史以来最为广泛而深刻的社会变革，为当代中国一切发展进步奠定了根本政治前提和制度基础，实现了中华民族由近代不断衰落到根本扭转命运、持续走向繁荣富强的伟大飞跃"。其中强调的是新中国成立以来"持续走向繁荣富强"！

三 民富国强若干数据与世界经济"准中心"概念

前几年就有一种说法，认为新中国成立以来，特别是改革开放以来，中国是逐步富强起来了，但是叫"国强民穷"，当时有这么一个小小的流行思潮。著名经济学家、中国社会科学院原副院长刘国光教授曾在文章中专门批驳了这一错误观点。

我们中国人喜欢比较，这是好事。我们工业要和美国、德国、日本比，我们的农业要和以色列、荷兰比，我们的军事要和美国比，我们的生态环境要和澳大利亚、新西兰比，我们的生活要和丹麦、挪威比，我们的足球还要和德国比，等等。这样一比较，好像我国什么都不是最先进的。其实，这样比较是可以的，但并不全面和科学。单项比较，有利于激励我们砥砺前行，但如果认为中国什么都不行或先进，那么这个结论就十分片面了。实际上，在民富国强方面，中国自我纵向比较，应对1949年前后的新旧中国进行全面比较；中国与他国的横向比较，应与独立前国情相似的印度进行全面比较，并与美国和瑞典等某些重要指标发展速度进行比较。其比较的结论显而易见。

一是按照购买力平价衡量的GDP。世界银行数据库统计显示，2016年我国的经济总量是21.4万亿美元，已经超过美国，美国只有18.6万亿美元，印度只有8.7万亿美元。按照购买力平价这个指标进行衡量和比较最科学。购买力平价是指两种货币之间的汇率决定于它们单位货币购买力之间的比例。例如，购买相同数量和质量的一篮子商品，在我国需要40元人民币，在美国需要10美元，对于这篮子商品来说，人民币对美元的购买力平价是4∶1，即4元人民币购买力相当于1美元。按照汇率比较，现在我国经济总量仅次于美国，是世界第二，但汇率变动较大，比较不是很客观。据国际货币基金组织2016年统计购买力平价人均GDP的结果，中国为15424美元，印度为6658美元。我国人均GDP与发达国家或某些发展中国家相比还比较少，因为中国人口基数太大。如果中国人口总量开始下降，那就更能体现民富国强和经济社会发展的成就。

二是现代化指数。据何传启《2013年世界现代化指数》一文（《科学与现代化》2016年第2期）提供的数据，综合10项指标排名，瑞典为100，第1名；美国为97.3，第6名；中国为40.1，第73

名；印度为22.5，第99名。

三是财富指数。2016年，我国家庭人均财富为16.9万元，其中房产净值约占66%（其中，城镇家庭：69%；农村家庭：55%）；动产中家用汽车占比较高（经济日报社中国经济趋势研究院：《中国家庭财富调查报告（2017）》）。另据瑞士信贷研究所发布的《全球财富报告2016》的数据，2016年中国成年人平均财富为22864美元（约合15.8万元人民币），属于中等偏低水平。

从前述各种数据可以看出，新中国成立以来的民富国强发展速度在全世界是较快的，改革开放以来更快。而国情和我国差不多的印度则相对大大落后。笔者去印度开会和考察过两次，也与印度经济学教授和共产党领导座谈了解情况，已得出如下结论：如果印度共产党不能掌权而不搞社会主义的话，如果中国不搞资本主义的话，那么印度估计是赶不上中国了。现在中外有些舆论认为印度是最大的民主国家，现在印度经济比中国弱小，可能若干年以后就赶上中国了。事实上，两国不同的发展路径依赖和制度决定这是不可能的，今后印度只有总人口可能超过中国。20世纪40年代后期，中国和印度的人均GDP差不多，而且印度的自然地理条件比中国好，中国人均耕地不到印度的一半，但无论比较毛泽东时代还是改革开放时代的富强发展情况，印度都比中国差得多，总体上印度比中国要差15年到20年。

在党的十九大报告中，习近平总书记强调新时代"是我国日益走近世界舞台中央、不断为人类作出更大贡献的时代"，这与其关于我国比任何时候都更加接近世界舞台的中心的论断是一致的。我认为这在经济上最为突出。众所周知，世界著名左翼经济学家萨米尔·阿明在《世界规模的积累：欠发达理论批判》（1970年）的著作中，提出和论证了世界经济体系中的"中心—外围理论"。阿根廷的劳尔·普雷维什也出版了《外围资本主义：危机与改造》（1990年）一书。问题在于：当代中国还是依附于发达国家的外围国家吗？美国等七国集团是当代世界经济的中心，但我国不依附它们，又不是外围国家，因而需要提出一个"准中心"国家的新概念。我国经济实力、科技实力，以及倡导的"一带一路"国际合作、金砖国家、亚投行、上合组织，等等，可以作为其中的重要标志之一。我们还要进一步从世界经济的"准中心"向绝对"中心"迈进，但是面对来自西方，甚至包括拉美国家一些舆论的质疑，指责中国在拉丁美洲、非洲的投资和能源等合作，怀疑中国也是在发展一种新的"中心—外围"之间依附关系，因而我们有必要声明，中国所迈向世界经济舞台的"中心"，不是重蹈西方中心国家的覆辙，不走它们利用领先的经济技术优势来剥削其他国家的劳动力的老路。中国所追求的"中心"地位，实际上是在谋求自身发展基础上促进人类命运和利益共同体的完善。我国既要在经济和科技上追赶上传统的"中心"国家，以获得与发达国家平等合作的机会，又要和传统的"外围"国家进行平等和帮助性的合作，并为"外围"国家发展进步提供示范，同时还要更好地引领全球共同建立国际经济新秩序、引领共同塑造国际经济安全、引领共同推动公正的经济全球化。我国从现在的"准中心"向未来的"中心"转型发展，至少要确立下列理论和战略：一是确立知识产权优势理论和战略，加快提升创新型国家建设的科技体系（仅仅靠建立在比较优势理论基础上的新结构经济学思维和战略是不行的）。二是确立金融"脱虚向实"的理论和战略，加快提升人民币国际化的金融体系。三是确立提质增效的发展理论和战略，加快提升国内与国际经济高度协调的产业体系。四是确立引导公正经济全球化的理论和战略，加快提升国际经济新秩序和共同经济安全的制度体系。

四 西方民富国强受阻的根本原因是资本主义各种对抗性矛盾

西方各种经济危机和"经济新常态"导致真正符合人性和人类命运共同体的民富国强提升大大受阻，而这又是资本主义市场经济制度及其各类矛盾发展的必然结果。2008年西方国家爆发的金融和生产经营危机是十分严重的，其危害性不亚于20世纪30年代经济大危机。与马克思和列宁时代相比，当今世界资本主义经济的基本矛盾是经济不断社会化和全球化，与生产要素的私人所有、集体所有和国家所有的矛盾，与国民经济和世界经济的无政府状态或无秩序状态的矛盾。这个扩展了的全球基本经济矛盾，通过以下五种具体矛盾和中间环节导致西方国家的次贷危机、金融危机、生产经营危机、财政危机和持续不景气的"经济新常态"，并由此诱使经济社会和政治发展的种种制度痼疾发作。

第一，私有垄断制及其企业管理模式容易形成高级管理层为追求个人巨额收入极大化而追求短期利润极大化，日益采用风险较大的金融工具以及次贷方式，这与企业正常经营管理形成矛盾，从而在企业微观层面垫成各种危机和"经济新常态"的基础。从实质上看，以法人资本所有制为基础的个人股权分散化的股权结构，是以法人股东形式存在的金融资本控制企业的微观基础。在这种股权结构中，企业具有法人股东和经理人两个层面的代理人。其中，法人股东只不过是代表私人资本所有者从事资本经营活动的代理人，并不是资本的终极所有者。法人股东的最终所有者和最终委托者，仍然是私人资本所有者。而职业经理人则是企业经营管理活动的实际组织者和控制者。在现代资本主义大企业高度分散的股权结构中，法人股东和经理人两个层面的代理人局部利益与企业整体风险之间，均构成了既对立又统一的矛盾关系。代理人局部利益与企业整体风险之间的统一性，主要体现在企业的长期发展中，但属于矛盾的次要方面。从长期看，在整体风险较低的条件下，企业可获得较为稳定的持续发展效益。而包括法人股东和经理人在内的代理人，也能够从企业发展中获得较为稳定的收益。但是，由于企业个人股权的高度分散性，法人股东和经理人在内的代理人无法受到有效的监督和制约，更加倾向于追求短期利益最大化，从而忽视企业的长期利益和整体风险。

第二，私有垄断制结合市场经济容易形成生产相对过剩、实体经济与虚拟经济的比例失衡，从而在经济结构层面形成各种危机和"经济新常态"的格局。社会再生产与国民经济运行都必须遵循按比例分配社会劳动的规律（简称按比例规律）。这一规律要求，表现为人财物的社会总劳动要依据需要按比例地分配在社会生产和国民经济中。也就是说，社会生产在生产与需要的矛盾运动中，各种产出与需要在使用价值结构上要保持动态的综合平衡，以实现在既定条件下靠最小的劳动消耗来取得最大的生产成果；在整个国民经济中，要保持各种产业和经济领域的结构平衡。按比例规律是社会再生产与经济运行的普遍规律。在以美国为代表的当代资本主义市场经济中，由于主张放松国家经济调节与金融监管的新自由主义盛行，按比例规律主要通过市场调节规律（或价值规律）与私人剩余价值规律的共同作用来实现。例如，虚拟经济与实体经济之间的矛盾运动客观上要求，虚拟经济发展的速度和水平要与实体经济相适应。如果虚拟经济发展滞后于实体经济，就会阻碍实体经济的发展；如果虚拟经济发展过度超前于实体经济，就会使经济运行风险不断积累，在金融监管缺位的情况下最终将导致金融危机和经济危机。2008年爆发的西方国家金融与经济危机，就是金融自由化条件下虚拟经济严重脱离实体经济的必然结果。

第三，私有垄断集团和金融寡头容易反对国家监管和调控，而资本主义国家又为私有垄断制经济基础服务，导致市场调节和国家调节双失灵，从而在资源配置或经济调节层面促成各种危机和"经济新常态"的窘况。国家调节规律（或计划规律）是按比例规律在受国家调节的社会化大生产和国民经济中的一种实现方式。[1] 马克思认为，在以共同生产为基础的社会中，"社会必须合理地分配自己的时间，才能实现符合社会全部需要的生产。因此，时间的节约，以及劳动时间在不同的生产部门之间有计划的分配，在共同生产的基础上仍然是

---

[1] 著名经济学家刘国光近年重新倡导和阐述"有计划按比例发展规律"。这是十分必要和重要的。不过，按比例规律与计划规律是两个密切关联的不同规律。参见刘国光《关于政府和市场在资源配置中的作用》，《当代经济研究》2014年第3期；刘国光：《有计划，是社会主义市场经济的强板》，《光明日报》2009年3月17日第10版。

首要的经济规律"①。但是，在国家垄断资本主义阶段和社会主义初级阶段，由于国家的存在，对社会生产与国民经济的总体规划和综合调节只能由国家来承担。国家调节规律（或计划规律）是商品经济的基本矛盾即私人劳动或局部劳动同社会劳动之间矛盾运动在受国家调节的社会化大生产中表现出的客观经济规律。这一规律的内涵是：国家运用经济、法律、行政等国家政权手段，自觉利用社会大生产发展的客观规律，根据社会生产和国民经济的实际运行状况和发展态势，预先制定社会生产和国民经济的总体规划，并科学合理地调节社会总劳动在各生产部门和整个国民经济中的分配。而在国家调节规律（或计划规律）不能有效发挥作用的当代资本主义市场经济中，经济危机客观上成为按比例规律的实现方式。

第四，私有垄断制结合市场经济容易形成社会财富和收入分配的贫富分化，导致生产经营的无限扩大与群众有支付能力需求相对缩小的矛盾，群众被迫进行维持生计的含次贷在内的过度消费信贷和家庭负债累累，从而在分配消费层面酿成各种危机和"经济新常态"的态势。在资本主义市场经济中，私人剩余价值规律与市场调节规律（或价值规律）的共同作用加剧了贫富两极分化：占社会人口少数的私人资本所有者阶层占有大部分社会财富，而占社会人口绝大多数的劳动者及其家庭成员所拥有的财富只占极少部分社会财富。在当代资本主义经济中，旨在寅吃卯粮的大众消费信贷及其金融衍生品的发展，不仅不能从根本上缓解生产经营无限扩大的趋势与劳动人民有支付能力的需求相对缩小之间的矛盾，而且加大经济运行的整体风险。为了缓解生产无限扩张趋势与广大劳动者有支付能力需求相对缩小的矛盾，美国金融垄断资本致力于发展旨在寅吃卯粮的消费信贷及其金融衍生品，从而促进普通居民举债消费。而这种"债务经济模式"所包含的虚假需求泡沫一旦遇到利息率上升等经济事件，就会因债务违约而全面破灭。由此引发的金融支付危机与经济危机便不可避免。

---

① 《马克思恩格斯全集》第 46 卷上，人民出版社 1979 年版，第 120 页。

第五，私有垄断制及其政府大幅度减少私人企业税收、大量增加军费、不减少政府日常开支、用公民纳税的钱救助私人大企业等，必然导致财政赤字和政府债务不断增大，以及缩减群众福利和政府教育等财政紧缩局面，从而在国家财政层面造成各种危机和"经济新常态"的困境。20世纪80年代里根政府上台之后，美国税率变化的趋势发生了逆转，最富有阶层享受到来自工资、股票期权、利息和资本所得等方面的更大幅度减税。此后，美国低收入阶层和中产阶层的联邦税率总体呈上升趋势，而最富有的5%人口的联邦税率从20世纪80年代开始明显下降，其中最有钱的0.01%人口的联邦税率1990年比1960年下降了一多半。2016年12月13日，美国议会通过的最终版本的减税法案，美国公司税率将从目前的35%降至21%，最高个人所得税率从目前的39.6%降至37%。对此，美国不少经济学家和独立分析机构均指出，这次共和党主导的税改明显偏向于大企业和富人。据华盛顿智库税务政策中心的研究，无论是以绝对值计算还是以减税占收入的比例计算，高收入家庭都将从本次减税中获益最多。此外，根据国会预算办公室的测算，废除强制购买医疗保险可为联邦政府节约3000亿美元，从而为企业和富人减税融资，但这也将导致多达1300万美国人失去医疗保险。美国此次减税在推动经济增长方面很可能效果不彰，而很可能进一步扩大贫富差距，并恶化美国政府的财政状况。美国公开2017年军费开支预算为6045亿美元，约合4.2万亿人民币，增幅为10%，约占GDP的4%，而国会通过的2018年军费预算为7000亿美元，再次飙高。

面对上述各种矛盾和危机而导致西方主要国家的民富国强迟迟无法较快提升的局面，西方不少专家学者纷纷使用"经济新常态"一词，来悲观地描述现状和展望未来经济。而我国在迅速应对危机影响和冲击后，化西方危机为中国机遇，主动进入朝气蓬勃发展的"经济新常态"。西方资本主义经济新常态与中国特色社会主义经济新常态有不同的现实表现、制度特点和政策理念。

五 两种经济新常态不同的现实表现、制度特点和理论政策

(一) 两种经济新常态不同的现状

一是增长速度比较。世界银行2008—2016年数据显示（按不变价计算），美国GDP平均增长率为1.3%（美国商务部经济分析局数据2017年第一季度GDP增长率为1.4%）；日本GDP平均增长率为0.4%；欧洲联盟GDP平均增长率为0.6%。而我国在持续30多年的高速增长后，2013—2016年年均增长率为7.2%，平稳地实现从高速增长转向中高速增长。联合国发布的《2018年世界经济形势与展望》报告确认，中国2017年对全球经济增长的贡献约占三分之一。

二是失业状况比较。根据国际货币基金组织数据，2008—2015年美国平均失业率为7.56%，2016年的失业率估计值为4.85%；2008—2015年欧洲联盟平均失业率为9.47%，2016年的失业率估计值为8.53%。而近几年我国城镇失业率只有约4%，"就业"表现被瑞士洛桑国际管理学院发布的《2017年度世界竞争力报告》列为全球63个主要经济体中的首位，就业综合状况相对最佳。

三是政府债务比较。美国等资本主义国家用巨额财政资金救助亏损的私人垄断企业，使政府债务不断攀升。美国政府债务占国内生产总值的比重从2006年的61.8%上升到2016年的106.1%，欧元区的这一比重从67.4%上升到89.3%，日本政府债务占GDP的比重2016年超过250%。而截至2016年末，我国中央和地方政府债务余额为27.3万亿元，政府负债率为36.7%，大大低于美国、日本及欧洲等西方国家。

四是实体经济比较。根据经合组织数据，2008—2014年美国农林牧渔业、工业（含能源工业）、建筑业、实体服务活动（分配贸易、维修、运输、住宿和食品）以及信息和通信业等实体产业增加值之和占总增加值百分比的平均值为44.5%；日本该指标为53%，欧洲联

盟该指标为51.3%，而2008—2013年中国该指标（信息和通信业增加值占总增加值百分比尚未被统计在内）的数值为73.17%。金融资本体系掌控西方国家的经济命脉，过度金融化的"脱实向虚"，致使实体经济萎靡不振。

五是收入消费比较。根据经合组织数据，2008—2014年美国家庭债务占可支配收入的平均比率为130.18%；2008—2013年日本家庭债务占可支配收入的平均比率为122.5%。西方国家1%超级富豪的财富和收入急剧增加，普通家庭的债务普遍增加，阶级阶层固化。美国1%的最富家庭占有全国家庭净资产的三分之一，较富的9%的家庭又占有三分之一；美国最富有的1%阶层的收入占全国总收入的比重，从1978年的9%上升到近年来的20%。前几年波及约80个资本主义国家的"占领华尔街"国际运动，就强烈要求改变"1%与99%贫富对立"等不平等现象。这与近年我国限期精准扶贫、中等收入家庭增长较快、城乡居民大都有产权住房、户均资产大大超过美国等情况，是根本不同的。我国2013年、2014年和2015年城镇居民人均消费支出占人均可支配收入的百分比分别为69%、69%和70%；2013年、2014年和2015年我国农村居民人均消费支出占人均可支配收入的百分比分别为81%、80%和79%，经济增长和发展同城乡居民的收入增长大体呈现同步态势。

六是福利保障比较。西方国家不同程度地削减劳动者的教育、医疗、养老等福利和保障。美国缩减公立大学教育经费，共和党医保议案是大幅减税、大幅削减联邦政府的医疗保健支出，势必使没有医保的国民增加。德国、葡萄牙、荷兰等国也相继减少医保投入。2016年3月在法国巴黎爆发的由修改劳动法引发的抗议示威活动，演变为全国70多个城市的"黑夜站立运动"，甚至蔓延到邻国和加拿大等非欧洲国家，中心就是反对降低社会保障和社会福利以及不利于劳动者的改革措施。这与近年我国大规模增加教育经费、不断提高最低工资和城乡医保水平，以及优惠老年人等现象，形成鲜明的对照。

(二) 两种经济新常态不同的制度特点和理论政策

新自由主义的资本主义与中国特色社会主义存在经济制度、经济理论和政策思路的重要差异。一是前者主张完全私有化，将公共设施、教育和涉及国计民生的国有企业私营化；而后者强调公有制为主体、国有制为主导、多种所有制共同发展的基本经济制度，在发展公有资本控股的混合所有制过程中做强做优做大国有企业①，积极发展集体经济和合作经济，同时引导和发挥非公经济尤其是私人小微企业的重要作用，从而实现公私企业并进的双重经济绩效。可见，那种只重视非公经济的重要作用，而忽视或贬低国有经济和集体经济的主体作用的观点，是无益于提高全社会经济绩效和经济公平的。

二是前者主张完全市场化，过度放松对经济和金融的管制，政府不再对宏观经济进行积极的有效调控；而后者强调更好地发挥市场在一般资源配置中的决定作用，更好地发挥国家在宏观调控和微观规制中的重要作用，从而实现以提质增效为中心的市场与政府双重调节功能。可见，那种要求一切物质、文化、教育、科技、医疗、住房和服务等资源均由市场决定（即企业决定）的唯市场化和泛市场化的观点，是无益于统筹协调个人、企业与国家之间多种利益关系和经济社会发展规划目标的。

三是前者主张完全自由化，维护美元霸权为支点的经济全球化和自由化，反对建立国际经济新秩序；而后者强调构建人类命运共同体和各国利益共同体，引导国际社会共同塑造国际经济新秩序和国际经济共同安全，从而引领以"一带一路"为示范的合作共赢的新型经济全球化。可见，那种单纯经济融合和经济接轨的对外开放套路，是无益于贯彻参与全球经济治理、引领经济全球化和更好地接近世界经济

---

① 2017年全国国有企业资产总额1517115.4亿元，同比增长10%；负债总额997157.4亿元，同比增长9.5%；所有者权益合计519958亿元，同比增长11%；交税金42345.5亿元，同比增长9.5%；实现利润高达28985.9亿元，同比增长23.5%。引自中国财政部办公厅《财政工作信息》2018年第5期。

舞台中心的新思想新战略的。

四是前者主张福利个人化,在大幅度减少私人垄断企业税收和增加军费的基础上压缩公民的社会福利,要求公民个人自己承担原有的部分社会福利;而后者强调以人民为中心的发展思想,不断提升全体人民的社会福利水平和生活质量,从而实现经济社会与收入福利同步增长的包容发展。那种不赞成逐步增加政府和企业承担的社会福利与社会保障的观点,是无益于逐渐建成高水平的社会福利制度和福利国家的。

五是前者主张贫富分化,通过垄断企业和政府共同削弱工会力量,促使资方完全控制劳方的收入增加,并减少垄断企业的税收等,不断扩大社会财富和收入的分配差距;而后者强调按劳分配为主体、多种分配方式并存的基本分配制度,积极推进脱贫致富、共同富裕和共享成果的新理念,从而实现改善民生就是发展的新谋略。那种偏离按劳分配为主体和先搞贫富两极分化、再搞共同富裕的观点,是无益于推进共同富裕、共同享受和共同幸福大方向的。

综上所述,即使不谈1929—1933年的资本主义大危机,第二次世界大战以来或冷战结束以来,西方国家每过几年或十几年就会发生经济衰退或经济危机,包括20世纪70年代的"滞胀"、21世纪初源自美国的全球金融危机、财政危机和经济危机,以及由此引发的各种社会危机和政治危机,表明新自由主义经济和社会民主主义经济在符合国内外广大人民本质要求的民富国强提升方面出现严重失灵,更使中国特色社会主义经济作为一种人类经济文明新模式,在对比中散发出更加耀眼的理想光芒,而马列主义及其中国化政治经济学理论和政策高效有力地助推了我国符合以人民为中心和人类利益共同体的民富国强!

中国经济模式的特殊性兼与俄罗斯比较

李 新[*]

2018年，俄罗斯刚刚送走十月革命100周年，中国迎来了改革开放40周年。再过3年中国共产党将迎来建党100周年和全面小康社会的建成，苏联共产党却在建党90周年之际解散了。再过30年中国将迎来建国100周年和中华民族伟大复兴中国梦的实现，苏联却在建国70周年前夕解体了。同为社会主义大国的苏联和中国走上了不同的道路，一个进入了坟墓，一个则蒸蒸日上。

一 中国模式的灵魂：马克思主义中国化

"一百年前，十月革命一声炮响，给中国送来了马克思列宁主义。"[①] 然而马克思列宁主义在苏联和中国遭遇了截然不同的命运。

1. 马克思主义在苏联教条化的深刻教训

按照马克思和恩格斯在《共产党宣言》中的设想，1917年列宁领导俄国无产阶级在资本主义统治链条最薄弱的环节发动十月革命，夺取了政权，实行了"军事共产主义"。在余粮征集制遇到严重阻力

---

[*] 李新，上海国际问题研究院俄罗斯中亚研究中心主任、研究员，中俄战略协作智库常务理事。

[①] 习近平：《决胜全面建成小康社会，夺取新时代中国特色社会主义伟大胜利——在中国共产党第十九次全国代表大会上的报告》，人民出版社2017年版，第12—13页。

时，列宁根据俄国当时的具体情况及时地转向了"新经济政策"，赢得了社会主义革命的"喘息"机会。而斯大林教条地坚持列宁的"新经济政策"暂时退却的思想，1926年以后针对资本主义成分上升的趋势采取了进攻路线。与此同时开始推行追求高速度的"超工业化"。为了保证农业资金源源不断地流向工业和对粮食的需求，斯大林又发动了全盘集体化运动，彻底消灭富农。为了镇压由此引发的不满，斯大林对革命队伍进行了骇人听闻的"大清洗"。这三大运动使苏联在20世纪30年代末确立了社会主义制度和高度集中的管理体制。斯大林在对待马克思列宁主义方面很大程度上是片面的、形而上学和教条主义的，如排斥商品货币关系和市场，强调生产资料公有制的单一性，急于向共产主义过渡，生产关系和生产力"完全适应"以及阶级斗争尖锐化和无产阶级专政等。

高度集中的管理体制有效地保证了新生的无产阶级政权战胜国内反动派的反扑和帝国主义的武装干涉，并取得反法西斯卫国战争的胜利。但是，这种体制在战后的和平建设时期导致了一系列弊端，压制了民主，束缚了劳动者的积极性。20世纪40年代末来自苏联基层的改革呼声被压制，南斯拉夫因为反对照搬斯大林模式被开除出社会主义阵营。恩格斯早在1890年就说过："所谓'社会主义社会'不是一种一成不变的东西，而应当和任何其他社会制度一样，把它看成是经常变化和改革的社会。"① 而斯大林及其后来的继承人对此则选择性地失忆了，没有对特殊历史条件下形成的社会主义模式进行认真的反思，而是将之看作普遍适用的标准的社会主义模式。致使苏联社会主义逐渐丧失了生机和活力，累积了大量的矛盾和问题。

1956年苏共二十大全盘否定了斯大林的路线和方针后，赫鲁晓夫率先对工业和建筑业进行改组，取消部门管理制度，实行地方管理原则，中央集权变成了地方分权。将大部分中央管辖的国有工业企业下放到地方，而行政命令的方式并没有变化。这样，不仅破坏

---

① 《马克思恩格斯全集》第37卷，人民出版社1971年版，第443页。

了生产的技术链，削弱了技术进步，还助长了地方分离主义，阻碍了经济发展。1964年勃列日涅夫针对赫鲁晓夫的改组进行了"改革"，恢复了集中的部门管理原则，重新加强中央集权。不过，由于经济增速下滑而难以背负与西方国家军备竞赛的沉重负担，勃列日涅夫的"新经济体制"引入了经济管理方法，减少了指令性计划指标，并开始强调经济刺激和物质刺激。鉴于斯大林去世和苏共二十大后东欧集中爆发的东德"6·17事件"、波兰"波茨南事件"、"匈牙利事件"、"布拉格之春"等，苏共对改革产生了恐惧。20世纪60年代后半期西西伯利亚油气田大规模开采缓解了与西方军备竞赛的资金需求紧张。这使苏联在60年代末开始大张旗鼓地批判"市场社会主义"，以"完善发达社会主义"取代了"改革"一词。改革和发展长期处于"停滞"中。苏联严重僵化的社会主义模式暴露出更加明显的弊病，经济增长率达到历史的最低点，经济效率日益下降。

直到1985年，戈尔巴乔夫入主克里姆林宫伊始便抛出了"民主化、公开性和新思维"，重启久违了的改革。为此，他从勃列日涅夫的"发达社会主义"后退到了"发展中的社会主义"，进而提出"完善社会主义"的目标。最初，他将改革的重心放在了经济领域，然而激进的改革来得过于猛烈，受到了企业、部门、地方等既得利益者的顽强抵制。于是，戈尔巴乔夫开始把改革的重心转向政治领域。然而他的政治改革彻底抛弃了马克思主义，改变了共产党的性质和执政党地位，放弃了社会主义价值取向和共产主义目标。毫无限制的公开性直接损害了苏联共产党在人民群众当中的威信，使人民群众丧失对社会主义的信心；批判勃列日涅夫僵化的体制和理论观念转向全面批判斯大林运动，再转向全面评价苏联历史和现实社会主义制度。1989年戈尔巴乔夫公开表示，"苏联1929年以来的全部经验都是错误的"，"要根本改造我们的整个社会大厦"。1990年苏共二十八大事实上改变了共产党的性质：彻底抛弃了马克思列宁主义指导思想，而是"利用进步的社会思想成果"，"全人类价值高于一切"；放弃了共产主义奋斗目标，代之以"人道的，民主的社会主义"；放弃了党的领导地位，代之以同其他政党平等竞争与合作。最终导致了亡党亡国的悲惨局面。

20世纪90年代，获得独立的俄罗斯照抄了西方经济学教科书，盖达尔政府全盘接受了根据所谓"华盛顿共识"开具的"休克疗法"药方，试图在最短的时间内实现自由化、私有化和市场化，以期达到所谓的"不可逆转点"，义无反顾地奔向资本主义。结果使"俄罗斯国内生产总值几乎减少了一半"，"我们的祖国四分五裂"，"社会几乎要崩溃"，使"俄罗斯近200—300年来第一次面临沦为世界二流乃至三流国家的危险"①。普京在总结20世纪90年代俄罗斯改革的教训时终于认识到"90年代的经验雄辩地表明，把从外国教科书抄来的抽象的模型和方案简单地移植到俄罗斯的土壤，用这种方式来革新我们的祖国是不可能成功的，也不可能不付出巨大的代价。机械地照搬别国经验是不会成功的。每个国家，包括俄罗斯，必须探索自己的革新道路……将市场经济和民主的基本原则与俄罗斯的现实有机地结合起来"②。

2. 中国模式的特色之处在于马克思主义中国化

中国共产党成立初期，只是以共产国际分部出现的。当时党的领导人陈独秀、王明等不顾中国的具体国情，盲目听从共产国际的指令，导致了中国大革命的失败。毛泽东在总结大革命失败的教训时第一次表示，"马克思主义的'本本'是要学习的，但是必须同我国的实际情况相结合"③。从毛泽东领导秋收起义开始，抛弃俄国革命攻占大城市的教条主义，中国共产党形成了农村包围城市武装夺取政权的革命路线，创立了新民主主义理论。毛泽东在中共六届六中全会上提出了"教条主义必须休息"的要求，第一次提出了"马克思主义

---

① Путин В. В., Россия на рубеже тысясалетий. Независимая газета. 30. 12. 1999 г.
② Там же.
③《毛泽东选集》第1卷，人民出版社1991年版，第111—112页。

中国化"的问题,"因此,马克思主义的中国化,使之在其每一表现中带着中国的特性,即是说,按照中国的特点去应用它"①。党的七大明确毛泽东思想成为党的指导思想,而"毛泽东思想,就是马克思列宁主义的理论与中国革命的实践之统一的思想,就是中国的共产主义,中国的马克思主义"②,实现了马克思主义中国化的第一次飞跃。新民主主义革命胜利后,毛泽东进一步把马克思主义过渡时期理论与中国实际相结合,提出了从新民主主义到社会主义转变的理论,开创了一条不同于俄国强制剥夺的适合中国特点的社会主义改造道路,实现了和平过渡,极大地丰富了马克思列宁主义。

新中国走上了社会主义道路,但什么是社会主义?如何建设社会主义这个全新的社会制度?在当时只有马克思和恩格斯的理论模式和苏联的实践模式。中国作为社会主义大家庭的一员只能向苏联学习,要求领导干部学习斯大林的《苏联社会主义经济问题》和苏联《政治经济学教科书》。毛泽东在《论十大关系》中对学习外国经验曾经告诫"不能盲目地学,不能一切照抄,机械搬用……对于苏联和其他社会主义国家的经验,也应当采取这样的态度"③。但是,由于种种原因并没有真正"引以为戒",在"大跃进"、"阶级斗争扩大化"和"文化大革命"中多走了一些弯路,致使国民经济几近崩溃。

中共十一届三中全会果断地停止了阶级斗争,作出把党和国家工作重心转移到社会主义现代化建设上来的战略决策,从农业揭开了改革开放的序幕。1982年邓小平在党的十二大上总结中国革命和建设的经验时表示,"照抄照搬别国经验、别国模式,从来不能得到成功。这方面我们有过不少教训",并且第一次举起了有中国特色的社会主义大旗:"把马克思主义的普遍真理同我国的具体实际结合起

---

① 《建党以来重要文献选编(1921—1949)》第15册,中央文献出版社2011年版,第651页。
② 《刘少奇选集》上卷,人民出版社1981年版,第333页。
③ 《毛泽东文集》第7卷,人民出版社1999年版,第41页。

来，走自己的道路，建设有中国特色的社会主义"。[①] 他在认真总结中国社会主义建设和其他社会主义国家正反两方面经验和教训的基础上，深刻揭示了社会主义本质，对中国社会主义道路及其根本任务、发展动力和发展阶段、战略步骤和政治保证等作出了正确判断，形成了邓小平关于有中国特色的社会主义理论。党的十五大进一步把邓小平理论确立为党的指导思想，实现了马克思主义中国化的第二次飞跃。"邓小平理论是当代中国的马克思主义，是马克思主义在中国发展的新阶段"[②]。邓小平关于中国特色社会主义理论经过江泽民"三个代表"重要思想和胡锦涛科学发展观的进一步充实、发展和提高，形成了中国特色社会主义理论体系。"中国特色社会主义是改革开放以来党的全部理论和实践的主题，是党和人民历尽千辛万苦、付出巨大代价取得的根本成就"[③]，为发展马克思主义作出了中国的原创性贡献。

党的十八大以来，以习近平同志为核心的中国共产党引领"中国特色社会主义进入了新时代"[④]，明确坚持和发展中国特色社会主义及其总任务、总体布局和战略布局以及全面深化改革和推进依法治国的总目标和新时代的强军目标，明确中国特色大国外交要推动构建新型国际关系和人类命运共同体，明确中国特色社会主义的最本质特征是中国共产党领导并提出新时代党的建设总要求。习近平根据我国社会经济发展现状作出科学判断，我国社会主要矛盾不再是"人民日益增长的物质文化需要同落后的社会生产之间的矛盾"[⑤]，它已经转化为"人民日益增长的美好生活需要和不平衡不充分的发展之间的矛

[①] 《邓小平文选》第3卷，人民出版社1993年版，第2—3页。
[②] 《江泽民文选》第2卷，人民出版社2006年版，第9页。
[③] 习近平：《决胜全面建成小康社会，夺取新时代中国特色社会主义伟大胜利——在中国共产党第十九次全国代表大会上的报告》，人民出版社2017年版，第16页。
[④] 同上书，第10页。
[⑤] 《胡锦涛文选》第2卷，人民出版社2016年版，第287页。

盾"①。据此，习近平还提出了新时代坚持和发展中国特色社会主义的基本方略，即坚持党对一切工作的领导，特别是对人民军队的绝对领导，为此必须全面从严治党；坚持社会主义核心价值体系，全面深化改革，坚持依法治国；坚持以人民为中心和人民当家作主，在发展中保障和改善民生；坚持新发展理念，人与自然和谐共生；坚持总体国家安全观，实行"一国两制"和推进祖国统一；坚持推动构建人类命运共同体。"创立了习近平新时代中国特色社会主义思想"②，党的十九大将这一思想确立为党的指导思想，实现了马克思主义中国化的第三次飞跃。

中国迎来了中华民族从站起来、富起来到强起来伟大飞跃的时代，奋力实现中华民族伟大复兴中国梦的时代，日益走向世界舞台中央，为解决人类问题贡献中国智慧和中国方案的时代。

二 不同的历史文化和思想传统决定了中国和俄罗斯的改革模式

具有两千多年历史的儒家文化使中国各民族尊崇"中庸之道"，求"和"求"稳"，避免极端。俄罗斯民族刚一诞生就被蒙古鞑靼人统治了其四分之一的历史，使其形成了分裂的欧亚民族性格，从一个极端走向另一个极端，易变，时刻燃烧着"革命"的火焰。东欧国家在战后被"休克式"斩断了私有制和资本主义发展道路，从苏联移植社会主义的斯大林模式，人为压制了其显性基因，一旦压制减弱或消失，这些显性基因必然会迸发出来。

1. 儒家文化占统治地位使中国的改革开放"稳"字当先

党的十九大报告指出，"文化是一个国家、一个民族的灵魂"，

---

① 习近平：《决胜全面建成小康社会，夺取新时代中国特色社会主义伟大胜利——在中国共产党第十九次全国代表大会上的报告》，人民出版社2017年版，第11页。
② 《中国共产党第十九次全国代表大会文件选编》，人民出版社2017年版，第68页。

"中国特色社会主义文化，源自于中华民族五千多年文明历史所孕育的中华优秀传统文化"①。传说尧、舜二帝禅让帝位时的"十六字心传"，即"人心惟危，道心惟微；惟精惟一，允执厥中"②，可以说是儒家乃至整个中华文化的精髓。"人心惟危"即是说一生当中"人之病疼各别，或在声色，或在货利，或在名高，一切胜心、妒心、悭心、吝心、人我心、是非心，种种受病"③的"人心"使得人人自危。人的思想变化多端，有善心也有恶心，如何弃恶从善，改邪归正，就要把"人心"变成"道心"，一般人变成"真人"。按照孔子的话说，人的一生必须"格物、致知、正心、诚意、修身"才能"齐家、治国、平天下"。④"道心惟微"，只有"道"融于"心"，才能体会"道心"之微妙，"道之为物，惟恍惟惚。惚兮恍兮，其中有象；恍兮惚兮，其中有物。窈兮冥兮，其中有精，其中有信"⑤。看不见，摸不着，又无处不在。这里体现的是"以心观心"，进而达到心性融合，"天人合一"的境界。要达到这一崇高境界，必须时刻修心养性，用心领悟道行，做到"惟精惟一"。道家的"精"、"一"就是佛家所说"制心一处，无事不能"，是修身养性的基本功。亦即精益求精，专一其心，要"博学、审问、慎思、明辨、笃行"。⑥一旦获得"天人合一"之道，做事必然遵守不偏不倚的中庸之道，即"允执厥中"，取其中道，谓之中正。"子程子曰：'不偏之谓中；不易之为庸。中者，天下之正道。庸者，天下之定理。'"⑦

儒家的中庸之道，旨在追求人类社会协调、和谐地正常发展。

---

① 习近平：《决胜全面建成小康社会，夺取新时代中国特色社会主义伟大胜利——在中国共产党第十九次全国代表大会上的报告》，人民出版社2017年版，第41页。
② 孔颖达：《尚书·大禹谟》，《尚书正义》，北京大学出版社1999年版，第93页。
③ 李颙：《二曲集》，中华书局1996年版，第2页。
④ 陈晓芬、徐儒宗译注：《大学》，《论语·大学·中庸》，中华书局2015年版，第250页。
⑤ 唐品主编，陈阳、张晓华注译，老子原著《春秋》，《道德经》（全集），第二十一章，惟道是从。天地出版社2017年版，第95页。
⑥ 王守仁：《王阳明全集》，上海古籍出版社1992年版，第13页。
⑦ 朱熹：《新编诸子集成》（第一辑），《四书章句集注》，中华书局1983年版，第17页。

"中"和"庸"结合在一起,便是不变的理论的基本原则与实践当中适度、正确和恰如其分的具体运用之间的辩证统一。中庸之道蕴含着"叩其两端"而取"中"的做事原则和方法,即力求与客观实际相符合的实事求是的工作作风。它体现了因时制宜,与时俱进的"君子而时中"思想,不仅反对"执一不通"的固守教条,也反对"见风使舵"或恣意妄为,追求"从心所欲"而又"不逾矩"的至德境界,进而体现了原则性和灵活性高度统一的"执中达权"思想。中庸之道持"中",戒"过"和无"不及",避免两个极端,力求"中"且"正"的"中正"思想以及"因中致和","和而不同"的"中和"思想。"有子曰:'礼之用,和为贵。'"[1] 中庸之道推崇"致中和"的理想王国。孔子这样定义"中"与"和":"喜怒哀乐之未发,谓之中;发而皆中节,谓之和。"所谓"中也者,天下之大本也;和也者,天下之达道也"。一旦达到"致中和",便可以"天地位焉,万物育焉"[2]。

"先王之道,斯为美,小大由之。"[3] 孔子对舜帝善用中庸之道于民赞赏有加,"子曰:'舜其大知也与!舜好问而好察迩言,隐恶而扬善,执其两端,用其中于民,其斯以为舜乎!'"[4] 也正因为此,20世纪80年代初中国领导人正确地处理好了改革、发展与稳定的关系,为了避免激进的改革所可能带来的社会乃至政治动荡,选择了先易后难的渐进的改革方式,为了避免呛水采取了"摸着石头过河"的方法,实现从计划经济向市场经济的过渡。中华传统文化的活力在于自强不息,与时俱进,见贤思齐,"其命惟新","苟日新,日日新,又日新"[5]。体现了改革开放是坚持和发展中国特色社会主义的必由

---

[1] 陈晓芬、徐儒宗译注:《论语》,《论语·大学·中庸》,中华书局2015年版,第12页。
[2] 陈晓芬、徐儒宗译注:《中庸》,《论语·大学·中庸》,中华书局2015年版,第289页。
[3] 同上书,第12页。
[4] 同上书,第296页。
[5] 同上书,第254页。

之路。

第一，坚持以人民为中心，实现"帕累托改进"。孔子在《大学》的开篇就明确了"大学之道，在明明德，在亲民，在止于至善"①。"亲民"体现了儒家文化"德治"和"仁政"的思想。② 中国共产党的宗旨便是"为人民服务"，改革的目的是提高人民生活水平，提高人民对美好生活的需要。党的十九大报告要求"把人民对美好生活的向往作为奋斗目标，依靠人民创造历史伟业"③。在此基础上使国家、企业和劳动者的收入都有所增加，即"帕累托改进"。由于经济改革会涉及大范围的利益再分配和利益结构整合。对指令性的计划方式资源配置制度进行激进改革，不可避免地会导致作为既得利益者的企业和部门或个人利益受损，改革的阻力会增大。通过渐进式改革，将改革的中心环节定位为微观经营机制，改进企业激励机制，提高经济效率，增强企业活力，进而加速新资源的增长，国家、企业和劳动者的收入都增加了，这样的改革就具有了"帕累托改进"性质。渐进式改革使得改革过程中的速度和稳定保持一定的平衡。要使改革得到众多社会集团的支持，政府获得大多数人民的信任，就必须在改革和发展过程谨慎保持速度和稳定的平衡，并反过来以改革和发展的成果获取更大的信任和支持，保持足够大的权力来把握速度和稳定之间的平衡，为改革提供保障。同时，改革是在政府零经验的基础上推进的，不可避免地会产生失误和错误，出现这样和那样的矛盾和问题，渐进式改革为政府及时纠正不当的改革措施，解决矛盾和问题提供了回旋的余地，而不会对下一步的改革产生什么不利影响。

第二，先局部试验，后全面推广成功的经验。从农村经济改革开

---

① 陈晓芬、徐儒宗译注：《大学》，《论语·大学·中庸》，中华书局2015年版，第249页。
② 对于"亲民"，朱熹引《康诰》曰："作新民"，使民自新、革新，使民成为全新的人。无论做"亲民"解还是做"新民"解，只有先"亲民"，了解民之所想、民之所为、民之疾苦，满足民之对美好生活的需要，才能使"民""新"。
③ 习近平：《决胜全面建成小康社会，夺取新时代中国特色社会主义伟大胜利——在中国共产党第十九次全国代表大会上的报告》，人民出版社2017年版，第21页。

始，实行联产承包责任制，"缴够国家的，留足集体的，剩下全是自己的"这种清晰、透明的分配制度极大地刺激了农民的劳动和生产积极性。只用两年的时间就解决了城乡粮食短缺问题。在农村改革取得积极成果的基础上，承包制开始走向城市，在工商业试行并推广企业承包制，对企业扩权让利，从而刺激了企业和劳动者的生产积极性，促进了企业劳动生产率的提高。在对外开放方面，1980年设立深圳、珠海、汕头和厦门四个经济特区，作为经济改革的试验田，发挥示范作用，验证是好的政策即面向全国推广。在此基础上，1984年开放了14个沿海港口城市，特区政策向沿海开放城市延伸。1992年沿海开放城市的政策进一步延伸到5个长江沿岸城市、沿边13个边境市县和11个内陆省会城市。

第三，体制内改革和体制外推进相结合，外部诱致性和内部强制性相结合。中国的经济改革顺序实际上是先体制外，再体制内。通过解放思想，逐步放开个体经营、私营经济和外资经济成分，其地位从"社会主义公有制经济的必有的、有益的补充"，逐步上升为社会主义市场经济的重要组成部分。随着这些体制外经济成分的不断成长和壮大，不仅壮大了国家的经济规模，吸纳了大量劳动力就业，而且它们的经营性质和范围、运行方式和模式逐渐向体制内的国有企业渗透和倒逼国有企业走向市场，加快改革，乃至国有经济战略重组。业已形成私有经济和国有经济两大成分及其所代表的市场和计划难以实现融合发展，迫使国家采取了"双轨制"改革。

第四，双轨制改革，先易后难。双轨制改革构想形成于1986年的"莫干山会议"，在继续保持国家对国有企业产品实行定价的同时，允许企业按照指导价格出售商品，让个体经营者、私营企业自行决定其产品价格，俗称"价格双轨制"。1992年确立社会主义市场经济的体制改革目标之后，开始从计划经济向市场经济转轨，普遍存在于中国经济的各个领域和部门，如价格双轨制、养老金双轨制、户籍管理双轨制、资源配置双轨制、资源税收双轨制，等等。其核心内容是从计划向市场转轨，方法是以放为主，即将计划额度确定下来，全部放开计划外的管制，承认计划外市场行为的合法性；然后逐步减少计划内交易范围，直至确立市场交易的主动性和完全性。

第五，上述渐进式改革的特点体现了统筹兼顾的全面思维模式。孔子的门生子夏问如何评价其他学生颜回、子贡、子路和子张的为人，孔子回答说，他们各自都具有孔子所不具有的优点，但也有缺点，"夫回能信，而不能反；赐能敏，而不能讷；由能勇，而不能怯；师能庄，而不能同。兼四子者之有以易，吾弗与也，此其所以事吾而弗贰也"①。也就是说为师者、为官者必须总揽全局，科学筹划，兼顾各方，协调发展。党的十八大以来，从实现"中国梦"到"四个全面"战略布局②，从"三期叠加"③到中国"经济发展进入新常态"的重大判断，从"五位一体"总体布局④到"着力加强供给侧结构性改革"等，习近平提出了治国理政的新思想、新理念、新战略，始终贯穿着协调发展和统筹兼顾。

第六，稳定是改革和发展的前提。荀子曰："万物各得其和以生，各得其养以成。"⑤儒家文化追求人与人、人与社会、社会与自然之间的和谐，作为一种思维倾向延续成为顾全大局，团结统一的民族精神。"故道之所善，中则可从，畸则不可为，匿则大惑"⑥，只有避免极端，遵从"中和"才能实现社会稳定，否则便会天下大乱。在中国特色社会主义建设过程中，中国共产党正确处理了改革、发展和稳定的关系。改革是社会主义现代化建设的动力，发展是社会主义现代化建设的目的，稳定是社会主义现代化建设的前提，三者统一于中国特

---

① 王德明主编：《孔子家语译注》，广西师范大学出版社1998年版，第185页。
② 2014年12月，习近平在江苏调研时提出，要"协调推进全面建成小康社会，全面深化改革，全面依法治国，全面从严治党，推动改革开放和社会主义现代化建设迈上新台阶"。
③ 2014年12月在中央经济工作会议上，习近平指出，中央作出一个判断，即我国经济发展正处于增长速度换挡期、结构调整阵痛期、前期政策消化期"三期叠加"阶段。
④ 党的十八大报告提出"全面落实经济建设、政治建设、文化建设、社会建设、生态文明建设五位一体总体布局"。
⑤ 北京大学《荀子》注释组：《荀子新注》，中华书局1979年版，第270页。
⑥ 同上书，第279页。

色社会主义伟业。改革是源头,只有改革才能发展,发展才是硬道理,只有发展才能提高人民生活水平,人民才能信任政府,拥护改革。但是,改革必须保持以稳定为界限,一旦改革过于激进,超过了稳定所能够承担的社会负荷,就会引起社会震荡和政治风波,甚至动摇党的执政基础。中国共产党自从开创了中国特色社会主义伟大事业,保持了长期稳定的执政地位和领导集体实现稳定的政治交接,坚持不懈地高举这一伟大旗帜,并将这一伟大事业全面推向二十一世纪,夺取新时代中国特色社会主义伟大胜利。

2. 俄罗斯欧亚主义的民族性格埋藏着"革命"的基因

俄国著名思想家 H. 别尔嘉耶夫将俄罗斯的历史划分为五个时期:基辅罗斯、受鞑靼人奴役的俄罗斯、莫斯科的沙皇俄罗斯、彼得一世的帝国俄罗斯和苏维埃的俄罗斯。[①] 我们可以再补充一个时期,即后苏联的俄罗斯。这6个时期经过了西方的俄罗斯—东方的俄罗斯—西化的俄罗斯—东化的俄罗斯—回归西方的俄罗斯两个半循环。公元10—11世纪,弗拉基米尔大公接受东正教,使基辅罗斯成为东欧强国。13世纪上半叶,蒙古鞑靼人灭掉基辅罗斯开始了长达两个半世纪的统治,使俄国远离了欧洲,强化了亚细亚因素的影响。16世纪中期,伊凡雷帝在莫斯科公国基础上建立沙皇俄国,对内实行暴政,对外推翻鞑靼人的统治并迅速扩张。到17世纪30—40年代就扩张到了太平洋的楚科奇半岛和鄂霍次克海。向东扩张使俄国长期脱离了欧洲,并落后于欧洲至少一百年。1689年彼得一世开始对俄国政治、经济和军事发动强制性改革,学习欧洲的先进经验和技术。此次西学改革帮助俄国发动"北方战争"并夺得了波罗的海出海口。1703年为此专门建立新都圣彼得堡,1721年改国号为"俄罗斯帝国",领土北起北冰洋,南到里海,东至太平洋。彼得一世始称"彼得大帝"。18世纪后半期号称"开明君主"的叶卡捷琳娜二世再次启动改革,

---

① [俄] H. 别尔嘉耶夫:《俄罗斯思想》,生活·读书·新知三联书店1996年版,第3页。

崇尚欧洲自由主义，引进西方思想和人才、先进技术和管理经验，鼓励资本主义生产方式，宣布经营自由。同时进一步扩张，向西瓜分波兰，向南夺取黑海出海口，向东跨越白令海峡吞并阿拉斯加，领土面积达到顶峰时期。1917 年十月革命打断了维特和斯托雷平的西化改革，建立了与西方势不两立的苏维埃政权。20 世纪 80 年代中期再一次开始西化改革，虽然付出了苏联解体的代价，但俄罗斯最终走上了资本主义的自由化和市场化的道路。

如果对 19 世纪以来的俄罗斯历史进行分期的话，还可以进一步划分 6 个"西化—东化，自由—保守"的周期。（1）19 世纪初，亚历山大一世任命 M. 斯别兰斯基为部长委员会首长进行全盘西化的改革。1925 年尼古拉一世继位后彻底推翻了亚历山大一世的改革，退回到了封闭状态。（2）19 世纪后半期，亚历山大二世废除农奴制，为资本主义发展扫清道路。19 世纪晚期，亚历山大三世采取了截然不同的发展工业化的措施，反对自由主义。（3）19 世纪末 20 世纪初，尼古拉二世命财政大臣 C. 维特和总理大臣 П. 斯托雷平推行大胆的西化改革。这次改革又被 1917 年十月革命所打断，建立苏维埃政权，实行了"军事共产主义"。（4）1921 年列宁转向"新经济政策"，实行粮食税，恢复商品交易，经济趋向自由化。1927 年斯大林放弃"新经济政策"，转向对资本主义的进攻，到 20 世纪 30 年代末建立了高度集中的计划管理体制。（5）1953 年斯大林逝世后，赫鲁晓夫进行改组，下放中央权力，扩大地方自主权，结果助长了地方分离主义。1964 年勃列日涅夫推行"新经济体制"，一方面扩大企业自主权，另一方面恢复部门管理原则，"完善"变成了"停滞"。（6）1982 年勃列日涅夫去世后，安德罗波夫开始探索经济改革，戈尔巴乔夫试图对整个社会主义大厦进行改造，"大厦"却轰然倒塌。盖达尔依据西方"休克疗法"药方，加速民主化、自由化、私有化和市场化，却代价惨重。1998 年普里马科夫治理金融危机，结束了俄罗斯的新自由主义。进入 21 世纪，普京加强了中央对地方的权威，重新实行垂直管理，对私有化重新国有化。2014 年乌克兰危机使普京结束融入欧洲的"大欧洲"计划,而向东转与亚洲国家构建"大欧亚"伙伴关系。

那么,决定俄罗斯政策周期性变化的核心因素是什么呢?H. 别尔嘉耶夫解释说,"俄罗斯不是纯粹的欧洲民族,也不是纯粹的亚洲民族",它地跨欧、亚两大洲,将东方和西方两个世界结合在一起,"在俄罗斯精神中,东方与西方两种因素永远在相互角力"①。

在俄国历史上,由于恶劣的自然地理和气候条件,俄罗斯民族不得不依靠村社这种集体主义制度维持生存。存在于俄罗斯整个历史的村社制度确立了集体主义、平均主义和从上到下的威权主义和垂直管理。具有300多年历史的农奴制使得上层人对待下层人存在暴力、跋扈,底层人对上层人存在恐惧的根源。村社与农奴制的平行发展,形成了俄罗斯的专制制度,命令式的管理方法成为传统。鞑靼人对俄国240年的统治,使俄罗斯民族脱离了欧洲的发展轨道,而越来越多地接受了亚细亚生产方式和东方文化,集体主义和威权主义得到进一步巩固。从伊凡雷帝开始,俄国走上强国之路,实现了对新领土的大规模扩张并攫为己有。进一步增强了俄罗斯民族对权力和军事力量的崇拜。随着国家地理边界的扩大,各种语言的民族不断增加,反过来又加强了对毫无约束的集中制政权的渴求。所以 H. 别尔嘉耶夫精辟地指出,"俄罗斯式的思想体系始终是集权主义的"②。它倾向于封闭、传统价值和停滞,不能容忍私有制、财富、现代化和进步。由于俄国脱离了世界经济的中心欧洲,君主制、农奴制和保守主义严重阻碍了商品货币关系、市场和民主的发展,自然经济长期占据统治地位。市场经济的萌芽直到19世纪末才出现,经济发展水平比西欧至少落后一百年。

彼得大帝再也忍受不了这种落后,他要让俄国重新回归欧洲,用

---

① [俄] H. 别尔嘉耶夫:《俄罗斯思想》,生活·读书·新知三联书店1996年版,第2页。
② 同上书,第262页。

强权推行改革，学习西方技术，引入了西方的生产方式。他的改革培养了一大批主张西化的仁人志士。他们与本土斯拉夫派形成对立，力图变革，主张发展市场和资本主义关系，把欧洲看作俄国的未来。到叶卡捷琳娜二世时期，西化派的繁荣达到了顶峰，但西化派的力量大大逊于本土斯拉夫派。由于本土派的阻碍，每一次西化改革进行的都非常缓慢，充满矛盾，难以进行到底，均告半途而废，不可避免地发生了逆转。所以，斯托雷平和维特坚信，俄国的改革只能是迅速地、"爆炸式"地推行。① 欧洲中心主义已深入到了每个俄罗斯人的灵魂深处，而欧洲人则把俄国看成是"蛮荒之地"或欧洲的亚细亚。② 横跨欧亚两大洲的俄罗斯没有形成欧洲文明和亚洲文明相结合的桥梁，而是在两大文明的撞击中形成了先天的欧亚特点的思想观念，把俄罗斯变成亚洲的欧洲和欧洲的亚洲。

两派的斗争严重扭曲了俄罗斯民族性格。互相矛盾的专制主义与自由放任，国家至上与无政府主义，暴力倾向与人道主义，集体主义与个人主义共生于俄罗斯人的灵魂深处，使其判断事物缺乏理性，爱走极端。"俄罗斯人是极端主义者"③。利哈乔夫更是明确地表示，"俄罗斯民族是一个极端性的，从一端迅速而突然转向另一端的民族，因此，这是一个历史不可预测的民族。"④ 俄罗斯这样的民族性格决定了俄罗斯人思维和行为的易变性和非黑即白的思维方式，从一个极端走向另一个极端，"不是我的朋友就必定是敌人"，要么肯定一切，要么否定一切，没有中间道路可走。所以，"用理性你不能理解俄罗斯，用一般的尺度你也不能去度量：因为她具有独特的性格，你只能

---

① Кудров В. М., Национальная экономиика России. Москва, «Дело», 2006. С. 21. С. 80.
② Там же. С. 21.
③ ［俄］Н. 别尔嘉耶夫：《俄罗斯思想》，生活·读书·新知三联书店1996年版，第242页。
④ ［俄］利哈乔夫：《解读俄罗斯》，北京大学出版社2003年版，第19页。

相信俄罗斯"①。这是俄罗斯人与中国人在意识形态和思维方式上的最根本性的区别。所以，在中国"中庸之为德也，其至矣乎！"而在俄罗斯则"民鲜久矣"②。孔子进一步分析了中庸和反中庸的区别，"君子中庸，小人反中庸。君子之中庸也，君子而时中；小人之中庸也，小人而无忌惮也"③。二者的根本区别在于是否善于与时俱进致中和而非教条。

俄罗斯在否定以往经验和破坏以前的社会经济制度方面具有极端的坚定性。如果俄罗斯处在有问题的社会经济环境中面临着两条道路的选择：演进的道路和"大动荡"的道路，那么它一定会选择后者。这也就不难理解，苏联社会主义搞了70多年，说放弃便瞬间烟消云散，一个"休克疗法"一夜之间把俄罗斯推向了资本主义，而且是野蛮的资本主义。"休克疗法"着眼于将改革推向资本主义市场经济，并迅速地达到所谓的"不可逆转点"。让追逐个人利益的经济代理人的活动保障其应有的经济绩效。为此，必须同时创造三个条件，即财政稳定、产权重新配置和经济关系自由化，三者缺一不可。也就是说，稳定化、私有化和自由化必须同时而迅速地推进，否则，不彻底的改革就会出现逆转。俄罗斯实行激进的"休克疗法"，特别是在1992年一次性放开价格之后，恶性的螺旋式的通货膨胀使国民经济划分成投机的金融部门和实际的生产部门；稳定通货膨胀的措施使得流动性骤减，导致1993—1994年金融投机进一步膨胀，实体经济部门严重萎缩；1995—1998年金融泡沫严重膨胀，最终爆发金融危机。20世纪90年代俄罗斯经济改革最终确立了市场经济和民主政治制度，但是为此付出了惨重代价：民主化变成无政府状态，自由化致使黑社会猖獗，私有化变成瓜分国有资产，一方面寡头势力崛起，另一方面

---

① Тютчев Ф. И., "Умом Россию не понять…"//Ф. И. Тютчев. Лирика: В 2 т. /АН СССР. -М.: Наука, 1966. -Т. 1-2. - (Лит. памятники). Т. 1. -1966. -С. 210.
② 陈晓芬、徐儒宗译注：《论语》，《论语·大学·中庸》，中华书局2015年版，第72页。
③ 陈晓芬、徐儒宗译注：《中庸》，《论语·大学·中庸》，中华书局2015年版，第291页。

一半的居民陷入贫困状态，国家经济总量损失近一半。

依靠将现成的经济形式照搬到俄罗斯土壤的市场化改革政策，与大多数人的利益不相符合，与俄罗斯经济制度现实存在的需求和约束不相吻合。这样可以解释改革失败的必然性。自由化改革忽视了大众的社会问题和极端的家长制传统。这种裂变造成了俄罗斯社会发展中改革及其逆转的稳定交替和社会意识的矛盾发展。未经过深思熟虑的和不彻底的自由化改革及其导致的剧烈的社会和政治分化，命中注定不是在治愈而是在残害俄罗斯社会，通过改革的逆转来进一步分裂它。逆转阶段的到来本身应当看作是社会经济体系对外来元素植入其中启动了自我保护机制。这种保护机制的运转意味着彻底脱离市场改革路线的保守反应的启动（俄罗斯经常发生类似的事情），也可能意味着需要放弃不正确的改革路线，转向经济政治改革的反面。如果这种机制由于各种原因没有起作用，那就会出现另一种情况，即社会经济体系进入自我毁灭阶段，伴随着危机、混乱、骚乱、社会和政治动荡。20世纪初和20世纪末的一系列事件都是非常直观的证据。[①] 改革的逆转所付出的代价和垂直管理造成了不合理地浪费人力和自然资源，尽管在短期内取得了一定的成果，但是这种成果一般持续时间不会太长。经过一定时期的"停滞"，俄罗斯将重新准备改革。

三　若干结论

根据以上分析，总结中国和俄罗斯经济改革正反两方面的实践经验和不同的意识形态，我们可以得出以下结论：

第一，稳定是改革和发展的前提条件。没有稳定，改革和发展就无从谈起。中国共产党的长期执政保持了政治路线的长期稳定，为改革开放规划了明确的方向；从邓小平到江泽民、胡锦涛和习近平各代

[①] Рязанов В. Т., Институциональный анализ и экономика России. Москва, Экономика, 2012. С. 260.

领导集体之间顺利的政治交接保障了坚持中国特色社会主义道路的延续性。相反，俄罗斯将稳定视作"停滞"，稳定时间久了就产生"革命"的渴望，方向和目标不重要，重要的是要改变现状，而"革命"则是要付出代价的，发展进程会被打断。

第二，改革是一项前无古人的伟大事业，必须注重学习和借鉴他国经验。中华民族从来就是注重学习的，中国共产党也是从学习中一路走来的。中国学习、接受了马克思主义，将其作为中国革命和社会主义建设的指导思想，并且把它与中国的具体国情相结合，学习其他国家成功的经验并运用到中国的具体实践，创造性地开创了中国特色社会主义。俄国的扩张主义、救世主思想、帝国情怀则使俄罗斯难以放下架子向他国学习，俄罗斯的西化派虽然主张向欧洲学习，但是要么被傲慢的斯拉夫派所阻挠，要么就是不顾俄罗斯国情的照抄照搬。

第三，不同的文化传统和意识形态决定了不同的国家治理体制及其改革方式。中国、俄罗斯和东亚都具有集权专制的历史传统和集体主义为核心的意识形态，计划经济和统治经济都曾占据主导地位。在向市场经济转型的过程中，中国和东亚国家受儒家文化避免极端的"时中"、"中和"、"和天下"的中庸之道影响，采取渐进的改革方式。俄罗斯非理性独一无二的极端主义的民族性格决定了其改革方式必定是极端的、激进的和"休克式"的、"革命式"的，并带有巨大的社会成本。西欧的个人主义决定了欧洲的民主和自由的市场制度。而接近西欧的东欧国家的民族比俄罗斯更加亲近自由和民主，第二次世界大战之前捷克斯洛伐克曾是欧洲资本主义七强之一。第二次世界大战之后东欧被苏联强行移植了共产主义制度，一旦高压被取消，其固有的亲自由亲民主的意识形态便会得意忘形地表现出来。例如波兰经济学家奥斯卡·兰格在20世纪30年代受斯大林模式的影响就提出了计划模拟市场模式；斯大林被全面否定之后，波兰经济学家布鲁斯提出市场社会主义模式，捷克斯洛伐克经济学家奥塔·锡克提出了计划与市场相结合的锡克模式，考斯塔提出计划—市场模式，以及南斯拉夫自治社会主义模式等。其思想在实践中具体化为东欧独特的计划与市场相结合的体制模式。直到戈尔巴乔夫放弃东欧，东欧在1989年年末1990年年初发生系列剧变，彻底放弃了共产主义制度，采取激进的方式成功转向了资本主义市场经济。

第四，正是由于不同国家的正式制度都是在其不同的文化传统和意识形态基础上固化而形成的，借鉴他国经验切忌照抄照搬。任何国家的制度都是由正式制度和非正式制度（传统文化和意识形态）组成的。照搬来的制度只能是正式制度，而非正式制度是搬不来的。这样搬来的制度是不完全的，且与本土的非正式制度即文化传统形成撞击，产生排异现象，不可能成活下来。但制度移植也有可能是成功的，但必须是与本土的非正式制度在局部进行长期试验、磨合、适应和培育，缩短排异期，等到二者完全相互适应、合为一体之后再进行全面推广。也正因此，中国有了经济特区、双轨制、渐进式等"摸着石头过河"的改革方式。而俄罗斯则试图一步跨过河去，却不想跌入了河中央，几乎溺亡。

中国构建现代化经济体系：
基本框架与实现战略

程恩富　柴巧燕[*]

改革开放以来，我国经济社会取得了前所未有的全面发展，成就举世瞩目。党的十九大立足于党和社会各项事业的实际发展情况，作出中国特色社会主义进入新时代的论断，提出"贯彻新发展理念，建设现代化经济体系"，这是我们党依据新时代的新特点、主要矛盾和国家未来的发展目标而作出的重大战略部署。2018年1月30日，中共中央政治局进行了第三次集体学习会，把学习主题定为"建设现代化经济体系"，习近平总书记在会上提出了现代化经济体系建设的目标、内容和重点，指出建设现代化经济体系是一项重要而艰巨的任务。本文学习习近平有关讲话精神，结合党的十九大报告，阐发建设现代化经济体系的重要性、基本框架和战略举措。

一　建设现代化经济体系的极端重要性

建设现代化经济体系，是实现"两个一百年"奋斗目标的重要部署。党的十九大报告根据中国特色社会主义已进入新时代的国情，重新定义了"两个一百年"的奋斗目标，即在决胜全面建成小康社会之后，从2020年到2035年，在全面建成小康社会的基础上再奋斗15

---

[*] 程恩富，中国社会科学院教授；柴巧燕，上海财经大学博士。

年，基本实现社会主义现代化；从2035年到21世纪中叶，再奋斗15年，把我国建成富强民主文明和谐美丽的社会主义现代化强国。要实现这些宏伟目标，各项事业的全面发展是前提，其中经济的发展是重中之重，构成了各项发展的物质基础。可见，建设符合新时代新要求的现代化经济体系，是经济社会行稳致远和实现伟大目标的有力保证。

建设现代化经济体系，是在我国社会主要矛盾发生变化的情况下的必然选择。党的十九大报告指出，我国社会的主要矛盾已经转化为人民日益增长的美好生活需要和不平衡不充分的发展之间的矛盾。未来，中国经济社会的发展方向必将随着主要矛盾的变化而发生重大变化。经济发展不平衡不充分问题已经制约了人民日益增长的对美好生活的需要，只有认真落实党的十九大关于建设现代化经济体系的部署，才能从根本上解决新时期我国社会的主要矛盾。而遵循创新、协调、绿色、开放、共享的发展理念和政策思路，从产业体系、市场体系、收入分配体系、城乡区域发展体系、绿色发展体系、全面开放体系和双重调节体制等方面塑造现代化经济体系，其中包括大力发展实体经济，深化供给侧结构性改革，优化产业结构，强化创新的引领作用，完善社会主义市场经济体制，等等，均可从增强国民经济的平衡发展和充分发展，最大限度地满足人民日益增长的美好生活需要，必将有力解决我国新时期的社会主要矛盾。

建设现代化经济体系，是满足国民经济高质量发展新要求的必由之路。中国特色社会主义进入新时代的基本国情对我国经济发展提出了新要求，要求我国经济由过去追求速度和规模的粗放型发展方式转向未来的追求高质量和高效益的集约型发展阶段。只有跨越发展方式转变、经济结构优化、发展动力转换这三大关口，才能解决过去经济体系中存在的深层次的结构性问题，进一步提高经济社会中各种要素的生产率。在此基础上，进一步保护好生态环境，解决民生领域的短板，充分激发全社会的创造力和发展活力，全面释放社会主义方向的改革红利，推动中国经济实现更高质量、更大效益、更加公平的可持续发展。可见，加速建立现代化的经济体系，必将有力促进经济发展方式的转变，推动我国经济不断提质增效，满足新时代经济发展的新要求。

建设现代化经济体系，是我国在国际竞争中赢得主动的有力支撑。西方金融危机的影响至今仍在，全球经济在曲折中复苏乏力，而社会主义中国的经济发展速度和成就全球有目共睹，对整个世界经济的影响力也日益提高。根据联合国发布的《2018年世界经济形势与展望》的报告，2017年全球经济增长有三分之一来自中国，中国经济总量占全球的比重达到15%，近5年来中国对世界经济增长的年均贡献率达到30.2%。[①]但是我们必须看到，随着欧美日等发达国家的"再工业化"政策和新兴市场经济国家"快速工业化"政策的双重压力，随着特朗普政府"美国优先"的狭隘保护主义实施，我国经济在国际市场上势必面临更为激烈的竞争。可见，我国要顺应和引领一个日益公正的经济全球化潮流，赢得国际竞争的主动，就必须尽快建设由高端产业体系、有序市场体系、协调城乡区域体系、绿色发展体系、自主开放体系和高效调节体系等构成的现代化经济体系。

二 现代化经济体系的基本框架

党的十九大报告中提出建设现代化经济体系后，2018年1月30日习近平在讲话中明确了现代化经济体系的内涵和基本框架，其中包括"六个体系、一个体制"[②]。这七个组成部分既有各自的分工与作用，又有相互联系，是一个有机的统一整体，是未来中国经济建设的一个总纲领。我们对此进行进一步详细的阐发。

[①] World Economic Situation and Prospects 2018［EB/OL］. UN Report. https://www.un.org/development/desa/dpad/document_gem/global-economic-monitoring-unit/world-economic-situation-and-prospects-wesp-report/, 11, Dec. 2017.

[②] 新华社：《我国亮出建设现代化经济体系"路线图"》（http://www.gov.cn/xinwen/2018-02/01/content_5263002.htm, 2018-02-01）。

（一）创新引领、协同发展的产业体系

党的十九大报告中明确提出："创新是引领发展的第一动力，是建设现代化经济体系的战略支撑"，要"着力加快建设实体经济、科技创新、现代金融、人力资源协同发展的产业体系"。① 习近平进一步指出："要建设创新引领、协同发展的产业体系，实现实体经济、科技创新、现代金融、人力资源协同发展，使科技创新在实体经济发展中的贡献份额不断提高，现代金融服务实体经济的能力不断增强，人力资源支撑实体经济发展的作用不断优化。"②

目前，我国产业体系创新短缺、协同不够的问题较为普遍，主要表现在：一是制造业作为实体经济的主要部分，在国际上缺乏竞争力，处于国际产业链和价值链的中低端，缺乏核心竞争力，产品科技含量低。二是创新短缺，研发投入和创新人才不足，科技创新成果转化难、转化率低，不能对实体经济形成有力支撑。三是金融"脱实向虚"情况严重，金融资源错配，服务实体经济能力不强，实体经济的筹资方式少、贷款难、杠杆率高等现象普遍存在，发展实体经济的金融安全基础薄弱。四是人才供求存在结构性矛盾，特别是实体经济缺乏各类创新创业人才，研发领域科技人才不足，制造领域熟练技工不足，营销领域经营人才缺乏。

要加快建设创新引领、协同发展的产业体系，必须着力抓好若干重点工作：第一，以供给侧结构性改革调整现有产业体系。其中包括统筹产业布局，促进传统产业转型升级，切实解决实体经济中供给结构与需求结构不相适应的地方，减少低质无效供给，把经济发展从数量规模扩张转向高质量高效益发展。紧紧把握未来产业发展的趋势和

---

① 习近平：《决胜全面建成小康社会　夺取新时代中国特色社会主义伟大胜利——在中国共产党第十九次全国代表大会上的报告》，人民出版社2017年版，第30—31页。
② 《习近平主持中共中央政治局第三次集体学习》，《人民日报》2018年2月1日第1版。以下习近平论述的引文，没有专门标注的，均来自该讲话，不再另外注释。

市场需求的变化，加快发展先进制造业特别是高端制造业，培养发展战略性行业，夯实实体经济的基础；拓宽中高端消费、现代供应链、人力资源服务等领域，形成新的经济增长点和新的动能，抢占全球产业链和价值链未来发展的先机。

第二，发挥创新引领产业体系的高端化发展。其中包括要为创新提供高效的政策支持体系，完善知识产权保护的相关法律法规，制定能够引导企业、个人投入研发创新的激励机制，形成市场、企业和科研院所深度融合的创新体系，要加大对创新资金和创新人才培养的投入力度，对于应用基础型研究，特别是前沿技术、关键共性技术、颠覆性创新技术，由国家牵头组织投入；要鼓励企业和个人投入创新领域，拓宽创新平台和载体，为创新研发提供各种精准服务，整合和共享创新研发信息。

第三，增强金融服务产业体系和实体经济的水平。要积极加快金融体系改革，鼓励金融与实体经济的融合，引导金融资本向有发展潜力的实体经济集中；通过不断拓宽实体经济融资渠道、创新实体经济融资方式、拓展多种业务等方式切实解决实体经济筹资难的问题；提升金融服务实体经济的水平，通过创新信用评价方式、创新信用担保体系、创新抵押贷款方式等加大对各类企业的支持力度。

第四，强化人力资源作为第一资源促进产业体系的作用。通过深化教育改革，建立科研教育、职业教育、培训教育体系，使教育既能培养出基础研究、高精尖研究需要的人才，又能培养适用性强、针对性强的应用技术性人才，为现代化产业体系建设提供优秀的人力资源；通过分配制度改革等调节不同行业、不同区域之间的差距，为整个产业体系和实体经济留住更多优秀人才。

（二）统一开放、竞争有序的市场体系

党的十九大报告中提出："经济体制改革必须以完善产权制度和要素市场化配置为重点，实现产权有效激励、要素自由流动、价格反

应灵活、竞争公平有序、企业优胜劣汰。"① 习近平进一步强调要"建设统一开放、竞争有序的市场体系"。

目前，我国市场体系尚不完善，在资源配置中仍然受制于政府垄断、行政审批和价格管制等因素影响，还存在一些不足。具体来说，问题主要集中在三个方面。一是市场体系不够透明，存在如定价机制不完善、信息披露法规不健全、市场监管规则设置不清晰等问题，导致存在一定的权力寻租空间，使得市场交易成本过高。二是价格形成机制不健全，由于政府垄断、价格管制或其他的政府干预市场行为，使得部分产品或服务的价格传导机制不健全，导致市场规则在要素配置中不能起决定性作用，价格不能充分反映供求状况和资源的稀缺程度。三是缺乏市场准入和退出政策，一些妨碍统一市场和公平竞争的潜规则和土政策仍然存在，导致部分同等的市场主体难以获得同等便利的市场准入；缺乏优胜劣汰的市场退出机制，企业破产制度不完善，市场不能决定企业是否退出。

要想建立统一开放、竞争有序的市场体系，必须采取多种措施：一是提高市场体系的透明度和公平性，通过建立健全完善的市场法律法规，为商品或服务的快捷、顺畅的流通提供保障，消除地区封锁、市场分割等现象，打破城乡区域之间的不平衡，规范交易行为，建立透明、公平、高效的市场秩序，降低交易成本；在某些容易滋生腐败的领域，明确竞争规则，提高程序透明度，加强信息披露的法律法规建设，大力提高市场体系的透明度，推进市场信息化建设，保护市场参与者的正当权益；加强市场监管制度建设，明确市场参与者的权责，规范执法者的权力，避免因监管规则设置不明确导致的权力寻租或市场交易成本过高的问题。

二是进一步完善各种商品特别是资源型商品的价格形成机制，使价格能够反映商品的供求状况，能够反映资源的稀缺程度，进而充分

---

① 习近平：《决胜全面建成小康社会 夺取新时代中国特色社会主义伟大胜利——在中国共产党第十九次全国代表大会上的报告》，人民出版社2017年版，第33页。

发挥市场调节机制，促进商品的自由流通；进一步完善市场交易制度，调整政府宏观调控的方式，尽量通过温和的方式借助市场实现调节目标，建立完善的市场交易制度，放开负面清单之外的商品和服务，给予企业自主定价权，让价值规律、供求规律和竞争规律共同作用来决定商品或服务的价格，保证价格传导机制畅通无阻，保证价格能够反映企业真实的生产经营成本和效率状况。

三是建立统一的市场准入标准和退出政策，首先是开放行业准入，凡是在政府限制或禁止的领域和行业清单之外的，符合法律规定的，都应向民间资本开放，实行同一区域同一准入标准，打破市场封锁、地方保护主义和行政性垄断；尽快完善各类法律法规，实现国有资本和民营资本平等使用生产要素和各类资源，公开公平公正地参与各类市场竞争，并为其提供一视同仁的监管和法律保护；加快市场化改革，废除影响建立统一市场的各种障碍，制定促进公平竞争的法律法规，激发各类市场参与者的积极性和活力。其次要健全市场退出机制，完善企业破产制度，坚持企业自主原则，企业的优胜劣汰应由市场竞争决定。

（三）体现效率、促进公平的收入分配体系

收入分配关系到亿万民众的切身利益，关系到个人工作的积极性，不合理的收入分配体系是导致诸多社会问题的根源。习近平指出："坚持在经济增长的同时实现居民收入同步增长、在劳动生产率提高的同时实现劳动报酬同步提高。拓宽居民劳动收入和财产性收入渠道。履行好政府再分配调节职能，加快推进基本公共服务均等化，缩小收入分配差距。"[①] 党的十九大给出了建立收入分配体系的重要原则，即"坚持按劳分配原则，完善按要素分配的体制机制，促进收入分配更合理、更有序。鼓励勤劳守法致富，扩大中等收入群体，增

---

① 习近平：《决胜全面建成小康社会 夺取新时代中国特色社会主义伟大胜利——在中国共产党第十九次全国代表大会上的报告》，人民出版社2017年版，第46—47页。

加低收入者收入，调节过高收入，取缔非法收入"①。

目前，由于非公经济的大规模发展、政府对各种收入分配的不合理现象没有及时调节、社会保障机制不健全和结构性失业等多种因素的共同作用，使得收入差距逐渐增大，导致了不少问题的出现。一是城乡区域发展差距和居民收入分配差距依然较大，城乡居民收入增长与经济增长仍不能同步，特别是乡村居民的收入增长速度过慢，不能充分参与分享经济发展的红利。二是收入分配法律法规不健全，一些隐性收入和非法收入问题比较突出，收入分配无法充分形成良性激励机制，分配公平与经济效率之间的同向互动不足。三是收入分配制度改革推进缓慢，底层群众生活比较困难，出现需要消费而无能力消费的情况，高收入者边际消费倾向过低，即使有能力消费，但是对需求拉动型经济增长的推动作用有限。

要完善体现效率与公平同向互促关系的收入分配体系，必须从以下几个方面着手：一是依法建立起统一开放、竞争有序的市场体系，必须重视市场和政府在收入分配中的不同作用，为城乡劳动力提供平等的公共服务，确保分配规则均等、机会均等，减少城乡、行业、领域之间的收入分配壁垒，实现同工同酬，为城乡劳动力提供一个公平公正的平台；对于因为个人才能和禀赋不同而导致的收入差距，市场应予以承认；对于因为要素占有的数量、状态、水平不同以及机遇不同而形成的收入差异，可以通过制定相关的税收、财政政策进行适度调节，进一步完善转移支付制度，促使不同的劳动者能够获得均等化的基本公共服务。

二是对于因体制不合理、规则不健全而造成的收入差异，应通过深化改革和制度建设，建立合理、规范的政策体系，避免灰色收入的形成，对于已经形成的灰色收入，可以通过建立合理的再分配制度进

---

① 习近平：《决胜全面建成小康社会　夺取新时代中国特色社会主义伟大胜利——在中国共产党第十九次全国代表大会上的报告》，人民出版社2017年版，第46页。

行调节；对于黑色收入，必须大力加强法治建设，从源头上消灭其产生的土壤与条件，一旦发现，坚决依法取缔、严厉打击。

三是大力推动收入分配制度改革，通过运用税收、财政支出等方式在再分配环节调节初次分配的结果，税收和财政调节应服务于共同富裕的目标；进一步完善个人所得税制度，应同时考虑横向公平和纵向公平，确保税收能够有利于低收入者而又不损害高收入者的积极性；推进消费税的改革，调整消费税的征税环节及幅度，能够充分降低底层收入者的税负；推进与财产有关的税收改革，加大财产类税收的调节力度；借鉴国外经验，尽快实行退出税。

（四）彰显优势、协调联动的城乡区域发展体系

党的十九大报告明确提出，实施乡村振兴战略，实施区域协调发展战略。[①] 习近平指出："要积极推动城乡区域协调发展，优化现代化经济体系的空间布局"，"建立彰显优势、协调联动的城乡区域发展体系"。[②] 只有逐步缩小城乡区域间的发展差距，人口、经济、资源、环境之间获得均衡发展，经济社会各组成要素才能进行良性互动，城乡之间实现融合发展，促进我国经济发展的平衡和总体走强。

我国目前城乡区域差距依然巨大，城乡区域协调发展程度不高，城乡区域协调发展还存在不少问题。一是受制于自然条件、人口、历史等因素影响，现代化经济体系的空间布局不合理，京津冀、长江经济带、粤港澳大湾区都是人口密集、面积小但是在全国经济中占比重大的地区，如京津冀地区以2.3%的面积贡献了8%的GNP，长江经济带以21%的面积贡献了40%的GNP。二是城乡差距依然较大，城乡联动不足，区域发展不够协调。实施乡村振兴的制度供给不足，支撑乡村振兴的人力资源不足，乡村振兴所需资金仍然有缺口；一些深

---

① 习近平：《决胜全面建成小康社会　夺取新时代中国特色社会主义伟大胜利——在中国共产党第十九次全国代表大会上的报告》，人民出版社2017年版，第32—33页。
② 《习近平主持中共中央政治局第三次集体学习》，《人民日报》2018年2月1日第1版。

度贫困地区自然条件恶劣导致了经济条件和社会条件极其恶化，难以脱贫；大部分农村地区的经济基础薄弱、基础设施和基本公共服务欠缺，这给乡村振兴带来了巨大的困难；城乡区域联动发展的平台缺乏，难以通过发展平台的带动作用扩大发展范围。

要建立彰显优势、协调联动的城乡区域发展体系，必须重点抓好下列工作：一是积极优化现代化经济体系的空间布局，建立彰显优势的发展体系。对于京津冀地区，可以通过宏观规划，不断探索培养创新发展新动能，使得城市的布局和空间结构更合理，以京津冀协同发展来推动整个地区的发展，进而出现一批具有雄厚实力的世界级城市群；推动长江经济带发展，促进经济增长空间从东部沿海地区向中西部地区拓展，推动经济要素沿黄金水道有序流动；推动粤港澳大湾区的发展，把该地区培养成中国区域经济发展的重要引擎和引领科技创新的领头羊，以此形成大范围的城市带，引领全球经济发展。

二是通过顶层设计加快实现乡村振兴，以乡村振兴战略为着力点来推动城乡联动发展，以构建城乡融合发展体制机制和政策体系来促进城乡协调发展。建立彰显优势、协调联动的城乡区域发展体系，可以通过实施乡村振兴战略、完善产权制度和要素市场化配置，进而强化乡村振兴制度性供给；可以通过人力资本配套政策，充分发挥市场在资源配置中的决定性作用，使人才、技术等充分流动，进而解决乡村振兴人才支撑不足的问题；可以通过财政政策、金融政策、社会多元参与政策等方式，引入多元资金参与乡村振兴，解决乡村振兴的资金缺口问题，进而打破现存的城乡二元结构。区域协调发展可以通过推进落后地区经济发展的战略和政策，缩小落后地区与发达地区的差距，促进各经济要素在全国范围内的流动，实现人口、经济和资源、环境的空间均衡，进而推动我国经济不断取得新进展。总之，从全局出发建立连贯统一、层次明晰、功能精准的区域政策与城乡发展政策，来强化城乡发展与区域发展的协同；通过进一步完善包括城乡及区域定位与合作机制、成果共享机制、生态保护机制、利益补偿机制在内的区域城乡协调发展的机制，来实现城乡统筹和区域发展、合作；通过培育试验区、示范区等平台来培育区域经济发展的新动能，进一步完善各类发展平台。

（五）资源节约、环境友好的绿色发展体系

党的十九大报告明确指出："加快建立绿色生产和消费的法律制度和政策导向，建立健全绿色低碳循环发展的经济体系。"① 习近平总书记提出，要建设资源节约、环境友好的绿色发展体系，实现绿色循环低碳发展、人与自然和谐共生，牢固树立和践行绿水青山就是金山银山理念，形成人与自然和谐发展的现代化建设新格局。② 绿色发展体系是社会主义生态文明的体系，绿色发展是高效、持续、和谐的发展方式，与中国特色社会主义进入新时代的发展特征紧密联系，只有践行绿色发展才能突破资源环境因素制约，才能在国际社会竞争中长远地占据主动和有利地位。

目前，我国要建立资源节约、环境友好的绿色发展体系面临不少挑战。一是对节约资源、保护环境不够重视。在个人消费方面，存在铺张浪费现象，绿色生活方式并没有形成社会共识。二是缺乏相应的体制机制保障绿色发展体系建设。从顶层设计来看，缺乏有力的价值取向和相应的制度保护资源环境，保护生态的法律法规体系不完善；环境评价体系不健全，党政部门的绩效考核体系中，又往往忽视或者缺乏对绿色发展的评价。三是快速的城镇化和工业化必然会消耗大量资源，传统的产业结构和经济发展方式往往遵循"高投入、高能耗、高污染、低收益"的发展老路，势必造成资源的浪费和对环境的损害。

要建立资源节约、环境友好的绿色发展体系，必须采取下面的措施：一是引导人们从观念上重视节约资源、保护环境，全面树立节约

---

① 习近平：《决胜全面建成小康社会　夺取新时代中国特色社会主义伟大胜利——在中国共产党第十九次全国代表大会上的报告》，人民出版社 2017 年版，第 50—51 页。
② 同上书，第 23 页。

资源、热爱自然环境、尊重自然规律的生态文明理念，树立勤俭节约的社会风尚和合理、高效利用资源的意识，做好节约资源、保护环境的宣传和科普，增强全社会的勤俭节约和保护环境的观念；积极宣传推广绿色和低碳的生活理念，倡导发展绿色生活方式，引导鼓励低碳消费模式，尽量减少个人行为对资源的浪费和对环境的不良影响，形成人与自然和谐共处的永续发展新格局；广泛宣传绿色发展体系，将生态教育纳入国民教育体系，使社会各界人士特别是各级政府和领导意识到生态环境工作的重要性，使绿色发展观念成为全社会的共同追求和自觉行为。

二是不断完善建设绿色发展体系的体制机制。从顶层设计上来看，要充分完善相应的法律制度，完善的制度和法律既能解决资源和环境方面的问题，又能对涉及资源和环境的行为进行有力的规制；不断健全绿色发展的评价体系，避免在发展过程中出现以牺牲生态环境换取经济利益的现象，要把经济发展与生态发展挂钩；特别是完善对政府部门的绩效考核体系，在对政府领导干部绩效进行考核时，把绿色发展、生态环境也作为其重要的综合评价指标进行考察，建立终身问责制度，以确保政府领导在考虑经济发展的时候能够充分意识到节约资源、保护环境的重要性。

三是深化供给侧改革，任何经济行为都要以保护环境和生态健康为前提，要把原来产业发展过程中科技含量低、资源消耗多、环境污染大、不可持续发展的实体经济改造为节约资源、环境友好型的产业，使产业的发展具有良好的生态环境效益，充分依靠科技创新和技术进步来提高资源的产出效率，降低生产领域和流通领域的资源消耗量，提倡在生产领域和消费领域实行生产资料和生活资料的循环再利用；鼓励发展环保经济、低碳经济、循环经济，从节约资源、保护环境的产业活动中获取经济效益，将环保活动或者环保产业发展为新的经济增长点，创造出新的经济利润，使环保能够产生经济效益，吸引更多的企业和个人从事环保事业。

（六）多元平衡、安全高效的全面开放体系

党的十九大报告明确提出要"推动形成全面开放新格局"，习近平提出"要着力发展开放型经济，提高现代化经济体系的国际竞争力，更好利用全球资源和市场，继续积极推进'一带一路'框架下的国际交流合作。"这些重要论述和战略部署准确地把握了我国进入新时代的新情况，反映出经济全球化对生产力发展和科技进步的迫切要求，是实现经济繁荣昌盛的必由之路，为推动全面开放指明了方向、目标和途径。

我国目前还未形成多元平衡、安全高效的全面开放体系，其问题在于：一是对外开放的形式与结构较为单一，对外贸易大部分集中在具有低端要素优势的产业上。目前我国对外贸易结构相对单一，传统的生产方式已经不能适应国际竞争的新形势，我国虽然是一个贸易大国，但是出口产品仍然以初级产品或低加工产品为主，在国际市场上的定价能力较弱。随着要素成本和环保成本的上升，传统的生产方式已经越来越不能适应国际竞争新形势，这已经威胁到了实体经济的发展。二是缺乏完善的经济体制保障全面开放的稳定性和安全性。随着我国对外开放的深入，一些既有的体制机制在保障宏观经济顺畅运行和稳定金融市场方面乏力；已有的对外贸易模式容易加大国内经济发展的不平衡；外资进入门槛不一，境外投资经验不足，海外投资利益保护不够，贸易摩擦和争端时有发生，处理结果差强人意。

为了确保建立多元平衡、安全高效的全面开放体系，必须采取有力举措：

一是不断优化贸易结构升级，紧紧把握供给侧结构性改革这条主线，大力发展高质量、高效益的产业，把质量优势和新兴产业培养成我国对外贸易的新优势，确保已有的对外贸易市场份额，不断拓展以装备制造等为代表的科技含量高的产业作为出口主导产业，实现从传统制造业向先进制造业和高新技术产业的转型升级，提高在全球产业链和价值链中的地位。

二是不断完善对外贸易布局，培育贸易新模式，对外贸易产业布局中重视并鼓励加入技术、知识、信息和智能等高端生产要素，巩固我国已有的信息产业优势，争取成为对外贸易规则的制定者；通过提高对外贸易产业的要素成本优势，加大科技创新成果比例，为传统产业提供新的需求点和增长点，进而提升我国产业在国际竞争中的地位，夯实现代化经济体系的基础。

三是不断调整对外经济体制机制，破除体制机制的各种弊端，为全面开放提供稳定的经济环境，为国内外企业提供公平竞争的营商环境。进一步健全境外投资管理，为境外投资提供良好的政策机制，积极引导、鼓励企业对外高效投资，确保投资收益性。

（七）充分发挥市场作用、更好发挥政府作用的经济体制

党的十九大报告提出"着力构建市场机制有效、微观主体有活力、宏观调控有度的经济体制"，习近平提出要建立"充分发挥市场作用、更好发挥政府作用的经济体制"。通过完善市场调节和政府调节的双重调节体系，有助于释放体制改革红利，促进整个现代化经济体系的建设。

我国虽然已经建立起了社会主义市场经济体制，但在处理政府与市场关系方面依然存在两种极端。其一，过分追求市场化，造成政府的缺位，弱化了政府这只"有形之手"对宏观微观经济的调节作用，而完全的自由市场竞争容易导致市场失灵等低效率的经济现象；过度强调市场竞争，市场更关注短期效率，具有良好才能和禀赋的人依靠自己的资源优势获取越来越多的财富和收入，而弱势群体则越来越无力改变这种现状，导致了财富和收入差距扩大；完全的市场竞争往往导致投资和消费或者严重不足或者严重过度的结构失衡和周期性特点。其二，政府调控不民主而导致失当，"一把手说了算"、官僚主义、形式主义、面子工程和虚报政绩等现象普遍存在。正如美国著名经济学家斯蒂格利茨所说的，中国环境污染、食品安全等问题较为严重，说明政府的作用还没有很好地发挥。为了进一步改革市场与政府关系的体制机制，必须抓好以下工作：

一是坚持社会主义性质和类型的市场经济改革方向不动摇，有机统一的社会主义基本经济制度与双重调节的资源配置制度，完善市场机制趋利避害的有效性、微观主体活而不乱的创新性、政府主体及时调节的高效性三者结合的市场经济制度。

二是充分完善产权制度和一般要素市场化配置，破除制约发展活力和动力的体制机制障碍。在坚持公有制为主体、国有制为主导、多种所有制共同发展的基础上，充分发挥"看不见的手"在一般资源配置中的决定性作用，充分发挥各级政府在宏观和中观调控、微观规制中的主导作用，精简政府机构和人员，转变政府职能，做好公共服务，加强市场监管，维护市场秩序，营造公平竞争的市场环境和制度环境。

三是要统一开放的一体化市场体系，革除某些行政或制度上的不合理分割，革除法律法规以外的歧视与各种不平等待遇以及不正当竞争的现象，使市场准入畅通，企业之间竞争充分，并使消费者在市场上具有自由选择权、能够自主进行消费。

四是要重视各级人大的经济立法和经济督察的功能，实现市场"看不见的手"的自发调节功能、政府（广义政府含人大）"看得见的手"的自觉调节功能，同伦理"看不见的手"的内在自律功能（市场主体内含经济伦理和诚信）、产权"首要的手"的基本制度功能（因为产权配置资源是决定社会经济性质的）有机融合，促进经济社会高质量和高绩效地全面协调发展。

三　建设现代化经济体系需实施若干战略举措

（一）坚决实施以人民为中心的发展战略思想

"以人民为中心的发展思想"是中国特色社会主义发展观与西方发展观的根本区别，是建设社会主义现代化经济体系的根本立场，也是习近平新时代中国特色社会主义经济思想的特征和战略定力所在。

不过，有舆论认为"以人民为中心的发展思想"太抽象，无法把握和落实，往往还在片面追求GDP和政绩。这就会偏离共产党人的本源和初心，偏离了党执政为民的根本宗旨，就不能满足人民群众对美好生活的向往，就不能实现社会主义现代经济体系建设的胜利。在党的十九大报告中，贯穿始终的指导思想就是"以人民为中心的发展思想"，这充分体现了中国共产党始终牢记人民、一切以人民为中心的执政理念，这是中国共产党面向新时代解决社会主义主要矛盾、实现经济社会创新发展的根本方针。现代化经济体系的建设，是为了解决人民日益增长的美好生活需求和不平衡不充分的发展之间的矛盾，达到社会物质文明和精神文明的更大丰富，实现全体人民的共同富裕和共同享受。现代化经济体系建设主题的表象是物质和经济，但实质是人民，服务的对象还是人民，归根到底是人的现代化。只有始终把"以人民为中心的发展思想"作为党一切工作的出发点和落脚点，并贯穿在"创新、协调、绿色、开放、共享"发展新理念和政策之中，才能实现全面小康社会和强国目标。

（二）继续实施深化供给侧结构性改革的发展战略

建设现代化经济体系，必须紧紧抓住供给侧结构性改革这条主线。随着我国经济发展进入新常态，传统人口红利弱化、发展动能衰减、资源环境约束加剧，消费结构、产品结构、企业组织结构和生产要素结构却发生了巨大的变化，这种结构性问题导致我国经济下行压力巨大，单纯依靠扩张总需求的办法不能解决问题，而必须适应新形势的需求，从供给侧方面进行改革，解决结构性矛盾和制度障碍，进一步解放和发展生产力，重构经济新常态下的各类平衡。供给侧结构性改革的根本路径是深化改革，以改革的办法推进供给结构调整，改革生产要素、企业和产品的数量、质量和结构，提高供给体系的质量和效率；改革传统供给结构升级的体制机制，充分调动广大人民群众的积极性和创造性，增强微观主体内生动力，不断推动产业结构升级，更好地满足需求，促进经济社会持续健康发展。

有舆论认为供给侧结构性改革已基本完成，不需要深化进行了。而根据2017年12月20日中央经济工作会议精神，供给侧结构性改革任务还需在"破""立""降"上下功夫。"破"就是破除无效供给，破除"僵尸企业"，推动化解过剩产能；"立"就是大力培育新动能，强化科技创新，推动传统产业优化升级，培育一批具有创新能力的排头兵企业，积极推进军民融合深度发展；"降"就是大力降低实体经济成本，降低制度性交易成本，继续清理涉企收费，加大对乱收费的查处和整治力度，深化电力、石油天然气、铁路等行业改革，降低用能、物流成本。

深化供给侧结构性改革，要进一步减少低端、无效供给，深化去产能、去库存、去杠杆，扩大中高端、有效供给，补短板、惠民生，加快发展新技术、新产品、新产业，为经济增长培育新动力；要进一步把供给侧和需求侧管理结合起来，既要深化供给侧改革，适应需求的新变化，又要配合宏观经济政策，拉动需求对经济的推动作用。

（三）大力实施做强实体经济的发展战略

中央明确提出建设现代化经济体系，就必须抓住发展实体经济这个"牛鼻子"，并把大力发展实体经济放在工作重点之中。实体经济是一国经济的根基所在，是现代化经济体系的坚实基础，承载着国家未来的核心竞争力，决定着国家未来的经济增长。因此，必须大力夯实实体经济基础。

不过，有舆论认为虚拟经济赚钱容易，GDP上得快，而实体经济难以立竿见影地抓出好政绩。这是必须消除的明显缺乏实干精神的误论。目前，当务之急就是要大力发展实体经济。为此，其一，要制定相关政策，围绕创造实体经济的良好体制环境破题发力，推动资源要素向实体经济集聚、政策措施向实体经济倾斜，正确引导实体经济发展，为其创造良好的政策环境。其二，要把提高供给体系质量作为发展实体经济的主攻方向，结合供给侧结构性改革，加快优化供给结构,大力淘汰落后产能,通过培育潜在市场消化过剩产能,通过深度加入全球化输出过剩资本,大力增强我国经济质量优势。其三,强化创新引领作用,加强基础研究和应用研究,引领创新型研究、前瞻性研究,培育更多的原创性、颠覆性技术革新,促进实体经济与科技创新及人力资源协同发展,以科技创新引领实体经济的发展。其四,引导资金投入实体经济,加快市场化改革,保护和激发企业家精神,引导更多社会资本投身到实体经济中。其五,做好虚拟经济和实体经济之间的平衡,一方面要避免金融资本"脱实向虚",通过金融财政的杠杆作用推进实体经济的持续发展,保证金融资本服务于实体经济;另一方面也要发展多层次的资本市场,推进金融强国建设。

(四) 加快实施科技创新驱动的发展战略

加快实施创新驱动发展战略,就是要加强国家创新体系建设,强化战略科技力量,推动科技创新和经济社会发展深度融合,强化创新驱动、创新引领的发展方式。有舆论认为生产关系和制度改革始终重于生产力和技术变革,以为制度搞好了,生产力和科技创新自然会搞好。这是曲解经济辩证法的误论,因为生产关系与生产力、制度与技术,均是具有作用与反作用的独立变量,根本不是一成不变的自动变量。

事实上,要建设现代化经济体系,其一,必须以创新来推动供给侧结构性改革,夯实实体经济基础,通过技术创新突破现有的技术应用以提高生产率,通过创新来降低企业成本,促进产业转型升级,提升企业发展水平和素质,提供要素质量和配置效率。其二,大力推进创新创业,通过创新创业推动新的产业的出现,创造新的就业机会,由此振兴实体经济、提升国际分工的地位、破解资源环境约束,最终能够实现经济社会的持续发展。其三,加强国际创新体系建设,对于投资周期长、风险大、具有颠覆性的基础研究、应用基础研究和战略科技创新研究,要制定相关政策,引导人才、资金向这些方向倾斜,实现重大项目的突破。其四,要建立完善的创新引导政策体系,充分发挥市场的导向作用，以市场的需求引导创新研究，鼓励支持企业主导的创新，鼓励产学研深度融合的创新，鼓励引导创新成果的转化。其五，要实施更加积极、更加开放、更加有效的人才政策和创新文化政策，鼓励大众创业、万众创新，强化知识产权保护政策，培养和造就一大批具有国际水平的创新人才和高水平创新团队。其六，通过观念创新、政策创新、制度创新，打破原有的不利于经济快速发展的观念、政策、制度，使观念、政策、制度与实践结合，更符合实践发展趋势，促进经济发展更顺畅、更迅速、更有效。

（五）大力推进城乡区域军民协调的发展战略

现代化经济体系是一个有机整体，乡村振兴是实现我国经济体系现代化的前提，通过实现区域协调发展来优化现代化经济体系的空间布局，为现代化经济体系建设提供重要支撑。城乡区域协调发展应以乡村振兴战略为着力点，以构建新机制导向促进区域协调发展。有舆论认为，乡村落后于城市，区域发展不平衡，军民经济难以融合，这是现代任何社会都存在的现象，不必急于改变。这是脱离国情的误论，因为我国在城乡和区域领域的经济差距太大，而军民经济融合度不高，亟须及时整合和协调发展。

大力实施城乡区域协调发展战略，首先要实现乡村振兴，这是补经济发展的短板，也是切实解决"三农"问题的根本方法。其一，实施乡村振兴关键在党，要坚持和完善党对"三农"工作的领导，健全党委统一领导、政府负责、党委农村工作部门统筹协调的农村工作领导体制，完善相关配套制度建设，把制度建设贯穿在乡村振兴的始终，不断完善产权制度，不断完善要素市场化配置，通过推进各种体制机制创新，为乡村振兴提供制度性支撑。其二，把人力资本放在乡村振兴各因素中的首要位置，汇聚全社会力量，制定相关政策，把人才往乡村吸引，强化乡村振兴的人才支撑战略，把人才作为引领乡村振兴的根本性因素。其三，以产业兴旺为重点，提升农业发展质量，培育乡村发展新动能，并形成财政优先保证、金融重点倾斜、社会积极参与三位一体的投入格局，为乡村振兴资金投入提供保障。

城乡区域协调发展战略是一个庞大复杂的社会系统工程，通过城乡区域协调发展优化现代化经济体系的空间布局，实施好区域协调发展战略，推动京津冀协同发展和长江经济带发展，加快推进中西部地区以及其他落后地区经济发展的战略和政策，协调推进粤港澳大湾区发展，逐渐缩小各个区域之间的经济发展差距，建设彰显优势、协调联动的城乡区域发展体系。通过推进城乡区域协调发展战略，缩小城乡区域发展差距，推动全国范围内实现经济社会各构成要素的良性互动，促进人口、经济和资源、环境的空间均衡，进而推动我国经济在实现高质量发展上不断取得新进展。

要准确把握军民融合发展战略任务，推进基础设施统筹建设和资源共享、国防科技工业和武器装备发展、军民科技协同创新、军地人才双向培养交流使用、社会服务和军事后勤统筹发展、国防动员现代化建设、新兴领域军民深度融合。为此，要借鉴国外有益经验，加快形成军民融合发展组织管理体系、工作运行体系、政策制度体系，推动重点领域军民融合发展取得实质性进展，形成全要素、多领域、高效益的军民融合深度发展格局，初步构建一体化的国家战略体系和能力。[①]

（六）积极实施引领经济全球化的发展战略

现代化经济体系在本质上就是一个开放的经济体系，适应我国国情的全方位开放体系，并积极实施引领经济全球化的战略举措，是塑造现代化经济体系的应有之义。有舆论认为我国不属于世界经济体系的"中心"，还处于"外围"或"依附"地位，因而只能参与、接受和服从一切国际规则和惯例。这是没有认清世情和国情的过时观点。

[①] 详见《习近平主持十九届中央军民融合发展委员会会议》，《人民日报》2018年3月3日。

殊不知，在整个世界经济体系中，40年来我国已呈现出逐步从"外围"向"中心"较快发展的壮丽画面，现在比以往任何时候都更加接近世界经济舞台的中心，可以说正施展着"准中心"的地位和作用。这至少表现在我国经济快速增长，经济总量按汇率计算已属世界第二，按购买力平价计算已属世界第一，进出口贸易量在全球数一数二，是世界经济增长的第一引擎和主要贡献者，人民币成为国际储备货币，等等。

今后必须通过积极引领全球经济发展来促进现代化经济体系的构建。其一，我国要继续实行引进来与走出去并重的双向开放，不断增加对外投资流量，尤其是对拉美和非洲的援助投资、对美欧等发达国家的实体并购，并有效运用"一带一路"国际合作、金砖五国开发银行和亚投行等金融机构来引领全球经济发展，打造各国利益共同体和人类命运共同体。其二，推动全面开放新格局，就要拓宽开放范围，扩大开放规模，提高开放质量，在参与中高端国际竞争中最终打造一个具有多元平衡和安全高效的经济体系。多元平衡是指进口、出口、投资来源等的多元化与平衡，经营主体、商品和服务的多元化和平衡，这是开放型经济体系的内在要求。安全高效是指要把握我国经济发展的主动权，适应经济全球化和对外开放的新形势，避免开放带来的重大风险；同时要积极利用好开放市场，促进生产及市场从低端要素优势向高端要素新优势转型。多元平衡、安全高效的全面开放体系，能够使中国获得更多的国际资源和市场，拓展更广阔的国际空间，增强中国经济的体外循环，为包括中国在内的广大发展中国家在未来经济全球化中争取到更多话语权，改变现存经济全球化某些不合理和不公正的发展规则。简言之，不断提升我国在全球经济治理中的地位和话语权，在全球经济治理中自觉地由过去的旁观者、跟随者逐渐转变为参与者、引领者，由经济全球化的配角转变为一个负责任的主角，是适应构建现代化经济体系的战略之举，必须稳妥地积极推进。

参考文献

［1］刘志斌:《建设现代化经济体系:新时代经济建设的总纲领》,《山东大学学报》(哲学社会科学版)2018年第1期。

［2］武国友:《建设现代化经济体系——党的十九大报告关于转变经济发展方式的新思路与新亮点》,《北京交通大学学报》(社会科学版)2018年第1期。

［3］刘伟:《现代化经济体系是发展、改革、开放的有机统一》,《经济研究》2017年第11期。

［4］迟福林:《从三个维度看现代化经济体系建设》,《中国经济报告》2017年第12期。

［5］王晓东:《建设统一开放、竞争有序的市场体系》(http：//www.sohu.com/a/221042118_118570,2018-02-05)。

［6］石建勋:《建设现代化经济体系应当怎样布局》(http：//www.sohu.com/a/219780688_115725,2018-01-30)。

浅析城镇化推进模式与提高农村居民消费率的关系

侯为民[*]

扩大内需一直被视为转变经济发展方式的关键。在扩大内需的政策取向上，通过新型城镇化推动居民消费水平的提升，目前成为我国理论界关注的焦点。一般来说，城镇化建设总是伴随着一国的工业化进程。在这一过程中，由于经济快速发展带来的收入水平提高和经济结构的变化，消费结构也相应地快速升级，进而带动消费市场整体规模的扩大。然而，我国居民消费水平尽管在绝对量上不断提高，但在居民消费率上却趋于下降，而农村居民消费率下降得更为明显。走出这一困境，不仅需要处理好投资、出口和消费的关系，更需要对城镇化扩大消费的内在机制进行客观分析，并在全面深化改革的要求指引下，正确处理城镇化和扩大农村消费的关系。

一 传统城镇化路径下我国农村居民消费率的下降趋势

农村消费能力难以提高，与农业生产力低下和农民收入水平不高有着紧密的关系。但在现代市场经济中，消费不足从根本上来说又是与生产过剩相互联系的一个概念。就此而言，改革开放以来我国农村

---

[*] 侯为民，中国社会科学院经济社会发展研究中心副主任、研究员。

消费市场的相对萎缩，实际上还伴随着我国的传统城镇化路径下工业生产的快速扩张，并在后者作用下进一步恶化。

历史地看，在改革开放初期，受当时"离土不离乡、进厂不进城"的政策影响，我国走的是一条以发展"小城镇"为特色的小规模城镇化道路。该模式吸引农村转移人口的作用并不显著，因而并没有对农村消费水平产生较大的负面影响。不过，20世纪80年代中后期由于改革开放的扩大，西方发达国家成熟产业开始向发展中国家转移，形成了较为强劲的外在动力，而农业改革产生的大量过剩人口又为城市经济发展提供了大量的劳动力来源。在两种因素的共同作用下，农村劳动力不断向城市转移。到1988年底，全国有9545万农村劳动力进入乡镇企业就业，这意味着23.8%农村劳动力实现向非农业部门转移，农民收入大幅度增长，使农村居民消费规模有了一定的增长。20世纪90年代中后期，我国城镇化步伐进一步加快，在一定程度上满足了农民进城就业和发展的愿望，农村的消费需求得以进一步提升。在国家层面的城镇化政策推动下，我国城市化率不断提高。2014年，中国城市人口超过了7亿，城市新增人口高达5亿多。城镇化催生了大量进城务工的农村转移人口，为城市建设规模的扩大和产业发展提高了劳动力支撑和消费支撑。应当承认，这一过程在短期内对促进我国经济快速增长起到了一定作用。

城镇化的快速发展推动了我国的工业化进程，是中国经济总量和实力不断增强的重要动力之一。而伴随经济总量的增长，我国城乡居民消费也在快速增长。1994年至2013年，我国的城镇化率从28.5%增长到53.7%，同期按支出法核算的国内生产总值则从5.02万亿元增长到58.7万亿元，增长了1069.3%。在这一过程中，居民消费增长也迅速增长，从1994年的21844.2亿元增长到2013年的212187.5亿元，增长了871.4%（见表1）。消费增长既是我国经济快速发展的成果，也为改善人民生活创造了条件。

不过，在我国快速城市化和居民消费大幅增长的背景下，也存在着一些不利于经济持续增长的因素,其主要表现就是消费需求拉动经济增长日益乏力。从表1可以看出,近20年来我国居民消费率呈现出滞后于经济增长率的趋势。20世纪90年代我国的居民消费率还保持在45%左右,但2000年以后却持续下降,2013年已经下降到仅36.1%,远远低于60%左右的世界平均水平。反映农村居民消费总额在GDP中所占比重的农村居民消费率指标(农村居民最终消费额/支出法GDP×100%)更是经历了同样的下降过程,从1994年的17.76%下降到目前仅仅8%的低水平,农村居民消费仅仅占国内居民消费总额的22.2%。尽管在城市化过程中有3亿多农村人口被转移到城市,但考虑到我国目前仍有近一半人口生活在农村的现实,农村居民消费率显然是过低了。马克思指出:"没有消费,也就没有生产,因为如果没有消费,生产就没有目的。"[①] 广大的农村市场是我国扩大内需的基础,农村居民消费率过低意味着农村居民不能充分享受经济发展成果。也会加剧我国城乡发展的失衡,使我国全面建成小康社会的目标落空。提高农村居民消费率不仅能够为我国扩大消费需求开拓新的空间,而且能够有效缓解出口增长趋缓带来的压力,有利于经济发展方式的转变。

表1　　　　1994—2013年我国居民消费率和农村居民消费率

年度	城市化率	支出法国内生产总值(亿元)	居民消费(亿元)	居民消费率(%)	农村居民消费(亿元)	农村居民消费率(%)
1994	0.285	50217.4	21844.2	43.50	8875.3	17.67
1995	0.290	63216.9	28369.7	44.88	11271.6	17.83
1996	0.305	74163.6	33955.9	45.79	13907.1	18.75
1997	0.319	81658.5	36921.5	45.21	14575.8	17.85
1998	0.334	86531.6	39229.3	45.34	14472.0	16.72
1999	0.358	91125.0	41920.4	46.00	14584.1	16.00

---

① 《马克思恩格斯全集》第30卷,人民出版社1995年版,第32页。

续表

年度	城市化率	支出法国内生产总值（亿元）	居民消费（亿元）	居民消费率（%）	农村居民消费（亿元）	农村居民消费率（%）
2000	0.362	98749.0	45854.6	46.44	15147.4	15.34
2001	0.377	109028.0	49435.9	45.34	15791.0	14.48
2002	0.391	120475.6	53056.6	44.04	16271.7	13.51
2003	0.405	136613.4	57649.8	42.20	16305.7	11.94
2004	0.418	160956.6	65218.5	40.52	17689.9	10.99
2005	0.430	187423.4	72958.7	38.93	19958.4	10.65
2006	0.443	222712.5	82575.5	37.08	21786.0	9.78
2007	0.459	266599.2	96332.5	36.13	24205.6	9.08
2008	0.470	315974.6	111670.4	35.34	27677.3	8.76
2009	0.483	348775.1	123584.6	35.43	29005.3	8.32
2010	0.500	402816.5	140758.6	34.94	31974.6	7.94
2011	0.513	472619.2	168956.2	35.75	38969.6	8.25
2012	0.525	529399.2	190584.6	36.00	43065.4	8.13
2013	0.537	586673.0	212187.5	36.17	47113.5	8.03

数据来源：1995—2014年《中国统计年鉴》。

造成农村消费率过低的原因是多方面的。农业收入增长趋缓、农民消费意愿不足、农村消费结构改善缓慢等，都是导致农村消费率趋于下降的因素。但深入分析就可以发现，尽管我国农村居民消费额保持着快速增长，但农村消费支出的快速上升中有相当一部分来自于农民外出务工的收入。而农民工的收入水平，则更多地受到我国城镇化模式的影响。显然，在农业增收缓慢和农村劳动力过剩的双重作用下，进城务工实际上已经成为农村剩余人员的唯一选择。而现实的情况是，我国农民工从事的多是技术含量低、附加值低的工作，其收入增长普遍滞后于经济增长速度，这必然影响到农民工群体消费能力的提升，从而导致农村消费不振。不仅如此，在我国现有城镇化模式下针对农民工群体的社会保障体系建设的滞后性，也强化了其较低的消费预期，影响到其消费支出的扩大。农民工收入的低水平徘徊反映了我国整个国民收入结构存在的矛盾，即初次分配中资本占有比重过大，进而使劳动者特别是农民工的工资水平相对下降。实际上，城镇化过程中的资本积累和工业发展，使得居民消费被相对压低了，农民居民消费也不能例外。

  农村消费率过低的背景是我国城乡收入差距的扩大，这与我国城镇化的推进方式有一定的关系。在二元结构下，我国城乡收入差距一直都存在，但却随着城镇化的加快而进一步扩大了。城镇化不仅导致资本和人口向城镇的加快集中，也扩大了城乡收入差距，并对农村消费率的提高产生了巨大影响。众所周知，我国推进城镇化普遍采取了"由近而远"、"先易后难"的方式，一般是由城市近郊启动，逐步放射性扩张。在实践中这种推进方式简便、快捷，易于与城市原有基础设施接轨，却加重了城乡发展的不均衡。2001—2012年我国城市GDP年均增长率达17.61%，但农村GDP的年均增长率仅为10.68%，农村经济增长要远远滞后于城市经济发展。[①] 城乡发展的这种不平衡不仅固化了城乡居民收入的差距，反而进一步扩大了两者的差距。

  国家统计局的数据表明，1994—2013年我国城镇居民家庭人均可支配收入由3496.2元增长到26995.1元，增长了672.1%，而同期农村居民家庭人均纯收入则从1221元增长到8895.9元，仅增长了528.6%。城乡居民收入之间的比值，2002年以前还一直低于3，而后就始终维持3倍多的水平（见表2）。可见，城乡居民的收入不仅在绝对值上的差距拉大，而且在相对值上也呈现出不断扩大的趋势。城乡居民收入的差距扩大对农村居民消费的影响显然不可忽视。

---

 ① 黄峻：《我国"城镇化——消费扩张"的悖论解析与对策研究》，《价格理论与实践》2014年第7期。

表2　　　　1994—2013我国城乡居民人均收入水平比较

年度	城镇居民家庭人均可支配收入（元）	农村居民家庭人均纯收入（元）	城乡居民人均收入比
1994	3496.2	1221.0	2.86
1995	4283.0	1577.7	2.71
1996	4838.9	1926.1	2.51
1997	5160.3	2090.1	2.47
1998	5425.1	2162.0	2.51
1999	5854.0	2210.3	2.65
2000	6280.0	2253.4	2.79
2001	6859.6	2366.4	2.90
2002	7702.8	2475.6	3.11
2003	8472.2	2622.2	3.23
2004	9421.6	2936.4	3.21
2005	10493.0	3254.9	3.22
2006	11759.5	3587.0	3.28
2007	13785.8	4140.4	3.33
2008	15780.8	4760.6	3.31
2009	17174.7	5153.2	3.33
2010	19109.4	5919.0	3.23
2011	21809.8	6977.3	3.13
2012	24564.7	7916.6	3.10
2013	26955.1	8895.9	3.03

数据来源：1995—2014年《中国统计年鉴》。

农村居民消费率低下还与我国农村的生活成本提高及社会保障不足有关。客观地说，改革开放以来我国农村居民消费结构的改变是与农村居民收入增长同步的，体现了经济发展给农民生活带来的改善。如：尽管我国农民消费支出的主要支出方向中食品类消费仍然处于第一位，2013年农村居民家庭平均每人用于食品类消费的支出为2495.5元，占其全部消费支出6625.5元的37.7%。相比于1994年

58.9%的比例，食品消费支出占比下降了20个百分点。同时，农村居民的住房条件也得到极大的改善。不过我们也要看到，农村公共服务不足与依随消费结构变化带来的生活成本上升，也强化了农村居民的储蓄倾向。统计数据表明，目前农村居民的交通通信消费已经仅次于食品和住房消费支出，而医疗保健消费也大幅上升，成为交通通信后的又一大支出。不仅如此，这两者的上升趋势也快于用于食品、家庭设备及用品、文教娱乐等支出（见图1）。

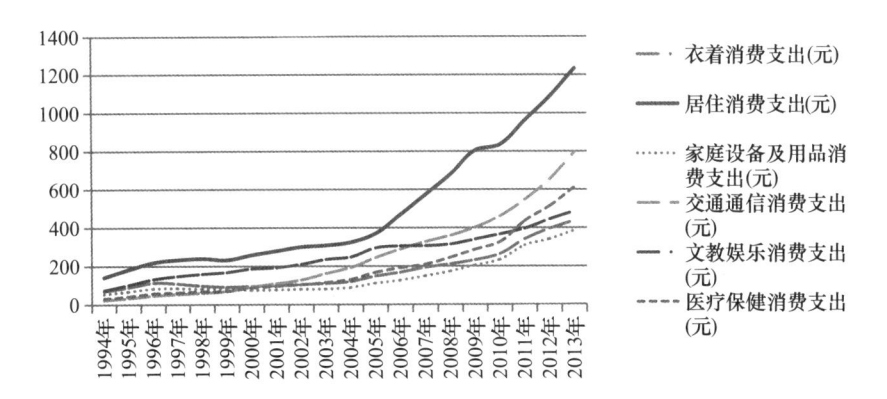

图1　1994—2013我国农村居民家庭平均每人各项消费支出的增长趋势

资料来源：1995—2014年《中国统计年鉴》。

注：本图中不包括食品消费支出和其他支出增长情况的对比。

显然，我国城镇化的推进过程中随着社会消费结构的改变，农村居民的生活成本也在不断上升。尽管他们也存在追求多样化消费的意识和融入城镇消费的愿望，但受收入、职业以及消费环境所限，农村居民的收入增长实际上被改善住房、医疗等负担抵销，导致其增加消费和提升消费质量的动力不足。考虑到养老、失业保障、子女大学教育等负担因素，增加储蓄实质上成为农村居民应对未来生活的不得已的选择。因此，多数农村居民目前仍坚持节衣缩食的消费理念和消费习惯，从而对提升农村居民消费率形成了制约。此外，城乡居民收入差距拉大，在现实中也导致城乡居民在面对物价上涨时的承受力不相同。这是因为农民消费结构的改变既有主动分享发展成果的一面，但也有被动承受的一面，而后者则要受到收入水平的刚性制约。近年来，我国相继出台免交粮食税、减免学杂费、提高农村低保和新农村合作医疗等制度措施，在一定程度上减轻了农民的经济负担，但针对农村居民的社会保障和公共服务仍然不足，尚不足以从根本上改变农村居民的消费预期。

二 城镇化促进农村消费的国际经验教训与我国城镇化过程中的不足

城镇化过程中的农村消费率低下并不是一个孤立的现象，也不是中国独有的现象。从国际经验看，世界上很多国家都经历了城镇化的阵痛。消费不振是一个系统性问题，农村消费率的下降更是如此。我国城镇化道路起步较晚，并且具有自己的独特国情，需要借鉴国际经验，并克服城镇化过程中存在的不足。在此基础上，才能探索具有中国特色的新型城镇化道路，有效化解城镇化过程中农村消费率过低、农民消费结构升级缓慢的难题。

（一）推进城镇化与扩大农村消费互动作用的国际经验和教训

尽管世界各国城镇化程度和起步时间不同，但几种典型城镇化模式下农村居民消费增长的不同结果，却可以给我们以借鉴和启示。

从欧美发达国家的城镇化过程来看，其城镇化过程是与对农民的补贴性收入、统一完备的社会保障体系联系在一起的。在这些国家，由于城镇化过程中的产业发展建立在不断优化升级的基础上，可以为农业部门提供巨大的补贴，因而能够有效地避免工业部门过度抽取农业领域的资金。资料表明，政府补贴占欧盟和美国农民收入的40%，而在日本、瑞士、韩国、挪威等国家中，其农民收入来自政府补贴的比例更高达60%。此外，这些国家的城乡统一的社会保障体系，既为农业领域留住人才创造了条件，又避免了大量人口过度涌向少数大城市的弊端，从而对扩大农村消费起了积极作用。例如，日本就将消费质量的提高作为城镇化的核心，在城镇化之初该国就极度重视对农民职业教育和素质的培养。1947年日本颁布《教育基本法》和《学校教育法》，规定义务教育年限增加到9年，1953年颁布的《青年振兴法》规范了农村职业技术教育，政府还给予青年农民职业培训资助。教育普及为农村劳动力向城市转移奠定了坚实的技术和素质基础。同时，鉴于规模企业吸收劳动力的能力高，日本政府还注重利用产业政策和设置进入壁垒，阻止非规模企业进入，有序地保障对农村劳动力的吸纳。这样就使大规模的城镇化建立在内向型经济增长的基础上，并带动了农村居民消费需求的同步扩大。这些比较的经验，可以为我国处理城镇化和扩大农村消费的关系提供有益的借鉴。

相比之下，城镇化进程中城乡关系和工农业关系处理得不好，也会给农村经济发展和农村居民消费的提高带来消极影响。如印度模式以追求人口数量城镇化是主要取向，在短期内这可以快速提高城镇化率，但却在城市贫民窟中催生了大量聚集的贫困人口，严重抑制了消费需求。在该模式下，相较于城镇化前从事农村种植业的收益，城镇化给农民带来的是集中的贫困，社会消费能力下降。同时，由于一部分资本被抽走，容纳劳动力能力较大的劳动密集型产业举步维艰。在城镇化规模上，该模式则以发展大城市为主，中等城市发展停滞，小城镇则很少。来自农村的失业人员集中在城乡接合部，使得城郊贫民窟累积增多。联合国发布的《印度城市贫困报告2009》的数据显示，印度处于贫困状态的城镇人口超过8000万，城镇贫困人口占城镇总人口的比重约为25%。贫困人口的存在，严重制约了该国城镇化进程对扩大农村消费的拉动作用。同样，巴西模式以土地城镇化为特点，但导致失地并失业的农村转移人口徘徊于城乡之间。由于这些失地、失业的农业人口收入不固定，大大制约了农村居民消费率的提高。实际上，农村消费不足还使该国大量农副产品依赖于外需，经济对外依赖非常严重，而国内则陷入城市失业率居高不下和农民日益贫困的双重困境。

(二) 我国快速城镇化成就、不足及其对扩大农村消费的影响

回顾我国的城镇化进程可以看出,新中国成立后特别是改革开放以来我国城镇化取得了巨大历史成就。我国城镇化的成就和作用,主要体现在以下方面:一是我国城镇常住人口数量快速增长,为整体上提高人民生活水平创造了条件。二是促进了制造业和服务业的产业集聚,使工业化与城镇化相互促进,城镇化和服务业共同发展。三是城镇化成为拉动国内消费升级和投资的主要动力。正如马克思指出的:"随着分配的变动,例如,随着资本的积聚,随着城乡人口的不同的分配等等,生产也就发生变动……消费的需要决定着生产。"[①] 我国城镇化进程中常住人口和进城务工人员的快速增加,在扩大城市需求规模的同时也带动了投资的增长,成为经济快速发展的重要推动力。四是扩大了城市数量和规模,提高了城市社会事业和公共服务水平,并推动了户籍制度的实质性改革。可以说,城镇化不仅改变了征地农民的命运,也改变了进城务工农民的命运,大大提高了他们的生活水平。同时,城镇化在更大范围内还对整个农业生产、农民收入水平产生了巨大影响,为我国"三农"问题的解决奠定了基础。

不过,我国城镇化也存在着一些不足。这些不足既有历史原因和体制原因,也有观念和管理方面的原因,但都对扩大农村消费产生了不利的影响。主要体现在以下方面:

第一,城镇化过程中过于注重增长优先的导向,而忽视了农村人口同步融入现代经济生活。我国的城镇化进程是与下述因素联系在一起的:一是农村耕地的过度开发成为工业化的前提,并在实质上被计入了城镇化成果;二是城镇化范围内的农村居民以及进城的农村转移人口,有一部分只是在个体身份、生活空间、消费环境上有所改变,却无任何可能改变其职业取向和社会认可度,也没有机会受到职业再教育,制约了其劳动报酬的提高。不仅如此,城镇户口与农村户口管

---

① 《马克思恩格斯全集》第 30 卷,人民出版社 1995 年版,第 40—41 页。

理制度的分离成为制约城乡经济社会协调发展的重要障碍,其原因在于城镇户籍背后所隐含的政府提供的社会保障因素。[①] 由于针对农民的社会保障体系建设迟缓,农村居民较难享受经济发展应带来的保障性福利,致使其消费需求难以释放。

第二,农民合法权益保障不足,影响其消费能力的提升。在我国城镇化过程中,对失地农民的补偿费用相对偏少,而且征地资金的分配和管理混乱,在征地的同时忽视同步建立和完善针对失地农民的有效保障,削弱了这部分农村居民提高消费的基础。我国对农民土地普遍实行的是低价征用政策,而非按市场价值确定征地补偿金额,这种模式不仅使农民的固有权益受损,也使其不能参与土地增值收益的分享。从现行法律方面看,尽管农民对集体所有土地享有占有、使用、收益和处置的权利。但在征地的实施过程中,认定土地征用和确定补偿方案的主导方都是政府,在一些村镇征地公告预示和召开村民大会等几乎被省略,政府单方核准和实施,并由村干部向村民组长传达和执行。村民在征地中的知情权、参与权等实质上被剥夺了。在失地农民保障方面也存在着欠缺,征地款项往往不能及时足额地支付,甚至还存在着非法侵占农民征地补偿款的情况,这导致一些失地农民缺乏长远发展的谋划,消费行为具有短期性和随意性。

第三,城镇化中的政策倾斜模式,弱化了提高农业生产率和农民增收的积极性。由于城镇化推进中人口、就业和土地占用的相互分离,造成相当数量进城就业农民的土地被闲置,阻碍了我国土地的规模化和集约化经营,延缓了农业部门劳动生产率的提高,使农业收入的增加失去了应有的物质基础。此外,城镇容纳能力的提高和城乡收入差距的拉大,也使得我国农村的高素质劳动力特别是农业科技人员急剧流失,使农业生产经营效益的提高失去应有的人力资源支撑,导致农村增收困难。在当前我国财政对农业补贴能力仍较低下的情况下,这些影响农业增收因素的存在显然不利于扩大农村消费。

---

① 张占仓:《中国新型城镇化的理论困惑与创新方向》,《管理学刊》2014年第1期。

第四，失地农民的临时就业既削弱了其收入能力，也压低了农民工群体的劳动议价能力，影响其消费能力和消费预期的提升。我国城镇化发展中的征地模式具有计划经济特征，但涉及就业问题时却将农民推向市场。政府较少注重通过专业职能部门来引导失地农民就业，也忽视针对农民的专业技能培训，导致文化素质和劳动技能较低的失地农民常常处于隐性失业状态。他们要么难以获得就业信息，要么从事临时性的纯体力劳动，处于收入低、工作累的不稳定状态。本来，农民工收入的不稳定性与相对收入水平的低下就削弱了消费能力，失地农民的临时就业的加入，更从整体上对进城务工的农民在就业、工资和福利待遇上形成挤压效应，导致其工资议价能力不断降低，影响了消费能力的提升。

（三）正确认识城镇化和扩大农村消费的相互作用

城镇化对扩大消费的作用不能仅仅着眼于其对城镇居民的影响，还需要重视农村居民消费的提高。城镇化是吸引生产要素向城镇聚集的过程，这有利于产业结构的加快调整，也有利于各类资源的优化配置，推进城乡协调发展。城镇化进程中的工业发展和基础设施建设，可以创造更多的就业机会，使就业和市场需求同步扩大。与此同时，城镇化也是对大量农村富余劳动力的承接过程，这有利于促进农民增收，而且还可以大大地缓解我国"人地紧张"这一影响农业规模化和集约化发展的矛盾，为缩小城乡居民收入差距打下基础。城镇化过程中的基础设施建设，可以推动公共服务体系的完善和消费品市场的扩张，这也能为农村市场提供巨大的新需求，带动农村消费结构升级。

改革开放以来我国已经有三亿多人口转移到城镇，我国城镇化的规模在世界上是空前的，城镇化的速度也是历史性的。将农村城镇化进程的滞后作为消费率特别是农村消费率趋于下降的原因，[①] 在现实

---

① 翟书斌：《论农村城镇化与国民经济持久增长需求的创造》，《河南师范大学学报》（哲学社会科学版）2002年第2期。

中并没有什么依据。不过,加快城镇化建设也要考虑到我国的区域平衡、人口、自然环境和城市承载能力。处理得不好,城镇化在成为经济发展的动力的同时,也会具有负面效应。就城乡关系而言,城镇化建设所需要的巨大投资和人力,相当一部分来自于农村的支持,城镇化过度会导致农村失血严重,进而削弱农村的造血能力,从根本上侵蚀农村消费能力提升的基础。

因此,城镇化路径选择不当,将城镇化片面理解为土地开发下的城市容量扩张,或者简单等同于人口数量的城镇化而忽视农村转移人口的生存质量,在实践中都是不可取的。实际上,尽管我国目前城市化率超过了50%,在很大程度上它仅仅是一种"名义城市化率"。即使根据测算我国城镇化指标的综合实现程度达90%,而农村人均收入增长也达到10%,但2013年我国农村居民消费支出却仍然只增长1.2%。[1] 可见,通过城镇化的方式化解农村消费率趋于下降的难题,需要按照城镇化的真实内涵,协调和合理地处置征地、人口迁移、产业发展、就业、收入、转移人口社会保障等一系列因素之间的关系。只有将人民幸福指数、社会管理变革和经济增长结合起来,才能使城镇化成为扩大农村消费的助推器。

三 加快推进新型城镇化促进农村消费增长

从正确处理城镇化和扩大农村消费关系的角度看,当前推动城镇化需要面对新的约束条件,解决新的问题。作为一个发展中的社会主义大国,我国的城镇化既要以民生问题为导向,也要以可持续发展为归宿。为了从根本上构建长期、健康、协调和可持续发展的机制,当前我国的城镇化进程必须紧密联系国情,坚持从实际出发。事实表明,传统的以土地和人口分离为特征的城镇化,很难带动农村消费的

---

[1] 童玉芬、武玉:《中国城市化进程中的人口特点与问题》,《人口与发展》2013年第4期。

提升和农村经济健康快速发展。改变这一路径依赖，需要走一条以人为本、城乡一体、绿色低碳、集约高效的新型城镇化发展道路。在城镇化中坚持以人为本的原则，就是以农业转移人口和市民化为重点，统筹推进城乡发展。[①] 简言之，就是要实现人口数量城镇化和人口质量城镇化的统一，为从外需拉动经济增长转向内需推动经济增长创造条件。新型城镇化促进农村消费的关键是要缩小城乡收入差距，这需要以提高劳动收入占比为前提，但也要兼顾城乡产业的协调发展，兼顾城市服务业对农村人口的吸纳，使两者之间形成正的反馈机制。当前，中国经济运行呈现出新的常态化特征，既处于增长速度的换挡阶段，同时也处于经济结构的调整阶段，扩大农村消费需要与新型城镇化进程中的创新举措相结合，才能为经济增长注入新的动力。

第一，加快制度创新，有序释放城镇化的内需潜力。新型城镇化必须走适合中国国情的城镇化之路，需要以农民意愿为基础，以集体经济为载体，统筹推进。只要符合国家土地规划，非农建设用地的开发应更多地直接交由农村集体组织承担，使农村居民能够直接分享城镇化过程中的土地增值收益。推进新型城镇化应合理安排农村人口向城镇的转移，使其实际承受能力和长远发展相结合。新型城镇化应立足于提高农村居民的人均资源占有量，通过推动土地制度创新，促进土地合法有序流转，合理利用好土地资源，实现耕地向种田能手的集中。重点是要推进土地的规模经营，通过提高土地的劳动力效率来增加农业收益，促进农民增收，从而扩大农村消费。在具体的实践中，应重视同步发展股份合作制经济、家庭农场和专业合作社等合作经济，使现代农业的发展成为新型城镇化的有力支撑。此外，新型城镇化要利用城镇扩散效应的优势，使城镇化建设与农村修路、造桥和基础设施建设之间实现衔接，带动农村地区基础设施建设的提速，为农村居民扩大消费减轻负担。新型城镇化还需要促进农村办学条件的改

---

① 马晓河、胡拥军：《中国城镇化进程、面临问题及其总体布局》，《改革》2010年第10期。

善和社区建设,加快城乡之间商品信息的快速传播,在致力改善农村生活的同时,推动现代消费品由城市向广大农村地区的迅速扩散。

第二,加强城镇化整体规划。城市建设和产业扩张需要以土地市场的实际需要和有效需求为基础,避免盲目投资基础上的数量型扩张。城镇化过程需要确立区域一体化和全国一盘棋的思维,使城镇化有序和形成合力。我国的城市建设客观上存在着基础设施、居民住房等方面的历史欠账,在一定时期内还需要扩张城镇空间。但要避免过度城镇化,防止城镇数量型扩张带来各地区之间形成"求新求洋"、"包装形象"的同质竞争。这种竞争类似市场上的无序竞争,在实践中会造成大量土地资源的无效配置和浪费,不利于城镇化质量的提升和居民生活品质的提升。数量型扩张还容易导致产能过剩,产能过剩意味着企业的恶性竞争,竞争力下降必然导致新开设企业和新投资项目的新增就业人员特别是农民工收入下降,从而无法改善消费结构和提高消费水平。

新型城镇化要立足于产业结构调整,使经济发展摆脱传统的投资驱动模式,更要扭转产业资本主导的城市建设模式,使投资方向、投资结构、人口迁移、社区建设等在大的社会管理层面上统一起来。对于发展过程中形成的实际需求,应引导企业在产业政策下有序地拓展投资空间。产业的发展,是城镇化发展和城镇规模的主要支撑。城镇化速度过快而缺乏产业支撑,会导致城镇就业岗位与城镇新增人口产生矛盾。因此,城镇化速度不宜过快。在经济新常态下,城镇化率年均增速维持在1%的水平,更有利于提升城镇化的质量。[①]

第三,注重保护农民利益,激发农村转移人口的潜在消费需求。在新型城镇化中,不仅需要保障农民土地收益权,也要保障农民的就业权。应强化劳动市场监管机制,解决好同工不同酬问题,通过严格执法保障农民工在劳动报酬、劳动时间和安全保护等方面的合法权

---

① 陈海波、齐芳:《城镇化发展须提升城市产业支撑能力》,《光明日报》2013年9月12日第1版。

益。对吸纳农村劳动力转移就业的中小企业要在财税方面给予扶持，同时要加强对失业返乡农民工的技能培训，使之尽快实现就业。新型城镇化应注重推动农民转移人口的市民化。研究表明，土地城镇化往往会因土地转让收入有限和土地收益保障丧失对居民消费率影响甚微，而立足于人口城镇化则能显著促进最终消费率的提高。[1] 新型城镇化应致力于改善农村居民和农村迁移人口的消费结构，进一步激发其消费潜力，拉动农村地区经济增长。据估算，我国城镇化中每吸纳一个农村人口，就可以带来超过10万元的投资和1万元以上的消费需求。随着农村转移人口的市民化，城镇化将会释放巨大的消费潜力。因此，在推动新型城镇化过程中，应围绕投资、就业、住房、户口等领域，加快推进农村转移人口在社会权力和身份认同、社会福利等方面的并轨，鼓励农民以宅基地抵押质押开展创业，推动农民以宅基地置换城市低价的经济适用房和廉租房的改革试点，加大对农村转移人口提供基本公共服务的力度，促使其在城镇安家立业并转化成真正的市民。总之，要加快改革现行户籍制度及与之相伴随的社会福利制度，大幅降低农村居民的进城门槛，为其消费能力的提升创造条件。

第四，加强农村社会保障体系的建设。社会保障滞后是制约农村消费的重要因素之一。尽管我国近年来先后实施了新型农村合作医疗和农村最低生活保障制度，取消了农村义务教育学杂费等，但和城镇居民相比，针对农村居民的社会保障在范围、标准和覆盖面等方面仍很滞后。农村居民不仅面临着养老难的困境，还要承受看病难和看病贵、因病致贫、因病返贫的问题，更要面对子女教育费用支出急剧增加的压力。这些问题带有普遍性，通过"挤压效应"抑制了农民其他消费需求的增长。新型城镇化改革中，必须进一步扩大农村居民的社会保障范围、保障标准和覆盖面，建立社会保障资金增幅标准的城乡

---

[1] 李子联：《城镇化扩大消费需求了吗？——来自中国省际面板数据的实证分析》，《云南财经大学学报》2014年第3期。

联动挂钩机制。

对于那些外出打工的农民工来说，由于其社会地位的"边缘化"，导致他们的社会保障具有很大的不确定性。由于工作岗位的性质所决定，在现实中农民工大多处于流动中，导致很难在固定一个地方连续缴够15年养老保险，现有政策也使其养老保险很难跨地接续。因此，农民工不仅参保率低，还衍生了参保费用率偏高的问题。在新型城镇化中首先必须解决好农民工养老保险强制缴纳和跨地接续政策问题。同时，要建立农民工的医疗保险异地结算制度，将农民工纳入工作所在地的医疗救助体系，进而提高农民工的消费倾向和消费预期。

第五，分类推进，合理实施城镇化方案。鉴于我国各地区发展水平不同，城镇化发展面对的问题不同，推进新型城镇化要弱化城市行政级别，均衡分配和使用公共资源。特别是要注重对农村乡镇的资金支持和财税政策扶持，加强村镇路网、电网和邮电通信网建设，强化城市基础设施和公共服务对周边乡镇的延伸。在具体的实施方案上，对城镇建设必须坚持合理规划、科学分类的原则。对于收入与产出较低的乡镇，要加大产业结构调整力度，提高居民收入水平以拉动消费。在居民自身发展能力有限的情况下，需要更多的政府和资金支持。对三产占比较高、收入与产出较高的乡镇地区，应促进其更多地吸收城市中心区的技术和经济外溢，刺激经济发展潜力，以先进的消费理念引导消费升级，增加消费对经济的贡献力。对于三产占比高、收入与产出高的乡镇地区，应充分发挥市场资源配置的作用，充分利用城镇化中包括可利用土地在内的各项资源，充实和发掘其经济发展潜力，以市场促消费，以消费引领经济和产业结构转型。

总之，在当前中国经济的新常态下进一步推进城镇化并拉动农村消费，需要从根本上确立民生为本的原则。无论哪一类地区，在城镇化建设的设计、规划、发展和管理中，都需要将加强民生建设放在重要位置。只有确立守底线、保基本的民生保障机制，才能在城镇化推进过程中消除人民群众的后顾之忧，为扩大内需和带动经济结构调整增添活力。习近平总书记指出，要"加快推进民生领域体制机制创新,促进公共资源向基层延伸、向农村覆盖、向弱势群体倾斜"。扩大公共资源的规模和覆盖面,可以增强人民群众的消费能力,进一步拉动国内消费需求,从而为经济增长增添新动力。加强民生建设也有利于劳动者提高工作积极性,进而促进经济更快地发展。在城镇化过程中着力改善民生,将给新常态下农村消费的扩大和提升创造重要的条件,并为中国经济带来新的动力源泉。

中国对外开放中的国家经济自主性问题探析

舒 展 刘墨渊[*]

对外开放之初,邓小平反复强调,我国现阶段的对外开放是坚持独立自主基本原则下的全方位对外开放。40年来,我国的经济实力和国际地位都有了显著提升,但也深受全球化所累。经济大国并不必然是经济强国,这其中的一环就是国家的经济自主性问题。总结过去,我们发现:由于一方面,在西方发达资本主义国家占主导的经济全球化背景下,保持社会主义国家经济的独立自主性实非易事;另一方面,在对外开放的具体实践中,在追求通过经济全球化实现经济总量快速增长的同时,国家经济自主性并未随着经济总量的增长而相应增强。展望未来,我们发现:世界经济和中国经济都步入了"新常态"。一方面,西方发达国家在金融危机和债务危机之后的缓慢复苏,更低的金融杠杆和更多的政府干预相结合,"再工业化战略"等等措施,必然加剧各国之间尤其现有经济强国与新兴国家、资本主义国家和社会主义国家的经济与政治摩擦,国际竞争更加剧烈,现有经济强国对我国开展对外经济关系的制约因素增强。另一方面,我国经济发展进入了增长速度换挡期、结构调整换挡期和前期刺激政策消化期"三期叠加期"。重新梳理对外开放的政策,省思对外开放与国家经济自主性的关系,深入研究国家经济自主性的重要性及其提升途径,对

---

[*] 舒展,福州大学教授;刘墨渊,福州大学硕士研究生。

我国进一步深化对外开放，使对外开放更好地服务于中国现代化，维护国家利益、确保国家经济安全等意义重大。

一　若干概念的界定

笔者在近些年的研究中，曾经著文专门讨论过国家主权与国家经济自主性[1]、国家经济安全与国家经济自主性[2]的关系。文章主要阐述：国家经济自主性作为国家主权的属性之一，经济全球化对发展中国家的影响主要是对国家经济自主性的削弱；而国家经济安全与国家经济自主性是正相关但并非一回事，并描述了它们之间关系的四种形态。

鉴于研究主题，本文对于国家主权和国家经济自主性等概念仅作简单回顾，重点阐释独立自主与国家经济自主性的关系。虽然独立自主是我国对外政策的一贯主张，但如何达到独立自主的目的，关键在于开放过程中注重国家经济发展自主性。

1. 对外开放中的独立自主原则

独立自主是国家主权的对外表现。"根据《威斯特伐利亚和约》，国家主权具有对内对外的双重属性：国家对内享有至高无上的国内统治权，对外享有完全独立的自主权。即主权在国内是最高的权力，主权对外是独立自主的，不受任何外来力量的干涉，也不受外部力量的侵犯。"[3]

自新中国成立以来，始终坚持独立自主处理国际关系的基本原则。毛泽东曾指出，"自力更生为主，争取外援为辅，破除迷信，独立自主地干工业、干农业、干技术革命"[4]，这是最早将独立自主原则

---

[1]　舒展：《后危机时代的国家经济自主性及其路径选择》，《福州大学学报》（哲社版）2011年第4期。
[2]　舒展：《国家经济安全与经济自主性》，《当代经济研究》2014年第10期。
[3]　程恩富：《激辩"新开放策论"》，中国社会科学出版社2011年版，第141—142页。
[4]　《毛泽东文集》第7卷，人民出版社1999年版，第380页。

运用到经济建设中。正是在这一原则的指导下，我国在资本主义制度的封锁下依靠自己的力量奠定了社会主义的制度基础。进入20世纪70年代后期，随着国际形势的变化和十一届三中全会以来党和国家工作重心的转移，我国开启了对外开放的历程。邓小平在论述我国的对外开放政策时，强调"我们一方面实行开放政策，另一方面仍坚持建国以来毛泽东主席一贯倡导的自力更生为主的方针。必须在自力更生的基础上争取外援"[1]。只有增强自身发展经济的能力才能保证经济建设顺利进行。在党的十二大报告中，邓小平进一步指出："独立自主，自力更生，无论过去、现在和将来，都是我们的立足点。中国人民珍惜同其他国家和人民的友谊和合作，更加珍惜自己经过长期奋斗而得来的独立自主权利。"[2] 他将独立自主上升到权利的高度，强调了在自力更生的基础上要充分行使自主性权利。90年代初国际形势发生急剧变化，邓小平强调要坚持对外开放大胆试验大胆创新，在国际形势深不可测的情况下要坚持自我以稳求胜，保护国家利益不受损失。1991年他在视察上海时说："要克服一个怕字，要有勇气。什么事情总要有人试第一个，才能开拓新路。"[3]

总之，独立自主是中国共产党人在进行革命、建设和改革的一贯主张，它既包含了坚持马克思主义中国化走中国特色道路的精神实质，同时也是社会主义国家处理对外关系的基本原则。独立自主是我们现代化建设的基本立足点，是发展对外关系的前提和基础。但是，如何贯彻和落实独立自主的原则，实现国家经济的自主与强大，实现强国目标，最中间的一环，即锁定国家经济自主性。

2. 国家经济自主性

经济全球化进程对民族国家主权的挑战主要表现在，主权已经不能有效地阻止经济资源的流动和思想观念的传播，也无法有效地抵御

---

[1] 《邓小平文选》第2卷，人民出版社1994年版，第406页。
[2] 《邓小平文选》第3卷，人民出版社1993年版，第3页。
[3] 同上书，第367页。

外来的伤害和破坏。大多数国家维护主权的能力都有所削弱，但不是削弱国家主权原则，而是国家自主性的抑制和弱化。因此，"有必要把国家自主性（民族国家实际拥有的独立宣布和实现自己政策目标的权力）从宽泛的主权（统治固定领土的权力）概念中单列出来"①。

改革开放初期，我国独立自主原则中的"自主"语意仍然侧重于国家领土主权的保护。1997年东南亚金融危机发生后，"自主"的语意才侧重于国家经济安全层面。江泽民在党的十五大报告中第一次明确使用了"国家经济安全"，指出要"正确处理对外开放同独立自主、自力更生的关系，维护国家经济安全"②。2008年国际金融危机之后，学术界对于国家经济安全问题的进一步聚焦，关注的重心是如何抵御和防范世界性危机的外部冲击。③直到党的十八届三中全会决定成立国家安全委员会，独立自主的原则在经济领域的体现，开始以"确保国家经济安全"的具体明确的组织目标，进入实践层面。

但是，"国家经济安全是一国经济发展和经济利益不受外来势力根本威胁的状态；国家经济自主性是一国自主地参与国际经济活动而不受外来势力根本威胁的能力"④。国家经济自主性与国家经济安全之间是互为表里的正相关关系。若国家经济自主性强，则国家经济将长期处于安全状态。值得注意的是，这种正相关性可能并不同步，具有一定的滞后性和隐匿性，表面安全的国家经济背后，自主性可能正受到削弱或存在被削弱的危险。

国家自主性是国家主权的"第四个属性"⑤，包括经济自主性和政治自主性。"国家经济自主性是传统的民族国家经济主权在国际关

---

① ［英］戴维赫尔德等：《全球化大变革》，曹荣湘等译，社会科学文献出版社2001年版，第40页。
② 《江泽民文选》第2卷，人民出版社2006年版，第27页。
③ 张燕生：《经济全球化与世界性危机关系的研究》，《宏观经济研究》2009年第10期。
④ 舒展、刘墨渊：《国家经济安全与经济自主性》，《当代经济研究》2014年第10期。
⑤ ［英］戴维赫尔德等：《全球化大变革》，曹荣湘等译，社会科学文献出版社2001年版，第40页。

系上的重要表现形式，是一国政府拥有对外经济活动的自主决策权。"① 这种自主决策权意味着民族国家能在多大程度上按照自己的意愿发展经济。国家主义者认为，国际经济制度所发挥的功能与国家利益一致程度越高，越能够增强国家经济自主性，反之则会降低经济自主性。"在国际上，国家自主性取决于国家在权力分配的位置和它对国际机制与组织的内嵌性。"②

国家经济自主性是国家经济发展中客观存在的变量，它随着国家经济实力的增减而出现强弱变化。而国家经济自主性的强弱也会影响到总体经济实力，尤其是在对外经济中还关系到国家经济安全。对外开放40年来，我国的经济实力和国际地位都有了显著提升，但是GDP总量的迅速膨胀，有可能掩盖国家利益的实质提升程度，尤其是国家经济发展的自主性可能存在被削弱的危险。即使全球化对一国经济带来正面的经济社会繁荣，也不一定是国家经济自主性的增强。这也正是经济大国并不必然是经济强国的原因所在。

在经济全球化和资本主义主导世界经济体系的时代背景下，我们既要对外开放，又要坚持独立自主。欲通过对外开放达到独立自主的目的，增强国家经济自主性是关键。

二 我国对外开放以来国家经济自主性事实及其原因分析

国家经济自主性不仅是衡量国家在对外经济活动中能在多大程度上自主地使用权力和行使权利的指标，更是表明一国经济能否做到自主发展的能力。在我国实行40年的对外开放过程中，国家经济自主性并没有随着国家经济总量的提高而提高，甚至在某些领域还存在削

---

① 舒展：《经济全球化与国家经济的自主发展》，《红旗文稿》2010年第11期。
② Thomas Risse-Kappen ed. *Bringing Transnational Relations Back in：Non-State Actors，Domestic Structure and International Institutions*，Cambridge：Cambridge University Press，1995，p. 19.

弱的危险。其存在的问题及其原因如下。

1. 对外开放领域的国家经济自主性现状

第一，从进出口贸易情况来看，实行对外开放政策以来，我国的对外贸易稳步增长，但经济自主性脆弱。2017年贸易进出口总额4.1万亿美元，比1978年增长了740多倍，居世界第一位。2003—2017年，年均增长10.67%[1]，并连续五年成为世界最大出口国和第二大进口国。外汇储备位居世界第一，自2006年超日本，已连续七年位居世界第一。1978年我国外汇储备仅为1.67亿美元，而到2017年底已达到3.14万亿美元。但是，成绩与忧患并存。其一，我国进出口外贸依存度过高。自2003年以来我国进出口外贸依存度一直在50%以上。其二，我国工业产品虽然产量世界第一，但与发达国家相比，我国工业产品的增值率低，只有德国的5.56%、美国的4.38%、日本的4.37%，且90%的出口商品是贴牌生产。[2] 其三，从国际市场对华反倾销以及金融危机对我国外贸出口的冲击来看，对外贸易领域受到的利益损失也巨大。据世界银行统计，中国自1995年起已连续18年成为世界上头号反倾销调查目标国。据中国贸易救济信息网案件数据库统计，自1979年到1998年涉及中国的反倾销案有302件，而从2002年到2016年已增加931件，涉案金额高达数百亿美元，这给中国出口企业带来巨大损失。如2007年和2010年，我国遭受反倾销案件数量占全球总数量的40%以上，而其余年份均在21%以上，即世界上每发生5起反倾销调查，至少有1起是针对中国。[3]

第二，从利用外资领域来看，利用外资成绩显著，但外资企业控制我国重要行业的情况不可小觑。据国家统计局数据，我国从2006

---

[1] 数据来源：国家统计局统计数据库（http://data.stats.gov.cn/easyquery.htm? cn = C01）。

[2] 曹雷、程恩富：《加快向充分自主型经济发展方式转变——基于经济全球化视野的审思》，《毛泽东邓小平理论研究》2013年第8期。

[3] 数据来源：中国贸易救济信息网案件数据库（http://www.cacs.gov.cn/casebase/Stat/TocnFanqingxiao.aspx, 2015 – 05 – 23）。

年到 2017 年利用外资情况，截至 2017 年底已达到 8775.6 亿元，其中实际利用外商直接投资金额占实际利用外资额的 94%。① 然而，成绩的背后隐含着对外资实行"超国民待遇"所付出的巨大成本代价，从长远来看，"超国民待遇"并不总是符合国家经济利益。2016 年外商直接投资金额主要集中在作为我国经济增长的主导部门和经济转型的基础的制造业、直接关系到人们基本生活需求的房地产业以及与人们生活紧密相关的租赁和商务服务业，仅这三个行业就占外商直接投资金额的 56.6%。而其他如批发和零售业、金融业、信息传输计算机服务和软件业的外商直接投资也占据较大份额，分别占总额的 12.6%、8.2%、6.7%。② 据国务院发展研究中心 2006 年 7 月的一份研究报告指出，在中国 28 个主要行业中，有 21 个行业的外国直接投资比例已经超过国有投资和民间投资；在中国已开放的产业中，每个产业排名前 5 位的企业几乎都由外资控制。③

第三，从技术的引进和创新角度看，主要是依靠技术含量低下的数量积累，使我国经济呈现出一种与经济自主能力不相协调的发展趋势。相对于其他投入，我国全社会对产品的研究和开发投入明显不足，这导致我国科学技术对经济增长的贡献率仅为 40%，而技术对外依存度高达约 50%，与发达国家 70% 的技术进步贡献率形成鲜明对比。④ 在许多尖端科技领域涉足尚浅，处于技术链的中低端环节。据世界知识产权组织统计数据，在 2017 年度全球国家和地区创新能力排名中，瑞士、瑞典、荷兰位居前三，亚洲的新加坡位居第七，韩国

---

① 数据来源：国家统计局（http://data.stats.gov.cn/workspace/index；jsessionid = 9CF83F8BC373D3E5DBB70EC797A248CF？m = hgnd，2015 - 05 - 23）。
② 数据来源：国家统计局（http://data.stats.gov.cn/easyquery.htm？cn = C01）。
③ 参见曹雷、程恩富《加快向充分自主型经济发展方式转变——基于经济全球化视野的审思》，《毛泽东邓小平理论研究》2013 年第 8 期。除了此文提到该数据，从国务院发展研究中心的官网找不到该报告，可能是曹雷教授的调研结果。作者在此说明。
④ 曹雷、程恩富：《加快向充分自主型经济发展方式转变——基于经济全球化视野的审思》，《毛泽东邓小平理论研究》2013 年第 8 期。

位居第十一,而经济体量庞大的中国仅居于第二十二位,① 这与我国 2017 年 GDP 总量位居全球第二的形象很不相称。庞大的经济总量没有强大的竞争力和创新能力的匹配,对于国家经济自主性终究是一种不利影响。

第四,外汇储备度和对外资源的依存度过高,也影响到国家经济的独立自主地发展。据国家外汇管理总局与国研网数据计算得出,截至 2017 年末,我国外汇储备已占当年国内生产总值的 24%,高达 3.14 万亿美元,已经远远超过测算的外汇储备适度规模。② "以原油为例,自 1993 年我国开始成为原油纯进口国后,原油消耗便快速上升,2009 年原油净进口量为 1.99 亿吨,增长 13.6%,对外依存度约为 51.3%,超过 50% 的警戒线。2011 年我国原油对外依存度已经达到 55.2%,并首次超越美国。2010 年,我国铁矿石和大豆对外依存度分别为 62.5% 和 72%。"③ 据国研网数据计算,2014 年我国石油、铁矿石、大豆对外依存度分别为 57.53%、61.58%、79.89%,而到了 2017 年我国石油与大豆的对外依存度增长到 68.5%、86.2%,同时,据中国钢铁工业协会表示,截至 2018 年首季度,我国铁矿石对外依存度也高达 86.6%。④ 外汇储备过度,不仅带来利差损失和储备资产贬值的风险,加速热钱流入,还会损害经济增长潜力,削弱宏观调控的效果,从而影响国家经济自主性。

此外,综合上述因素的影响,由于我国经济外贸、外资、外技、外源的依存度和外汇储备度过高,我国经济抵御市场风险和经济危机的能力较弱。从 2008 年国际金融危机对我国外贸的影响看,2009 年

---

① 数据来源:世界知识产权组织(http://www.wipo.int/econ_stat/en/economics/gii/)。
② 数据来源:国研网(http://data.drcnet.com.cn/web/OLAPQuery.aspx?databasename = NationalEconomy&cubeName = GDP_Q&nodeId = 457&channel = 455, 2015 - 05 - 23)。
③ 曹雷、程恩富:《加快向充分自主型经济发展方式转变——基于经济全球化视野的审思》,《毛泽东邓小平理论研究》2013 年第 8 期。
④ 数据来源:中国钢铁工业协会(http://www.chinaisa.org.cn/gxportal/login.jsp),国研网统计数据库(http://data.drcnet.com.cn/web/OLAPQuery.aspx?databasename = tjjdatanew&cubeName = f_cpout&channel = 42&nodeId = 53&uid = 994503)。

我国货物进口增长率为 -11.2%，出口增长率为 -16%，进出口增长率 -13.9%，是中国入世以来第一次出现负增长，而此前及此后的10年间都保持连续的增长。①

2. 国家经济自主性薄弱的原因分析

国家经济自主性实质上反映了国家经济可持续发展的能力。探究国家经济自主性，其目的是为了增强国家对内对外经济战略的安全性，保障国家宏观经济始终处于安全稳健的状态。在经济危机不可预料的全球化时代，民族国家要谋求本国经济的可持续发展，对经济发展自主性的考察必不可少。

分析中国改革开放40年来的国家经济自主性不强的原因，其中固然有当今资本主义主导的世界经济体系不合理性的外因。也有倚重技术含量低下的数量积累的外因，但更深层次原因，是忽视了对外经济交往中的国家意识，导致对国家经济自主性的重视不足，从而对本国企业在对外经济关系中的自主创新导向不足（尽管党的十八大报告就已提出实施创新驱动发展战略，但实践中并没有建立起相应的激励机制和引导机制）。例如，在21世纪前的改革开放早期，为了融入经济全球化，解决资金短缺压力，接受发达国家的援助预算和国内市场准入，以及在21世纪初为了克服三大差别、拉动内需，在整体上创立了一种善待外国商品和外国投资的环境。

相比而言，西方发达国家虽然倡导低通胀、减少政府干预、私有化、贸易自由和善待外国投资，事实上在全球化规则方面实行的是双重标准：一方面在具有竞争优势的领域推行自由贸易，另一方面在竞争力较弱的领域则推行保护政策，如农业和纺织业。几乎所有发达国家在早期都是通过关税保护和国家资助自主产业的发展政策实现了经济腾飞，后来的韩国、印度实行的也是独立自主的道路。韩国的做法是，通过关税保护、提供的海外市场情报服务和补贴等措施，对特定

---

① 数据来源：国研网统计数据库（http://www.drcnet.com.cn/eDRCnet.common.web/docview.aspx? version = data&docId = 3525297&leafId = 16351&chnId = 4289）。

的新产业进行培育。使其有时间吸收新技术、形成新的组织能力，直到它们成长到能抵抗国际竞争为止。这些新产业由政府与私营部门协商挑选。同时，韩国政府在尊重市场的前提下通过政策矫正市场的走向。

总之，无论是发达国家还是发展中国家，只有坚持国家经济自主性，才是真正意义上的国家经济持续健康发展。战后发展中国家一个明显的发展趋势是依附于发达国家，以期从贫困落后的泥潭中走出来。然而经过几十年的实践使一些发展中国家开始醒悟，失去自主性的发展道路终究不能走向国强民富。对内不能依据自己的国情建立合理完善的制度机制，对外长期遭受发达资本主义国家的双重标准并处于不利的国际经济秩序之中，是这些发展中国家陷入经济发展困境的主要原因。

国家经济自主性薄弱，可能导致的后果是，在经济建设过程中经济对外依赖性增强，包括对外商的技术、资金依赖，以及对外商活跃国内经济增加经济总量的依赖。一国经济对外依赖性超过一定限度，外来力量很容易乘虚而入，尤其是外资在关乎国民经济命脉领域的投资比重过大以及对核心技术产业数据的掌握将带来很大风险，有可能威胁国家的经济安全。强调国家经济自主性的意义在于，通过经济自主性的提升，将国家对外经济活动的权力完全掌握在自己手里并转变经济发展方式、加强自主创新能力从而提升国家经济自主发展能力，逐渐减少经济对外依赖性，充分保证国家经济的安全。

三 以充分自主发展的开放政策提升国家经济自主性

党的十九大报告提出："开放带来进步，封闭必然落后。中国开放的大门不会关闭，只会越开越大。要以'一带一路'建设为重点，坚持引进来和走出去并重，遵循共商共建共享原则，加强创新能力开放合作，形成陆海内外联动、东西双向互济的开放格局。"① 提高抵御国际经济风险能力，提升国家经济自主性是一个庞杂巨大的系统工程，涉及国家经济建设各个领域的合纵连横，至少有以下三个方面的关键点。

1. 强化高屋建瓴的国家战略意识，以国家战略带动和深化改革开放

当今世界仍然是两种制度两种意识形态的斗争，国与国之间竞争是绝对的，国家利益必须有国家战略保驾护航。全球化的大舞台上每个参与者都是利益导向型的国家或社会的代表，利益成为全球经济博弈的最终目标。国家具有强大的经济自主性，才能确保国家经济安全的状态，保护全体国民经济领域的根本利益不受威胁。国家经济自主性是国家经济的内在素质，自主性的提升有赖于国家制度的顶层设计环节具备清醒认识和长远谋划，即国家战略的打造。国家安全委员会、创新驱动的国家战略、国有企业跨国公司仍然是推动和提升国家经济自主性的基础。例如，当前"一带一路"既是创新区域合作发展的理念，同时应强化为国家发展理念。"一带一路"的建设，不仅仅有利于解决中国经济新常态下的产能过剩、外汇资产过剩、油气矿产等资源对外依存度过高、沿海经济密集度过高的安全隐患等。而且，在"一带一路"互利共赢、群体性崛起的区域合作前景带动下，通过亚洲基础设施投资银行的运营，有利于打破美国美元霸权和资源霸权主导下的世界经济体系的不合理性，有利于通过人民币国际化道路，增强我国在全球化中的经济自主性。当然，在亚洲基础设施投资银行的初创阶段的利好情形下，如何管理和协调这么多发展水平、思维方式、意识形态迥异的合作伙伴，也是一个十分严峻的考验。必须明确身份定位，即当前全球化经济体系的建设者和完善者。

2. 提高国家战略的细节执行力，落实企业自主创新的相关规制

越是宏伟的国家战略布署，越有赖于实践中具体细节的执行力。

---

① 习近平：《决胜全面建成小康社会　夺取新时代中国特色社会主义伟大胜利——在中国共产党第十九次全国代表大会上的报告》，人民出版社2017年版，第34—35页。

"随着社会经济发展和竞争环境变化，自主创新模式演变为以知识的学习和应用为先端的技术创新与知识管理的多层次持续耦合"①，为适应由技术创新所带动的生产力的发展，需要优化企业结构和改良内部体制，进而带动企业管理向知识管理转变，实现技术创新与知识管理的真正结合。提升国家经济自主发展的能力关键在于能否以创新为驱动有效推动技术的进步与管理的改善。为此，宏观上，国家应该做到：第一，从国家制度层面制定相应的政策规定，将创新以政策规定的形式落实到具体的企事业单位中；第二，完善相关的产权保护法，切实保护好企事业单位及个人团体等发明创新的成果；第三，营造良好的社会创新氛围，在深化经济改革的同时强化创新思维，在各行各业中真正落实创新能力的发展。

3. 以共识凝聚力量，联结国家经济竞争力

无论是国家创新驱动发展战略的实施，还是"一带一路"倡议的推进，通过国家意志提升国家经济自主性，离不开国内民族企业的共识。企业的利益追求和发展方向符合国家利益的目标，才有国家经济自主性的实质提升。近些年我国对企业自主创新的培育，重点放在高新技术前沿和核心技术领域，但是现实中，仅拥有核心技术可能依然受制于人。以我国汽车产业国际竞争力为例，我国汽车产业不仅整车技术和核心汽车部件技术缺乏竞争力，近几年即使汽车零配件出口规模迅速扩大，依靠引进外资获得的出口份额，只是低技术成本扩张而已，对于提升竞争力乏善可陈。就国内汽车零配件市场而言，区区普通的卡车三角牵引架，几乎依赖于德国和日本的进口，这对于汽车产业整体竞争力的影响是巨大的。再举一例，龙泉宝剑为世界五大剑。浙江省龙泉市专门成立青瓷宝剑局，着力打造特色文化产业。近些年龙泉宝剑出口欧美市场形势喜人。然而，笔者实地调研发现，龙泉宝剑各厂家出口欧美市场的品种主要是日本武士刀，而不是龙泉宝剑。

---

① 胡振亚、李树业：《企业提高自主创新能力的"技术创新—知识管理"耦合机制研究》，《科学管理研究》2013年第1期。

这个案例不是寻常所谓的贴牌生产，而是同样工艺精湛的商品面前，欧美人对中国宝剑文化不熟悉所致。因此，提升国家经济自主性，既要有国家战略的引领，同时也要有民族企业的创新共识；既要有国家宏观层面的规制保障，还要通过企业文化对创新意识和思维的培养。

"一带一路"倡议与大欧亚伙伴关系
——中俄之间的经贸合作与发展

刘晓音[*]

2013年9月和10月，习近平主席首次提出了"一带一路"的宏伟战略构想。党的十八届三中全会通过的《中共中央关于全面深化改革的若干重大问题的决定》中明确提出："加快同周边国家和区域基础设施互联互通建设，推进丝绸之路经济带、海上丝绸之路建设、形成全方位开放的新格局。"党的十九大报告指出："中国开放的大门不会关闭，只会越开越大。要以'一带一路'建设为重点，坚持引进来和走出去并重，遵循共商共建共享原则，加强创新能力开放合作，形成陆海内外联动、东西双向互济的开放格局。"

"一带一路"实质上是为我国确定一个面向欧亚内陆开放的新理念，是中国经济发展及外交事业的一大重要构想。对此，俄罗斯积极响应，支持习近平主席提出的共建丝绸之路经济带设想，愿意将跨欧亚铁路与"一带一路"对接，创造出更大效益。2015年5月习近平主席访问俄罗斯，出席俄罗斯纪念卫国战争胜利70周年庆典，与普京总统签署了《中俄两国关于丝绸之路经济带建设和欧亚经济联盟建设对接合作的联合声明》和《关于深化全面战略协作伙伴关系倡导合作共赢的联合声明》，开启了中俄合作的新时代。2017年5

---

[*] 刘晓音，上海财经大学《海派经济学》编辑部主任、助理研究员，乌克兰基辅国立经济大学经济学博士。

月普京在北京召开的"一带一路"高峰论坛上就大欧亚伙伴关系做了演讲,提出了中俄之间对欧亚未来发展存在着战略共识。同年7月,习近平总书记访问俄罗斯,中俄元首签署了《中华人民共和国和俄罗斯联邦关于进一步深化全面战略协作伙伴关系的联合声明》、批准了《〈中华人民共和国和俄罗斯联邦睦邻友好合作条约〉实施纲要(2017年至2020年)》。这些具有前瞻性、长期性的指导文件,为新形势下保持双边关系高水平发展定调、规划布局,巩固了双方战略互信。

一 中国与俄罗斯的双边贸易合作

苏联解体初期,中俄之间的贸易仅为60亿美元左右,多年来两国之间商贸交往发展迅速,已由单纯的能源、货物贸易,发展为投资、高科技、金融、基础设施、农业等各领域全方位合作。经贸合作正加速形成了从规模速度型向质量效益型的转变。

2013年"一带一路"倡议提出后,俄罗斯在经历了最初的沉默与质疑到支持和有限参与之后,现已成为"一带一路"的积极参与者,这也带动了中俄之间的贸易合作发展,一改自2014年乌克兰危机后,俄罗斯经济衰退、增长乏力、卢布暴跌,受国际市场变化和西方国家制裁影响,中俄双边贸易额大幅递减,贸易增速下滑的状况。2017年中国出口俄罗斯的商品增长了14.8%,为428.76亿美元。俄罗斯出口中国的商品增长了27.7%,达到了411.95亿美元。[①] 中国连续8年保持俄罗斯第一大贸易伙伴国地位,俄罗斯在中国主要贸易伙伴中排名第十一位。

从贸易结构来看,中俄之间的贸易结构比较单一,多年来保持不变的格局。同样,俄罗斯对中国的出口中能源原材料占比较大,与其

---

① 俄罗斯卫星通讯社(http://sputniknews.cn/politics/201801121024464345/),2018年1月12日。

商品结构与对外贸易的整体结构完全吻合，充分体现了俄罗斯能源为经济主体的特点。俄罗斯拥有资源要素禀赋的绝对竞争优势，主要出口油气产品、军工产品、矿产品以及动物产品、木材产品等。2016年俄罗斯第一次成为中国最大的石油来源国，2017年俄罗斯对中国的油气出口达250亿美元。

中国对俄罗斯出口的主要商品是劳动密集型产品，如纺织品、服装、鞋类、家电等日用消费品。伴随着中国对外贸易整体结构的调整，中国对俄罗斯出口的产品中机器设备的比重也不断增加，占到了近50%。但是此类产品中仍是以电信录音设备、办公设备和家电等一般技术密集型产品为主，缺乏高新技术产品。由于俄罗斯通货膨胀，居民可支配收入下降，卢布暴跌，使得中国出口的日用消费品、汽车和家电类产品受到影响，出口规模有所下降。

从贸易主体来看，中俄之间伴随着从混乱无序到有序的自由贸易方式的转变，一些缺乏经济实力的小企业逐渐退出，经济实力较强、经营规范的大、中型企业占据中俄贸易市场交易主体地位。但是，从长远合作和发展角度，中国更重视与俄罗斯在航空领域、太空和其他高技术含量领域的大型企业进行深层次合作。俄罗斯也希望能在建筑业、加工工业、研制新材料等高新技术领域与中国有实力的企业展开进一步合作。

二 中国与俄罗斯投资合作

作为重要的新兴经济体国家，俄罗斯具有很大的潜在投资市场。加入世贸组织后，放宽对国内外投资商投资领域的限制政策，吸引和鼓励外商和私有资金投资俄罗斯市场；近年来推出了跨越式发展区和符拉迪沃斯托克自由港政策，陆续出台引资优惠政策；世界经济论坛《2016—2017年全球竞争力报告》显示，俄罗斯位居第四十三位全球最具竞争力的国家和地区。世界银行《2017年营商环境报告》中，俄罗斯在全球190个经济体中营商容易度排名第四十位。为吸引外资，俄罗斯出台了一系列引资优惠政策及措施，通过修改相关法律法规，简化外资手续、调低外资准入门槛，并成立"俄罗斯直接投资基金"。国外投资主要集中在制造业、采矿业、批发和零售业、贸易、金融保险业和不动产等领域。

2011年以来，中国对俄投资呈现较快速度增长。按照对俄罗斯的投资的国别排名，中国成为继塞浦路斯、荷兰、卢森堡之后的第四大投资国。2016年中国对俄罗斯直接投资流量为12.93亿美元，截止到2016年底，直接投资存量为129.8亿美元，中国对俄包括直接投资和股权投资等各种形式的投资总规模达到了320亿美元，位居对俄投资规模第四位。

中国对俄罗斯的直接投资多集中在林业开采业、农业、矿产开采业、商业、服务业、加工业和建筑业等领域。中国重视与俄罗斯大型投资项目合作，并尽量签署政府间协议，原因是这能尽量保证项目顺利进行。中方在投资的项目中，强调使用中方劳动力和购买中国设备。俄罗斯在某些领域的合作虽然称为是双边合作，但项目的实施全部依靠中方的力量。在边境地区基本设施建设项目尤其如此。一直以来，在俄罗斯工作的中国劳工多集中在远东和西伯利亚地区的农业、建筑业和木材加工行业。2016年中国企业在俄罗斯新签承包工程合同255份，新签合同额26.95亿美元，当年派出各类劳务人员2728人，年末在俄罗斯劳务人员共计14540人。[①]

中国在俄投资目前集中于能源、矿产开采、林业、建筑地产、交通和电力等基础设施领域，有一小部分投资流向其他行业，包括金融、科技、汽车和农业。中国对俄罗斯的直接投资主要集中在莫斯科及周边地区、圣彼得堡及周边地区、俄罗斯远东地区、秋明州、鞑靼共和国、卡卢加州、罗斯托姆斯克州、图拉州、利佩茨克州以及乌里扬诺夫斯克州等地。比较有名的中国对俄罗斯投资包括如下一些项

---

① 根据中华人民共和国统计局网站，《中国统计年鉴》数据统计而来（http://www.stats.gov.cn/tjsj/ndsj/）。

目。2006年，中石化与俄石油公司（Rosneft）以34.9亿美元联合收购了乌德穆尔特石油公司96.7%的股权，俄石油公司（Rosneft）随后向中石化收购乌德穆尔特石油公司51%的股权。此次收购使中石化成为在俄储量最丰富的中国公司，这也是中国首次涉足俄罗斯石油业。2013年，中投子公司以20.4亿美元投资乌拉尔钾肥（Uralkali）12.5%的股权。2013年9月，俄罗斯诺瓦泰克公司和中石油签署了亚马尔液化天然气项目20%权益的买卖协议，该协议在2014年3月开始生效。根据该协议，中方需要负责协助吸引中国金融机构的资金；同时规定诺瓦泰克公司每年向中国供应不少于300万吨液化天然气的长期合同。2015年，中国丝路基金从俄罗斯诺瓦泰克公司购买后者投资的亚马尔天然气一体化项目9.9%的股权，并将提供为期15年、总额约7.3亿欧元贷款支持亚马尔天然气一体化项目建设。再加上中国石油天然气集团持股20%亚马尔天然气一体化项目，中方总计控股亚马尔天然气一体化项目的29.9%。经数年努力，中航林业投资近4亿美元在俄罗斯托姆斯克州建设森工项目，包括20万立方米的中密度板项目，20万立方米的板材项目，10万立方米的旋切单板项目等。2015年，福耀玻璃在卢卡加州投资的汽车玻璃项目一期工程完工，该项目共两期，总投资约2亿美元。2016年，海尔投资5000万美元在俄罗斯鞑靼斯坦共和国切尔尼市建成冰箱制造厂。2010年，诚通集团投资3.5亿美元建成莫斯科格林伍德国际贸易中心，该项目是中国在俄罗斯最大的商贸类投资项目。目前，格林伍德国际贸易中心正在进行二期工程扩建，二期工程预计投资14亿元人民币，2018年底建成。中国企业投资在建项目还包括长城汽车计划在图拉州建设年产15万辆车的汽车制造厂、力帆汽车计划在利佩茨克州建年产6万辆车的汽车制造厂、海螺集团计划在乌里扬诺夫斯克州建设日产5000吨水泥的水泥厂等。新签署的大型工程承包项目包括华为技术有限公司承建俄罗斯圣彼得堡农业产品物流园，中国化学工程第七建设有限公司承建西布尔公司ZAPSIB-2项目等。

相对于中国对俄罗斯的直接投资不尽如人意，股权等形式的投资以及对俄罗斯各领域的贷款和融资却具有相当的规模，这些股权投资、项目贷款和融资，对于目前身处西方经济制裁并急需资金来发展其经济的俄罗斯来说，无疑起到了雪中送炭的作用。仅中国国家开发银行，其近年来对俄罗斯的贷款及其他表外融资业务总额达620亿美元，占中国国家开发银行对外贷款融资的六分之一左右。

俄罗斯对中国的投资大多集中在制造业、建筑业和运输业。目前，正在实施的俄罗斯对中国投资项目较为成功的有：[①]

——2010年俄罗斯"彼得罗巴甫洛夫斯克"公司（ГК «Петропавловск»）与黑龙江建龙有限公司在双鸭山市的共同合作建厂，俄方投资总额为1800万美元；

——2005年和2008年，俄铝集团投资1500万美元在山西省分别先后购买两个工厂用于生产阴极块；

——由俄罗斯石油（НК «Роснефть»）和中石油共同在天津投资的炼油厂，此项目总投资额为50亿美元，俄方投资占总投资额的49%，目前该项目已通过技术可行性研究，2014年开始建设；

——由古比雪夫氮技术有限公司（ОАО «Куйбышев Азот»）和上海和易商贸公司共同投资的"古比雪夫工程塑料公司"在上海建立，投资总额1800万美元，俄方投资810万美元；

——由俄联邦西伯利亚分院核物理研究所与上海重钢有限公司共同创建的上海隆鑫特种电缆有限公司，总投资额为483万美元，俄方投资额为110万美元。

2013年俄罗斯在中国投资项目69个，同比下降5.5%；对中国投资额为2208万美元，相较于2012年的2992万美元下降了26.2%。为避免高额的税率，俄罗斯企业的投资资金大部分通过在香港注册的分公司转到中国，这是造成统计数据减少的主要原因之一。

[①] Основные итоги инвестиционного сотрудничества России и Китая, 俄罗斯经济发展部网站，http：//www. ved. gov. ru/exportcountries/cn/cn_ ru_ relations/cn_ rus_ projects/。

相较于中俄贸易的快速发展，中俄两国投资合作进展缓慢，主要原因在于存在着较多壁垒，未达到便利化的状态。中俄投资便利化的实现不仅可以优化配置生产要素，同时可以带动中俄贸易快速发展，促进中俄技术进步，发展新经济，增进就业，为中俄经济增长增添新动力。为此，中俄两国政府也积极采取措施。2009年，中俄两国政府签订《中俄投资合作规划纲要》，通过建立政府间合作机制，提供更为高效便捷的保障体系，促进双边投资合作。2011年10月，"中俄投资基金"成立，主要用于对中俄重大双边合作项目、双边贸易相关项目、俄私有化和国际化项目的投资。2012年，俄罗斯总统访华期间签署了成立俄中投资项目的文件，进一步深化和推动了双方在投资领域的合作。2013年8月，在莫斯科举行的俄中投资合作常设工作组第4次会议上，俄罗斯经济发展部和中国发展改革委员会签署了《关于落实〈中俄投资合作规划纲要〉的谅解备忘录》。这一备忘录旨在改变过去20年来经济合作的传统形式，转变为更高和更具创新性的合作模式。2015年5月中国国家主席习近平访问俄罗斯，中俄签署了32项协议，总价值达250亿美元。其中包括中国为俄罗斯提供数十亿美元的基础设施贷款、俄罗斯联邦储蓄银行与中国国家开发银行之间的一项60亿元人民币信用额度协议等。

在"一带一路"建设的大背景下，中俄之间投资项目主要是由两国共同投资的基金进行推动和落实的，中俄投资基金[①]就是最为活跃的机构之一，并已取得卓越的成绩。2014年5月，在圣彼得堡国际经济论坛上公布了四项中俄投资合作计划，涉及基础设施、房地产和矿

---

① 中俄投资基金成立于2012年6月，以有限合伙制形式设立，进行商业化运作，由中国投资有限责任公司（中投）和俄罗斯直接投资基金（RDIF）各自出资10亿元设立，并计划向中国和其他国家投资者募集10亿美元至20亿美元资金，主要投资俄罗斯和独联体国家的商业项目以及与俄有关的中国项目。按照此前中投和俄罗斯相关方签订的备忘录，双方在投资项目选择上主要关注包括大型基础设施和物流领域、具有高附加值的自然资源开发和加工领域，以及具有行业领先地位的制造业和服务业企业的增长型投资机会。

业，这些项目将通过中俄投资基金进行实施。同年，中俄投资基金还以4亿美元的金额和OJSC远东与贝加尔湖区域发展基金合作共同投资，修建中国与俄罗斯在黑龙江上的第一座跨境大桥——同江大桥的建设，此大桥建成后将大幅度缓解中俄在远东边境贸易铁路基础设施落后的局面，促进两国边境贸易的增长。此外，该基金还与天津永泰红磡集团共同建立50亿元人民币基金，用于投资中俄两国旅游基础设施和养老社区。未来该基金还将趋向更加多元化的投资领域，除了农业、自然资源和能源等传统行业外，亦有兴趣涉足物流、医疗和电信等服务行业。

相信中国新丝绸之路建设的一步步实现，将为中国与俄罗斯间的投资合作带来新的动力，投资重点区域为基础设施领域。俄罗斯作为希望引入投资的一方，应当努力建设适宜的投资环境，将行政管理制度和官僚风气方面对投资造成的障碍最小化。

三　丝绸之路经济带建设促进中俄能源合作的深层次发展

"一带一路"建设计划中与俄罗斯的能源合作是非常重要的一部分，俄罗斯对此持积极态度，中俄能源合作对双方也更具有战略意义。

1. 签署油气协议，扩大能源合作规模

2014年5月，中俄两国在历经十余年谈判后最终达成为期30年的东段天然气管线长期供气协议，中俄两国政府《中俄东线天然气合作项目备忘录》、中国石油天然气集团公司和俄罗斯天然气工业股份公司《中俄东线供气购销合同》在上海签署。大单的签署意味着两个巨型气田将被开发，以保证每年供气量达到380亿立方米，两国间能源贸易规模获得了质的飞跃。中俄双方同意尽快落实解决管线建设及其相关融资、技术问题，确保达成2018年开始供气并逐步提高供气量的目标。同年11月9日，两国在西线管道的合作也取得实质进展，中俄两国签署了《关于通过中俄西线管道自俄罗斯联邦向中华人民共和国供应天然气领域合作的备忘录》和《中国石油天然气集团公司与俄罗斯天然气工业股份公司关于经中俄西线自俄罗斯向中国供应天然气的框架协议》。在协议中，俄方将从西伯利亚西部通过阿尔泰管道向中国每年供应额外300亿立方米天然气，为期30年。2014年先后签署的两个协议占中国2020年前消费量的17%，使得中国超过德国成为俄罗斯最大的天然气客户。

因乌克兰危机，俄罗斯与美国和欧洲国家之间关系交恶，俄罗斯转而依赖中国来促进其经济增长。自此，借"一带一路"这一平台结束了中俄之间10年的供气谈判，两国顺利达成协议，这也使得俄罗斯从经济和政治上更加依赖中国，而中国作为一个财力丰厚、市场潜力巨大的稳定的消费国，也使两国依赖关系更加紧密。

2. 加强能源基础设施建设，促进互联互通

目前，中国天然气的管道进口还全部来自中亚，在中亚有三条跨国天然气管道建成投入运营，2014年9月，第四条中亚天然气管道D线正式开工。中国现在大多数天然气进口以及自身的天然气田都来自西部，而用气市场则是在东部，对中国而言，伴随着中俄之间油气合作的深入，东线建成将大大改善供气格局。2014年9月，东线天然气管道俄境内已开工，将于2018年竣工。这一举措意味着全球陆上供气重心将向亚太转移，未来还可能向其他亚太国家延伸。

在习近平主席访问俄罗斯期间，双方签署了俄方通过东、西两线对华增供原油的合作协议。每年增供原油总量达到2200万吨，包括从东线在现有中俄原油管道年供油1500万吨的基础上逐步增供，2018年起达到总供油量3000万吨；从西线通过中哈原油管道每年对华供油700万吨至1000万吨。未来俄还将通过海运向中俄天津炼厂每年供应原油910万吨。俄罗斯每年向中国供应原油将有望增加到4900万吨。

2014年我国新建成油气管道总里程约6800千米，比2013年新建成的1.16万千米减少4800千米，降幅达41%，油气管道建设明显放

慢。其中，新建成天然气管道4500千米，同比减少4000千米，降幅达47%；新建成原油管道800千米，同比减少1100千米，降幅达58%；新建成成品油管道1500千米，同比增加300千米，增幅为25%。[1] 伴随着中俄之间油气协议的签署，对管道油气的运输需求就会增加，适时推进"一带一路"能源合作的基础设施建设，在国家能源局召开的落实"一带一路"倡议推进能源国际合作会议上，部署了能源系统务实推进"一带一路"能源国际合作重大工作任务，即基建先行，由油气管网和电力走廊等能源通道建设展开；同时，开展两国间海上油气运输通道建设调研，实现能源运输方式的多元化，减轻管道运输安全压力。

3. 发挥能源经济互补性，促进合作多元化发展

中俄两国的能源经济虽有高度互补性，两国政府态度积极，但是中俄的油气合作还存在着巨大的挑战。

从油气开采来说，俄罗斯东西伯利亚的资源规模明显少于西西伯利亚的储备，且开采成本高昂。从长远发展角度来看，俄罗斯石油工业重点仍将集中在开发西西伯利亚的致密油和西北部的北极深海资源。过去20年里，俄罗斯政府和公司不希望外国参与者进入俄罗斯国内市场，但是如果开采区转移到北极深海区域，俄罗斯因缺乏经验、人力和设备，迫使俄罗斯改变之前拒绝外援的态度，主动与他国合作，亚马尔项目[2]就是如此。2014年1月，中国石油在对俄油气合作中取得了一个重大突破，中国石油与俄罗斯诺瓦泰克公司完成对亚马尔液化气（Ямал СПГ）公司20%股权的交割，正式进入油气资源竞争日趋激烈的北极地区。俄罗斯遭遇西方实施的一系列制裁，给亚马尔项目的推进带来了挑战和风险。负责项目运营的中国石油俄罗斯公司履行中方股东职责，积极开展工程合同的签订、气田开发方案研

---

[1] 《"一带一路"助力油气管道建设望提速》，中国经济新闻网（http://www.cet.com.cn/gppd/hybk/1541241.shtml），2015年5月15日。

[2] 亚马尔项目是俄罗斯北极地区第一个大型凝析气田开发和液化气生产一体化项目，计划年产1650万吨液化气和120万吨凝析油。

究、融资谈判、销售及海运合同的签署等各项工作。截至2014年年底，亚马尔项目已完成生产井钻井26口，占第一条生产线所需生产井数的44%，项目建设已签合同的数量占拟签合同的88.5%。凭借出色的业务实力，中国企业承接了总价值接近60亿美元的一批服务和制造合同。特别是寰球工程公司和海洋工程公司与国际强劲对手较量，成功中标，联合获得承担国际液化气LNG工程的模块制造合同，填补了中国石油国际LNG模块建造项目的空白。此外，中国石油技术开发公司、中国石油物资公司、中油天津锐思公司等均积极参与亚马尔项目。此次合作改变了以往中俄之间的贷款换石油的模式，是投融资与贸易相融合的模式，即中方既推动项目融资，又参与工厂建设、天然气开发等产业链的合作。

4. 非传统领域的油气——页岩气的勘探开发合作

中俄在非传统油气勘探与开发、新能源技术开发与利用方面，都有广阔的合作空间。俄罗斯页岩油气储量巨大，产储比优势明显；中国页岩油气勘探开发技术正在不断成熟，资本力量雄厚。根据俄罗斯政府允许独立的生产者出口页岩气的规定，独立的天然气生产者"诺瓦泰克"（ОАО «НОВАТЭК»）和中国油气集团公司签订了关于在亚马尔页岩气合作的协议。其中规定中国得到开采和液化西伯利亚西北部天然气项目的20%股份，每年向中国供应300多万吨页岩气。普京总统曾提出，2017年俄罗斯将大规模开采页岩气，相信在这一领域中俄之间将有很大的合作潜力。

四 丝绸之路经济带建设促进中俄在其他领域的合作开发

"一带一路"深层次发展促进了中俄在非能源、高科技和创新发展领域的合作，两国还在交通、金融等方面签署了重要合作战略。中国政府和企业积极参加如远东超前发展区建设、莫斯科市电动汽车项目，以及乌里扬诺夫斯克州放射性医疗项目、奔萨州农业机械组装生产项目、阿穆尔州高新技术开发区项目等。除此之外，中俄之间在高铁、汽车、煤炭、电子、航天技术等方面的合作都取得了长足的发展。

1. 中俄高铁合作

在中国提出了"一带一路"规划后，改造西伯利亚大铁路，成为中俄之间合作的重点。中国国务院总理李克强在2014年10月中旬访俄期间，两国签署近40项重要合作文件，其中中俄高铁合作谅解备忘录的签署引人注目。根据协议，中俄将推进构建北京至莫斯科的欧亚高速运输走廊，优先实施莫斯科至喀山的高铁项目。俄罗斯计划在2030年前建设5000公里高速铁路。俄罗斯希望通过引进中国的技术和资金，来提高本国铁路网的水平。目前，中国已经提议准备向俄罗斯首条高铁——莫斯科到喀山高铁建设投资3000亿卢布（约合372亿元人民币），其中500亿卢布（约合64.48亿元人民币）由中国公司投入，其余由中国的银行贷款提供。中俄高铁合作将提升俄罗斯的基础设施，对中俄之间的贸易合作起到促进作用。

2. 中俄在煤炭、电力方面的合作开发

为推进"一带一路"倡议，中俄两国的集团签订大项目，带动地区发展。2014年9月，中国最大的煤炭生产企业神华集团与俄罗斯国有企业俄罗斯技术国家集团签署了一份投资总额高达100亿美元的合同，合同规定两家公司将共同开发西伯利亚与俄罗斯远东地区的煤矿区、发展工业与交通基础设施、建设发电设备以及可向中国出口电力的高压输电线路。此项目不仅可以解决俄罗斯阿穆尔州与中国北方地区的能源短缺问题，还能够满足该地区的电力需求。在这个项目中，俄罗斯技术国家集团与神华集团将联合开发位于俄罗斯阿穆尔地区的奥古金煤矿区，建设滨海边疆区的"希望港口"煤炭港口，同时矿区附近将建设发电站以及铜矿加工厂。

3. 航天领域的合作

在推进"一带一路"倡议背景下，中俄政府致力《中俄关于经济现代化领域合作备忘录》的实施，促进两国在制药、船舶和运输机械制造等领域进行有效合作。并严格《2013—2017年中俄航天合作大纲》，在对地观测、火箭发动机等基础科学研究方面联合展开攻关，进一步深化两国在航天领域的长期互利合作。加强两国在高新技术领域的合作。2014年中俄之间签署了《中国卫星导航系统委员会与俄罗斯联邦航天局在卫星导航领域合作谅解备忘录》，推动民用航空和航空制造合作，扩大卫星导航、航空发动机、工艺与材料等领域的合作；推动信息通信领域的合作，在无线通信设备、集成电路设计等方面开展交流。中俄双方通过创新合作方式，实施联合研发、联合制造、联合推广应用、联合实施创新成果转化并联合向国际市场拓展，力求实现互利共赢。

4. 汽车行业的合作和投资

在"一带一路"的平台上，中国对俄投资的技术含量也在不断提高。众多中国大型车企布局俄罗斯市场，抢占先机，占领市场份额。同时，中国车企以技术来打造品牌效应，长城汽车在图拉州的工厂是中国车企在俄首家涵盖冲压、焊装、涂装和总装四大生产工艺的整车制造厂，项目总投资5亿美元，投产后年产量达15万辆整车。华泰汽车近期也宣布有意在俄罗斯建厂。

五 中国的"丝绸之路经济带"与俄罗斯的欧亚经济联盟共同建设

2011年10月，时任俄总理的普京在其纲领性文章《欧亚地区新一体化计划——未来诞生于今日》中提出了建立欧亚联盟的构想。他倡议由原苏联的各共和国组成"欧亚联盟"，建立一个类似欧盟的超国家联合体，在欧洲和亚太地区间起到桥梁作用，成为世界格局中的强大一体，与美国、欧盟和中国平起平坐。2012年普京重返克里姆林宫后，加快推进独联体一体化进程，着力于构建欧亚联盟，欧亚联盟的正式名称也被确定为欧亚经济联盟。2014年5月29日，俄罗斯、哈萨克斯坦、白俄罗斯三国签署了《欧亚经济联盟条约》，并宣布欧亚经济联盟将于2015年1月1日正式启动。根据条约界定，欧亚经济联盟是区域一体化国际组织，拥有国际法主体地位。俄白哈三国承诺将在2025年前实现商品、服务、资本和劳动力的自由流动，力争协同以能源、加工业、农业和交通运输业为代表的主要经济行业的政策，终极目标是建立类似于欧盟的经济联盟，形成一个覆盖2000万平方千米、拥有1.7亿人口、国内生产总值（GDP）总量近3万亿美元的统一市场。①

俄罗斯的"欧亚经济联盟"与中国的"丝绸之路经济带"建设中存在诸多相似之处。"在成员上有重合，在地域上有交叉，在功能上有相似，但在地缘政治和地缘经济走向上，却又南辕北辙。"② 中国提出"一带一路"建设，是着眼于本国经济发展和区域合作，不谋求地区事务主导权，不划分势力范围。但欧亚经济联盟是俄罗斯在后苏联空间推进一体化的举措，俄罗斯希望通过发展区域合作，提升相互的贸易和投资水平，实现经济多元化发展长期目标的一项战略安排。欧亚经济联盟更具有建立政治和安全战略联盟的意义。③

2015年5月，中俄签署了《中华人民共和国与俄罗斯联邦关于丝绸之路经济带建设和欧亚经济联盟建设对接合作的联合声明》，联合声明中指出："扩大投资贸易合作，优化贸易结构，为经济增长和扩大就业培育新的增长点。促进相互投资便利化和产能合作，实施大型投资合作项目，共同打造产业园区和跨境经济合作区。促进扩大贸易、直接投资和贷款领域的本币结算，实现货币互换，深化在出口信贷、保险、项目和贸易融资、银行卡领域的合作。推动区域和全球多边合作，以实现和谐发展，扩大国际贸易，在全球贸易和投资管理方

---

① 李建民：《丝绸之路经济带、欧亚经济联盟与中俄合作》，《俄罗斯学刊》2014年第5期。
② 赵华胜：《欧亚联盟与丝绸之路非二选一 中俄应采取新思维》，环球网（http://world.huanqiu.com/exclusive/2014-04/4981265.html），2014年4月26日。
③ 欧阳向英：《欧亚联盟——后苏联空间俄罗斯发展前景》，《俄罗斯中亚东欧研究》2012年第4期。

面形成并推广符合时代要求的有效规则与实践。"由此可见，寻找欧亚经济联盟与"丝绸之路经济带"建设之间可行的契合点，促进亚欧区域一体化发展，这是中俄之间全方面合作发展的契机，也是促进发展好中俄全面战略伙伴关系的关键。

结　语

中国提出"一带一路"发展战略，是谋求沿线各国共同发展、互利共赢的大战略。中国与俄罗斯是相邻的两个大国，由俄罗斯发起的欧亚经济联盟和"丝绸之路经济带"有很多相似之处，把"丝绸之路经济带"和欧亚经济联盟进行对接，能更好地促进两国之间的经贸合作，战略高度、以更广视野全面扩大和深化双方务实合作，扩大相互开放，深化利益交融，更好促进两国发展振兴，拓展欧亚共同经济空间，带动整个欧亚大陆发展和稳定引领效应。

参考文献

1. 袁新涛：《"一带一路"建设的国家战略分析》，《理论月刊》2014年11月。
2. 李建民：《丝绸之路经济带、欧亚经济联盟与中俄合作》，《俄罗斯学刊》2014年第5期（第4卷第23期）。
3. 马莉莉、王瑞、张亚斌：《丝绸之路经济带的发展与合作机制研究》，《人文杂志》2014年第5期。
4. 陆南泉：《对当今推进中俄经贸合作战略意义的分析》，《俄罗斯学刊》2012年第4期。
5. Панов А. М., "Экономический пояс шелкового пути": перспективы российско-китайского сотрудничества, 《Проблемы современной экономики》, №3 (51), 2014г.

G20 国家创新竞争力发展态势及其中国的表现

黄茂兴[*]

当今世界，二十国集团（以下简称 G20）作为发达国家与新兴市场国家进行国际对话与合作的重要平台，尤其在国际经济合作和科技创新等领域，发挥着越来越重要的作用。它拥有全球约 65% 的人口，国内生产总值占全球的 85%，贸易占 80%，在国际货币基金组织和世界银行所占的股权份额约 65%，可以说，G20 在全球经济中占有十分重要的地位。目前，世界正处在新科技革命的前夜，主要国家都在谋求新的经济发展方式，开始新一轮抢占科技和产业发展制高点的竞争。在这场全球竞争格局中，创新无疑已成为经济社会发展的主要驱动力，创新竞争力是国家竞争力的核心要素。G20 作为全球经济发展的重要"火车头"，它在全球科技创新表现中的竞争力和活力将决定世界科技创新的未来和方向。本报告通过对 2013—2014 年 G20 国家创新竞争力以及中国国家创新竞争力中各要素的评价分析，从中探寻中国国家创新竞争力的推动点及影响因素，为加快建设创新型国家提供决策依据。

---

[*] 黄茂兴，福建师范大学经济学院院长、教授。

一 G20 国家整体态势：竞争格局略有改变，差距进一步扩大

国际金融危机发生以来，新科技革命的发展势头更加迅猛，全球科技创新在调整和变革中发生了许多新的趋势性变化，正在深刻改变着生产方式、产业发展形态和世界的整体面貌。科技创新的竞争已经成为综合国力竞争的焦点。对我国来说，这既是重大的挑战，也是难得的机遇。如何把握这一新态势，培育新的经济增长力量、抢占国际科技创新制高点，开辟生产力发展的新空间，创造新的社会需求？这关系到我国能否在激烈的国际竞争中把握主动权和实现经济长期平稳较快发展这个大局，必须引起高度重视。历史已经证明：只有不断增强国家创新竞争力，才能不断提升中国的国际影响力和竞争力。

所谓国家创新竞争力是指一个国家在世界范围内对创新资源的吸引力和创新空间的扩张力，以及对周边国家或地区的影响力、辐射力、带动力，它是增强一国竞争力的原动力，对提升国家竞争力具有根本性的作用。它由五个部分组成，即创新基础竞争力、创新环境竞争力、创新投入竞争力、创新产出竞争力、创新持续竞争力。长期来看，一个国家只有长久保持创新，不断增强其创新竞争力，才能在激烈的国际竞争中始终保持优势，而且这种优势是其他国家无法在短时间内轻易获得的。可以说，国家创新竞争力是国家竞争力的重要内容，是国家竞争力在创新环节上的具体体现，是提升国家竞争力的重要途径和手段，也是中国迎接新一轮科技革命的战略选择。

根据《二十国集团（G20）国家创新竞争力发展报告（2015—2016）》黄皮书显示，整体来看，2013—2014 年 G20 国家的创新竞争力分布格局大致不变，某些国家评价期内排位发生改变。2014 年位于第一方阵（1—5 位）国家依次为：美国、英国、日本、德国、加拿大；排在第二方阵（6—10 位）的依次为：韩国、法国、澳大利亚、中国、意大利；处于第三方阵（11—15 位）的依次为：土耳其、

俄罗斯、沙特阿拉伯、巴西、墨西哥；处于第四方阵（16—19位）的依次为：南非、阿根廷、印度、印度尼西亚。

2014年与2013年相比，国家创新竞争力排位上升的有5个国家，分别为加拿大、土耳其、沙特阿拉伯、巴西、南非，其中，加拿大上升了2位，其余4个国家均上升了1位；排位下降的有4个国家，分别为法国、墨西哥、俄罗斯、阿根廷，其中，法国和墨西哥均下降了2位，俄罗斯和阿根廷均下降了1位；其余10个国家的排位没有变化，分别为美国、英国、日本、德国、韩国、澳大利亚、中国、意大利、印度、印度尼西亚。2013—2014年，只有1个国家发生了跨方阵变动，即加拿大由第二方阵迈入第一方阵。

G20国家创新竞争力发展格局呈现以下特点：

第一，G20国家创新竞争力整体水平有所上升。2013—2014年，G20国家创新竞争力整体得分呈上升趋势，平均上升了0.5分，其中，10个国家的创新竞争力得分上升，平均增长了2.43分，其余9个国家的创新竞争力得分均呈下降趋势，平均下降了1.59分。整体上看，上升的国家多于下降的国家，得分上升排在前四位的国家是意大利、巴西、中国、沙特阿拉伯，平均上升了3.88分。而得分下降排在前四位的国家是俄罗斯、阿根廷、墨西哥、南非，平均下降了3.05分。综合来看，新兴市场国家的得分变化较大，发达国家的得分变化较小，具体见表1。

表1　2013—2014年G20国家创新竞争力总体得分变化排名情况

2014年排名	国家	2014年得分	2013年得分	总体得分变化	得分变化速度排序
1	美国	78.9	77.4	1.5	9
2	英国	51.5	51.1	0.3	10
3	日本	48.1	48.3	-0.2	11
4	德国	47.6	48.0	-0.3	13
5	加拿大	47.2	45.7	1.6	8
6	韩国	47.1	47.4	-0.3	12

续表

2014年排名	国家	2014年得分	2013年得分	总体得分变化	得分变化速度排序
7	法国	46.6	47.4	-0.8	15
8	澳大利亚	46.4	44.6	1.7	7
9	中国	45.6	42.9	2.6	3
10	意大利	39.6	33.7	5.9	1
11	土耳其	30.0	28.2	1.8	6
12	俄罗斯	26.3	31.5	-5.2	19
13	沙特阿拉伯	26.1	23.5	2.5	4
14	巴西	25.1	20.7	4.4	2
15	墨西哥	22.9	24.2	-1.3	17
16	南非	18.8	19.8	-0.9	16
17	阿根廷	15.6	20.4	-4.8	18
18	印度	12.9	11.1	1.8	5
19	印度尼西亚	9.1	9.5	-0.4	14
平均分		36.1	35.5	0.5	—

第二，发达国家创新竞争力水平提升明显，进一步拉开与新兴市场国家的差距。表2列出了2013—2014年发达国家与新兴市场国家创新竞争力得分、排名及其变化情况。从表2可以看出，发达国家进一步拉大与新兴市场国家的差距，两者的平均分由相差26.1分扩大到27.1分。

从综合得分及其变化来看，发达国家的创新竞争力得分都比较高，而且上升明显，2014年平均得分达到50.3分，比2013年上升了1.1分，是新兴市场国家平均得分的2.2倍；各个发达国家的得分均高于30分，美国近80分，远远领先于其他国家。而新兴市场国家的创新竞争力得分相对较低，2014年平均得分仅为23.2分，远低于发达国家，而且变化很小，仅比2013年上升了0.1分；除中国和土耳其外，其余国家的得分均低于30分，最低的印度尼西亚只有9.1分。

从综合排位及其变化来看，发达国家的创新竞争力排名都很靠前，均处于第一方阵和第二方阵，而且第一方阵都被发达国家所占据，其中美国稳居第 1 位。而新兴市场国家的创新竞争力排名都比较

表2　2013—2014 年发达国家与新兴市场国家创新竞争力得分、排名及其变化情况

	项目 国家	2014 年	2013 年	综合变化		项目 国家	2014 年	2013 年	综合变化
发达国家	美国	78.9 1	77.4 1	1.5 0	新兴市场国家	中国	45.6 9	42.9 9	2.6 0
	英国	51.5 2	51.1 2	0.3 0		土耳其	30.0 11	28.2 12	1.8 1
	日本	48.1 3	48.3 3	-0.2 0		俄罗斯	26.3 12	31.5 11	-5.2 -1
	德国	47.6 4	48.0 4	-0.3 0		沙特阿拉伯	26.1 13	23.5 14	2.5 1
	加拿大	47.2 5	45.7 7	1.6 2		巴西	25.1 14	20.7 15	4.4 1
	韩国	47.1 6	47.4 6	-0.3 0		墨西哥	22.9 15	24.2 13	-1.3 -2
	法国	46.6 7	47.4 5	-0.8 -2		南非	18.8 16	19.8 17	-0.9 1
	澳大利亚	46.4 8	44.6 8	1.7 0		阿根廷	15.6 17	20.4 16	-4.8 -1
	意大利	39.6 10	33.7 10	5.9 0		印度	12.9 18	11.1 18	1.8 0
						印度尼西亚	9.1 19	9.5 19	-0.4 0
	最高分	78.9	77.4	1.5		最高分	45.6	42.9	2.6
	最低分	39.6	33.7	5.9		最低分	9.1	9.5	-0.4
	平均分	50.3	49.3	1.1		平均分	23.2	23.2	0.1

注：各国家对应的两行数列中，上一行为指标得分，下一行为指标排名。

靠后,只有中国处于第二方阵,其余国家则处于第三方阵或第四方阵。中国是新兴市场国家的佼佼者,2013年和2014年均排在第9位,得分也远高于其他国家。综合来说,各国的排位相对比较稳定,变化幅度较小。

第三,国家创新竞争力综合排位相对稳定,但区域内与区域间差异均比较大。由表3可知,2013—2014年,各国创新竞争力的整体排位比较稳定,变化比较小,没有一个国家的排位变化超过2位。此外,排位处于第一方阵的5个国家中,4个国家都始终处于第一方阵,而且均是发达国家。第二方阵、第三方阵和第四方阵的变化情况也类似,大部分国家都处于同一个方阵。国家创新竞争力排位的稳定性一定程度上说明一个国家的创新竞争优势是多种创新因素长期积累、综合作用的结果。

G20国家创新竞争力变化的另一个特征是国家创新竞争力的区域内与区域间差异都比较大。从区域内差异来看,如表3所示,第一方阵内部各国的得分差距最大,排在第1位的美国的创新竞争力得分约为排在第5位的加拿大的1.67倍,高出31.7分;第二方阵、第三方阵和第四方阵内部各国的得分差距也比较明显,排在各方阵内部第1位的国家的创新竞争力得分分别约为排在最末位国家的1.19倍、1.31倍和2.07倍。

从区域间差异来看,如表4所示,2014年G20国家所分布在世界六大洲中的国家创新竞争力的评价分值为:北美洲49.7分、南美洲20.3分、欧洲40.3分、亚洲31.5分、非洲18.8分、大洋洲46.4分,北美洲的得分最高,而非洲最低,两者相差30.9分,前者是后者的2.6倍。六大洲的得分比差为2.6∶1.1∶2.1∶1.7∶1.0∶2.5,整体差距比较大。2013年的情况也类似。总体来说,2013—2014年,六大区域之间的差异比较大。

此外,从处于第一、第二方阵的国家个数来看,2014年,北美洲和欧洲均有2个国家处于第一方阵,亚洲只有1个国家处于第一方阵,南美洲、非洲和大洋洲均没有国家处于第一方阵;欧洲和亚洲均有2个国家处于第二方阵,大洋洲有1个国家处于第二方阵,其他各洲则没有国家处于第二方阵。从占各洲国家总数的比例来看,第一方阵中,北美洲的比重最高,达到66.7%,欧洲达到40.0%。第二方阵中,大洋洲的比重最高,当然这与大洋洲只有澳大利亚一个国家参与评价有关;其次为欧洲和亚洲,其余各洲均为0。因此,整体来看,北美洲的创新竞争力最强,非洲最弱,区域间差距巨大(具体见表5)。

表3　　　　2013—2014年G20国家创新竞争力排位变化情况

区段	国家	2014年	2013年	区段	国家	2014年	2013年
第一方阵	美国	1	1	第三方阵	土耳其	11	12
	英国	2	2		俄罗斯	12	11
	日本	3	3		沙特阿拉伯	13	14
	德国	4	4		巴西	14	15
	加拿大	5	7		墨西哥	15	13
第二方阵	韩国	6	6	第四方阵	南非	16	17
	法国	7	5		阿根廷	17	16
	澳大利亚	8	8		印度	18	18
	中国	9	9		印度尼西亚	19	19
	意大利	10	10				

表4　　　　2013—2014年分区域国家创新竞争力平均得分及其变化

项目	得分	2014年	2013年	得分变化
北美洲	美国	78.9	77.4	1.5
	加拿大	47.2	45.7	1.6
	墨西哥	22.9	24.2	-1.3
	平均分	49.7	49.1	0.6

续表

项目 \ 得分		2014年	2013年	得分变化
南美洲	阿根廷	15.6	20.4	-4.8
	巴西	25.1	20.7	4.4
	平均分	20.3	20.5	-0.2
欧洲	法国	46.6	47.4	-0.8
	德国	47.6	48.0	-0.3
	意大利	39.6	33.7	5.9
	俄罗斯	26.3	31.5	-5.2
	土耳其	30.0	28.2	1.8
	英国	51.5	51.1	0.3
	平均分	40.3	40.0	0.3
亚洲	中国	45.6	42.9	2.6
	印度	12.9	11.1	1.8
	印度尼西亚	9.1	9.5	-0.4
	日本	48.1	48.3	-0.2
	韩国	47.1	47.4	-0.3
	沙特阿拉伯	26.1	23.5	2.5
	平均分	31.5	30.5	1.0
非洲	南非	18.8	19.8	-0.9
大洋洲	澳大利亚	46.4	44.6	1.7

表5 六大洲国家创新竞争力的平均得分及处于第一、第二方阵的国家个数及比重

地区 \ 指标	平均得分		第一方阵国家个数及比重		第二方阵国家个数及比重	
	2014年	2013年	2014年	2013年	2014年	2013年
北美洲（3个国家）	49.7	49.1	2 (66.7%)	1 (33.3%)	0 (0.0%)	1 (33.3%)
南美洲（2个国家）	20.3	20.5	0 (0.0%)	0 (0.0%)	0 (0.0%)	0 (0.0%)
欧洲（5个国家）	40.3	40.0	2 (40.0%)	3 (60.0%)	2 (40.0%)	1 (20.0%)
亚洲（6个国家）	31.5	30.5	1 (16.7%)	1 (16.7%)	2 (33.3%)	2 (33.3%)
非洲（1个国家）	18.8	19.8	0 (0.0%)	0 (0.0%)	0 (0.0%)	0 (0.0%)

续表

地区 \ 指标	平均得分 2014年	平均得分 2013年	第一方阵国家个数及比重 2014年	第一方阵国家个数及比重 2013年	第二方阵国家个数及比重 2014年	第二方阵国家个数及比重 2013年
大洋洲（1个国家）	46.4	44.6	0（0.0%）	0（0.0%）	1（100.0%）	1（100.0%）

注：括号内数值为处于第一方阵或第二方阵的国家数量占各洲国家总数的比重。

二 中国表现：国家创新竞争力呈现稳步上升的态势

长期以来，中国政府始终把科技创新摆在重要的地位。根据《二十国集团（G20）国家创新竞争力发展报告（2015—2016）》显示，2013—2014年，中国的国家创新竞争力排名稳定在第9位，中国是G20集团中唯一能够进入前十名的发展中国家。2014年中国国家创新竞争力得分为45.6分，与最高的美国相差33.3分，也比发达国家平均分低4.8分，但比G20平均分高9.5分，说明中国国家创新竞争力与发达国家仍存在一定差距。但是，2014年中国得分比2013年上升了2.7分，远高于G20国家创新竞争力得分的平均增长水平（0.5分），也高于发达国家的平均增长水平（1.0分），说明中国国家创新竞争力整体水平提升较快（见图1、表6）。

表6　2013—2014年中国与发达国家创新竞争力及二级指标得分和排名比较

项目 国家	2014年 创新竞争力	2014年 创新基础竞争力	2014年 创新环境竞争力	2014年 创新投入竞争力	2014年 创新产出竞争力	2014年 创新持续竞争力	2013年 创新竞争力	2013年 创新基础竞争力	2013年 创新环境竞争力	2013年 创新投入竞争力	2013年 创新产出竞争力	2013年 创新持续竞争力	综合变化
中国	45.6	45.5	46.7	43.9	48.0	43.8	42.9	46.3	37.8	44.0	50.0	36.6	2.7
	9	5	12	7	2	10	9	5	14	7	2	13	0

续表

项目\国家	2014年 创新竞争力	创新基础竞争力	创新环境竞争力	创新投入竞争力	创新产出竞争力	创新持续竞争力	2013年 创新竞争力	创新基础竞争力	创新环境竞争力	创新投入竞争力	创新产出竞争力	创新持续竞争力	综合变化
美国	78.9	72.1	70.1	84.6	86.2	81.5	77.4	78.1	70.9	80.5	86.3	71.1	1.5
	1	1	2	1	1	1	1	1	2	1	1	2	0
英国	51.5	56.0	65.6	37.4	42.4	55.9	51.1	51.4	67.0	42.3	42.7	52.3	0.3
	2	2	5	9	4	4	2	3	4	9	4	4	0
日本	48.1	30.5	60.9	78.0	37.5	33.4	48.3	32.3	57.2	79.0	41.5	31.3	-0.2
	3	9	7	2	6	14	3	9	6	2	5	16	0
德国	47.6	35.5	52.3	50.0	47.8	52.6	48.0	39.3	52.6	52.9	49.3	45.8	-0.3
	4	7	11	4	3	6	4	7	11	4	3	7	0
加拿大	47.2	46.8	76.6	48.2	20.7	43.8	45.7	46.4	75.6	45.9	20.6	39.7	1.6
	5	4	1	5	8	11	7	4	1	6	8	11	2
韩国	47.1	23.5	67.7	58.0	35.5	50.9	47.4	20.2	68.1	57.1	36.9	54.7	-0.3
	6	10	3	3	7	7	6	12	3	3	7	3	0
法国	46.6	41.2	58.8	42.8	40.2	50.2	47.4	42.0	54.0	47.8	41.2	52.1	-0.8
	7	6	9	8	5	8	5	6	8	5	6	5	-2
澳大利亚	46.4	54.0	67.2	45.4	11.9	53.2	44.6	56.6	60.1	43.4	11.3	51.9	1.7
	8	3	4	6	14	5	8	2	5	8	13	6	0
意大利	39.6	30.8	63.2	20.0	17.0	67.0	33.7	34.2	53.9	23.3	16.6	40.4	5.9
	10	8	6	10	10	3	10	8	9	11	10	9	0
G20最高分	78.9	72.1	76.6	84.6	86.2	81.5	77.4	78.1	75.6	80.5	86.3	73.1	1.5
G20最低分	9.1	4.1	18.4	0.3	0.3	11.7	9.5	2.9	14.2	0.0	0.2	13.7	-0.4
G20平均分	36.1	28.0	51.9	30.8	25.1	44.6	35.5	29.9	49.1	31.6	25.4	41.7	0.6
发达国家平均分	50.3	43.4	64.7	51.6	37.7	54.3	49.3	44.5	62.1	52.5	38.5	48.8	1.0

注：各地区对应的两行数列中，上一行为指标得分，下一行为指标排名。

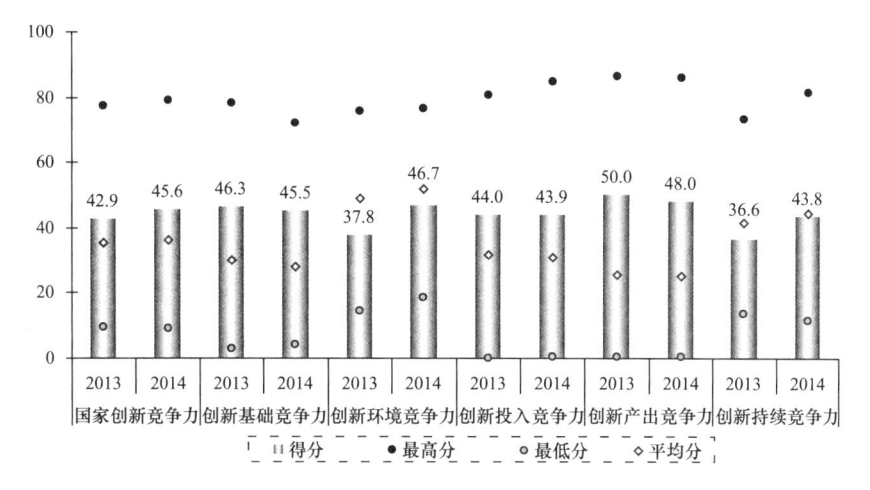

图1 中国国家创新竞争力及二级指标得分情况

第一，中国的创新基础竞争力得分略微下降，但仍保持较高的竞争力。2013—2014年，中国的创新基础竞争力排名保持在第5位，得分下降了0.8分，但远低于G20平均分下降幅度（下降了1.9分）。从表7可以看出，2013年美国得分最高，是78.1分，中国只有46.3分，比最高的美国低了31.8分，但比G20平均分高16.4分。2014年美国依然最高，但下降了6分，而中国仅下降了0.8分，与美国的差距缩小到26.6分，比G20平均分高17.5分。综合来看，2013—2014年，中国国家创新基础竞争力综合得分略微下降，但与其他国家相比，仍保持较高的竞争力，进一步拉开与其他国家的距离。

第二，中国的创新环境竞争力提升明显，但与发达国家差距仍然较大。2013年，中国创新环境竞争力处于第14位，仅得了37.8分，远远落后于发达国家，仅为最高的加拿大的一半，比发达国家平均分低了24.3分，甚至比G20平均分还低了11.3分。2014年，中国创新环境竞争力提升明显，排名上升到第12位，得分上升了8.9分达到46.7分，上升幅度远高于发达国家上升幅度（2.6分），但与发达国家差距仍然较大，比发达国家平均分低

18分。

第三，中国的创新投入竞争力仍有较大的上升空间。2013—2014年，中国的创新投入竞争力排名保持在第7位，得分略微下降了0.1分，基本保持稳定。但与发达国家相比，中国创新投入竞争力还有较大的上升空间，2014年比最高的美国还低了40.7分，也比发达国家平均分低7.7分。此外，2013—2014年，中国的创新投入竞争力得分下降幅度远低于G20平均分和发达国家平均分下降幅度，它们分别下降了0.8分和0.9分，因此中国的创新投入竞争力排名还有进一步上升的空间。

第四，中国的创新产出竞争力水平比较高，但略微有所下滑。2013—2014年，中国的创新产出竞争力排名保持在第2位，仅次于美国。2014年，中国的创新产出竞争力达到48分，与美国的差距仍然较大，但比发达国家平均分高出10.3分，是发达国家中最低的澳大利亚得分的4倍，比G20平均分高出22.9分。但与2013年相比，中国的创新产出竞争力得分下降了2分，远高于G20平均分和发达国家平均分下降幅度，它们分别下降了0.4分和0.8分。需要注意的是，中国与德国的差距非常小，2013年比德国高0.7分，2014仅比德国高0.2分，很可能被德国赶超。因此，综合来看，中国的创新产出竞争力比较高，但与美国的差距仍然较大，也要警惕竞争力水平下滑，被其他国家赶超的风险。

第五，中国的创新持续竞争力提升明显，但仍比较落后。2013年，中国创新持续竞争力排在第13位，仅得了36.6分，远远落后于发达国家，比美国低了34.5分，比发达国家平均分低了12.2分，甚至比G20平均分还低了5.1分。2014年，中国创新持续竞争力提升明显，排名上升到第10位，得分上升了7.2分达到43.8分，上升幅度高于发达国家上升幅度（5.5分），但与发达国家差距仍然较大，比发达国家平均分低10.5分，整体水平仍然比较落后，还有很大的上升空间。

三 提升 G20 国家创新竞争力的对策建议

当前，全球创新正加速推进，并深刻地融入人类社会发展的方方面面，极大地改变了世界发展的格局。各个国家正在加快创新的步伐，并围绕着创新展开激烈的竞争，这将推动全球创新格局深刻调整，创新中心也会呈现出从以欧美为中心向北美、东亚、欧盟等区域扩散，全球创新格局处于不断变化之中，只有不断提升 G20 国家创新竞争力，才能在未来的创新浪潮中得以立足，才能在激烈的国际竞争中提升国际地位。

1. 推动增长方式的创新转变，助力全球经济新一轮增长

当前，全球都面临着经济增长动力不足的瓶颈，G20 作为全球最重要的经济平台，应该着力于经济增长方式的创新，通过结构性改革，构建新的全球治理模式来探寻新一轮经济增长的动力。积极推进 G20 国家在关键技术和重要领域的创新联合攻关，共同探索全球经济增长模式，为全球经济增长提供方向和路径。当前，气候变化、能源安全、环境污染、粮食安全、重大疾病防控等全球性问题正考验着世界各国，亟须获得突破。各国应积极加强合作，通过建立国际研发机构、科技合作基地、科技合作中心和合作示范园区等方式加快合作创新，积极加强多边科技合作和重大科研项目联合攻关，在关键领域和技术方面获得突破。巩固和深化政府间科技合作，拓展合作领域，创新合作方式，健全合作体制机制。通过国际创新合作，为创新发展注入加速度，为全球构建起有利于经济持续增长的增长方式。

2. 深入推进结构性改革，全力实施创新驱动发展战略

从国际上看，新一轮科技革命正在酝酿，实体经济的作用更加凸显，发达国家欲重塑实体经济的竞争优势，而新兴工业化国家欲顺利显现发展要素的替代。要确保创新的顺利推进，还要进一步推进 G20 结构性改革，破除束缚创新的各种体制机制。合理安排各项制度，建立起更加灵活的体制机制，特别是政府层面应该在创新中合理安排角

色，从参与者向引导者转变，除了简政放权外，还要推出好的政策来帮助企业的成长。除了科技体制的改革外，还应在教育、医疗等领域进行全面的改革，激发全社会创新的积极性。在 G20 国家之间建立起公平透明的竞争机制，激发创业者的激情，从而进一步加大创新驱动发展的力度。此外，还要推进 G20 本身的体制改革，如推动 G20 货币金融体系改革，推进生态化金融体系建设，建立更加稳健的国际金融体系，建立财政和货币政策的国际协调机构，以更好地发挥政策实施的效果。通过构建 G20 新的治理机制更好地推动全球治理的创新，增强全球的创新活力。

3. 促进包容协调的全球价值链发展，全面激发创新潜能和活力

如今，全球价值链已经进入调整重塑期，发展中国家在全球价值链中的参与度亟须提升，伴随着全球价值链的创新链也亟须有发展中国家的参与。因此构建包容协调、合作共赢的全球价值链，从根本上提升中小企业和发展中国家参与全球价值链和开展创新的能力，可以更好地调动全球创新要素的积极性，激发创新潜能和活力。围绕着全球价值链，促进产业链、创新链、资金链之间的有效协同。要围绕产业链来安排创新链，通过产业链的衔接实现创新的连续性，使创新成果相互衔接，服务于产业链的整体创新，实现产业链与创新链的有效融合，同时要依托产业链来整合创新资源，实现技术的群体突破，提升产业链的整体创新能力。G20 中各个国家和地区既要注重基础研究，也要注重应用研究，并将两者有机结合起来，不断探索科技成果转化的方法和途径。加快国家创新体系建设，积极推动产学研合作，完善创新服务体系，充分发挥各类中介机构的作用，促进科技成果产业化。此外，还要在产业链、创新链的不同环节上精准合理地投入创新资金，综合运用多种金融手段为产业链和创新链的完善提供保障服务。还要协调好处于价值链不同环节的国家和地区的利益，特别注重对发展中国家的利益安排，营造 G20 更加和谐的创新氛围，推动全球包容性创新的发展。

4. 着眼于创新发展的前沿趋势，牢牢把握创新的主动权

当前，全球出现的以信息网络、智能制造、新能源、新材料等为代表的新一轮技术创新浪潮，其核心在于信息网络技术的突破，经济结构调整和产业结构升级最核心的技术也是信息技术和互联网技术。G20国家只要牢牢把握创新发展的前沿动态趋势，才能把握创新发展的方向，成为创新的引领者。因此，G20国家要顺应互联网技术的发展趋势，推动信息化与工业化的深度融合，深化信息在从研发设计到制造、管理以及营销的全流程和全产业链的集成创新和应用，用现代信息技术改造提升传统产业，加强先进制造技术在生产过程中的应用，完善信息化服务体系。要面向技术创新的新趋势构筑更加完善的国家创新体系，进一步确立企业的创新主体地位，加快培育一批拥有核心技术和自主知识产权、具有持续创新能力的创新型企业。充分发挥高校、科研机构在基础研究、试验发展方面的创新优势，同时提高其将知识创新转化为实际生产力的能力。其次，改进创新评价体系，既要注重增加创新产出的数量，更要注重提升创新产出的质量，还要考察知识创新的应用效果。再次，充分发挥政府部门的组织和协调作用，推动各个主体的协同合作，构建体制机制运转灵活，创新效率高，创新活力充沛的国家创新体系。

5. 优化配置和合理利用创新资源，大幅度提高创新效率

资金、人才、技术等要素的投入构筑了创新竞争力的支撑体系，同时在G20的平台上促进创新资源要素的合理流动和有效配置，也可以极大地提高创新效率，从而为创新竞争力的提升注入更强劲的动力。要充分发挥企业作为创新主体的作用，灵活运用财税、金融、投资等政策工具，激励企业等各个市场主体加快创新步伐，推动企业将研发与生产相结合，将供给与需求相结合，既面向市场积极推动产品和技术创新，同时优化创新资源要素组合，提升创新供给的效率。要不断地积累和更新创新资源要素，要注重创新人才的引进和培养，积极发挥人才的创新能动性，不断提升人才的创新能力；其次要重视自主创新能力的培育，通过增加研发投入，改革创新体制机制，加大政府扶持力度等方式着力掌握一些关键和核心技术，逐步摆脱其他国家或地区的创新约束，真正成为创新的主体，持续获得创新的动力；再次要协调好创新与环境可持续发展之间的联系，任何创新活动都要在环境可承载的基础上开展，技术的运用和推广不能破坏生态环境，真正实现环境发展的持续性和创新的持续性协同推进。此外，还要注重创新的载体和创新环境的建设，为科技创新创业提供更加宽松的氛围。

参考文献

［1］［美］迈克尔·波特：《国家竞争优势》，李明轩、邱如美译，华夏出版社1992年版。

［2］赵中建：《创新引领世界——美国创新和竞争力战略》，华东师范大学出版社2007年版。

［3］刘凤朝等：《国家创新能力测度方法及其应用》，科学出版社2009年版。

［4］黄茂兴等：《国家创新竞争力研究——理论、方法与实证》，中国社会科学出版社2012年版。

［5］李建平、黄茂兴等：《二十国集团（G20）国家创新竞争力发展报告（2015—2016）》，社会科学文献出版社2016年版。

［6］黄茂兴：提升国家创新竞争力：迎接新科技革命的战略选择》，《人民日报》（理论版）2011年12月12日。

"一带一路"倡议下交通基础设施建设促进新疆与中亚贸易发展

刘 越 闵路路[*]

一 引言

(一) 研究背景

"一带一路"倡议的提出有着极其深刻的时代背景。国际方面，目前全球经济增长乏力，世界经济复苏动力不足，南北发展差距进一步扩大，美国通过对国际贸易和投资规则的制定试图将中国排挤出全球贸易体系。国内方面，经过改革开放之后多年的发展，我国整体经济实力快速上升，人民生活水平逐步改善，但也付出了巨大代价，比如生态环境破坏、经济结构不合理、人口红利殆尽、持续发展动力不足、部分行业产能过剩、区域发展不平衡等。

如此一来，我国统筹国际国内两个大局，适时提出了"一带一路"倡议，实施新一轮高水平对外开放，进一步提升我国经济融入全球经济的能力，为我国资本、技术、装备走出去提供更广阔的发展平台。

新疆是"丝绸之路经济带"上的核心区，是我国向西开放的桥头堡，在"一带一路"倡议上区位优势非常明显。统计显示，2015年，新疆与中亚五国之间的双边贸易总额达到110亿美元，占到中国与这

---

[*] 刘越，安徽财经大学经济学院副教授；闵路路，安徽财经大学硕士研究生。

五国贸易总量的33.7%。①"丝绸之路经济带"作为"一带一路"倡议的重要组成部分，必将有助于进一步深化我国新一轮西部大开发倡议，进一步提升新疆对西开放水平。

2011年12月2日，中国与哈萨克斯坦霍尔果斯国际边境合作中心正式运营，两国铁路成功接轨，中哈第二条铁路正式开通。2015年4月20日，中巴两国共同签署了《中华人民共和国国家铁路局与巴基斯坦伊斯兰共和国铁道部关于开展1号铁路干线（ML1）升级和哈维连陆港建设联合可行性研究的框架协议》，标志着中巴铁路建设又进入一个新时代。2016年5月31日至6月1日，中吉乌三方在京召开中吉乌铁路三方联合工作组第一次会议，就中吉乌铁路建设深入交换了意见。

随着中哈第二条铁路的开通，中巴铁路、中吉乌铁路的规划建设，我国向西开放通道趋于多元化，彻底摆脱了以往过于依赖公路的尴尬局面。与公路运输相比，铁路运输具有成本低、载货量大、速度快等优势，因此，铁路互联互通将进一步促进新疆与中亚各国贸易往来、加快沿线国家或地区的经济社会发展。

由于比较特殊的地理区位，中亚五国在"丝绸之路经济带"建设中具有十分重要的地位。五国经济发展水平差距比较大，比如在经济总体规模、人均GDP方面，哈萨克斯坦与土库曼斯坦比较高，而吉尔吉斯斯坦与塔吉克斯坦处在比较低的水平，人均产值最高的哈萨克斯坦是最低的塔吉克斯坦的11.3倍（见表1）。

另外，中亚五国铁路里程相差也很大，吉尔吉斯斯坦和塔吉克斯坦的铁路里程相较其他三国处于劣势，铁路里程最长的哈萨克斯坦是铁路里程最短的吉尔吉斯斯坦的34.36倍。但是近十年来，中亚五国铁路基本都处于停滞发展状态，铁路轨道、车辆陈旧老化严重。

---

① 根据中华人民共和国国家统计局《中国统计年鉴2016》（中国统计出版社，北京数通电子出版社）和新疆维吾尔自治区统计局编《新疆统计年鉴2016》（中国统计出版社）提供的数据整理计算得到。

而进入 21 世纪以来，在国家大力扶持与新疆当地各族人民共同努力下，新疆经济社会面貌发生了天翻地覆的变化，尤其是交通运输正在实现跨越式发展。2015 年，新疆人均 GDP、铁路总里程分别达到了 6863.54 美元、5868 公里。

表1　　　　2015 年新疆与中亚五国经济发展水平和铁路里程

地区	生产总值（亿美元）	人均产值（美元）	铁路里程（公里）
新疆	1554.2	6863.5	5463
哈萨克斯坦	1843.9	10665.2	14329
吉尔吉斯斯坦	66.8	1145	417
土库曼斯坦	358.0	6745.8	3115
塔吉克斯坦	78.5	946.2	621
乌兹别克斯坦	626.4	2036.5	4192

数据来源：《新疆统计年鉴2016》；世界银行网站（http://www.worldbank.org.cn）。

（二）研究意义

《愿景与行动》中强调基础设施互联互通是"一带一路"建设的优先领域。所以研究交通基础设施水平与贸易关系，有助于进一步论证交通基础设施水平在促进国际贸易中的重要作用以及我国在"一带一路"倡议中提议基础设施互联互通的正确性与必要性。另外，本研究将交通基础设施作为变量引入到贸易引力模型中，有助于完善贸易引力模型的形式，具有较高的理论价值。

二　理论与文献回顾

（一）贸易引力模型

Isard & Peck（1954）和 Beckerman（1956）凭直觉发现国家之间贸易流量规模与这两个国家地理位置有关系，距离越相近的国家之间贸易流动规模越大。将引力模型最早用于国际贸易实证研究的是 Tinbergen（1962）和 Poyhonen（1963），他们分别独立使用该模型研究了两个地区的贸易规模，并得出了一致结论：两地区贸易规模与其经济体量成正比，与其距离成反比。引力模型最初形式表现为：

$$X_{ij} = kY_i^{\alpha_1} Y_j^{\alpha_2} D_{ij}^{\alpha_3} \tag{1}$$

其中，X_{ij} 表示两国贸易规模，k 为比例常数，Y_i、Y_j 分别代表 i 国、j 国经济总量（国内生产总值），D_{ij} 代表两国之间地理距离。其中，进口国国内生产总值反映了该国潜在的产品需求能力，出口国国内生产总值反映了该国潜在的产品生产能力，两者之间地理距离则代表着两国间贸易的阻力因素，该因素以运输成本来表示。通常情况下，为了得到引力模型估计方程，对（1）式两边做自然对数处理并加入随机误差项 ε_{ij}，得到如下方程：

$$\ln X_{ij} = \alpha_0 + \alpha_1 \ln Y_i + \alpha_2 \ln Y_j + \alpha_3 \ln D_{ij} + \varepsilon_{ij} \tag{2}$$

其中，α_0、α_1、α_2、α_3 是待估计模型系数。

在以上基本模型基础上，各国学者根据各自研究目的在该模型中引入了一些对贸易产生影响的因素，比如：人口变量、地理因素、共同的边界、相通的语言等。Linnemannn（1996）为了研究人口数量对贸易的影响，在引力模型里加入了人口变量，并得出两国之间贸易规模与人口有关，该变量与贸易规模呈正相关关系。

贸易引力模型的基本形式为：

$$X_{ij} = kY_i^{\alpha_1} Y_j^{\alpha_2} D_{ij}^{\alpha_3} N_i^{\alpha_4} N_j^{\alpha_5} e^{\varepsilon_{ij}}$$

对上式两边取对数为：

$$\ln X_{ij} = \alpha_0 + \alpha_1 \ln Y_i + \alpha_2 \ln Y_j + \alpha_3 \ln D_{ij} + \alpha_4 \ln N_i + \alpha_5 \ln N_j + \varepsilon_{ij}$$

其中，X_{ij} 表示两国贸易总量，Y_i、Y_j 分别代表 i 国、j 国经济总量（国内生产总值），N_i、N_j 分别代表 i 国和 j 国人口，D_{ij} 代表两国之间的地理距离，α_0、α_1、α_2、α_3、α_4、α_5 是各变量对应的系数，ε_{ij} 是随机误差项。

（二）文献回顾

传统经济理论忽略空间地理因素，假定经济在空间上的分布是均质的,产品流通是瞬时完成的,经济活动的达成不需要时间与运输成本。但是现实经济贸易活动中,交通基础设施通畅与否对贸易活动至关重要,完善的交通基础设施可以大大降低贸易运输成本、减少贸易交易时间。国内外大量研究均表明改善交通基础设施有助于促进贸易发展。

国外学者对于改善交通基础设施与贸易之间的关系关注度一直较高。Behrens[1]研究了一个国家交通基础设施水平对其贸易流量的影响,发现贸易规模主要取决于交通运输成本的高低,而交通运输成本高低又取决于交通基础设施水平的高低,所以交通基础设施水平的高低就对应着国际贸易规模的大小。Fujimura 和 Edmonds[2]以湄公河流域为研究区域,研究了该区域内公路基础设施建设与贸易的关系,发现其区域内公路基础设施水平与主要商品贸易量呈正相关关系。Edwards 和 Odendaal(2008)研究了基础设施质量与出口贸易量之间的关系,得出运输成本及出口贸易很大程度上取决于基础设施质量最低值的结论。

近年来,国内学者在这方面也作了大量的研究,且均得出改善交通基础设施有助于双边贸易发展。根据交通基础设施所选区域的不同,国内有关文献大致可分为两类:一类仅考虑贸易双方中一方交通基础设施水平对双边贸易的影响,得出该地区提高交通基础设施水平可促进双边贸易发展,如一些学者运用不同的误差修正模型分别从长期和短期研究了新疆交通基础设施建设与新疆贸易量的关系[3]。一些学者研究了我国西北四省交通基础设施建设和中亚三国的

---

[1] Behrens K. International integration and regional inequalities: how important is national infrastructure?[J]. 2004.

[2] Manabu Fujimura, Christopher Edmonds. Impact of Cross-border Transport Infrastructure on Trad and Investment in the GMS[R]. Manila: ADB Institute Discussion Paper, 2006, No. 48.

[3] 彭丽琼、任华:《"丝绸之路经济带"背景下新疆交通运输基础设施建设与进出口贸易的关系分析》,《新疆社科论坛》2014 年第 3 期;张博、段鸿斌:《新疆交通基础设施建设与进出口贸易关系研究》,《安徽商贸职业技术学院学报》(社会科学版) 2016 年第 1 期。

贸易关系[①]；另一类则综合考虑了贸易双方的交通基础设施改善对双边贸易的影响，得出提升双方综合交通基础设施水平有助于促进双边贸易。有些学者将国内部分省份或者城市作为研究区域，实证分析了交通基础设施改善对省际或城际贸易的积极影响[②]。有些学者将我国整体或者国内某些省份与某些国家作为研究区域，研究了我国与这些国家交通基础设施的互联互通降低贸易成本、降低边界效应等增加双边贸易量[③]。

但以上研究也有不足之处，模型形式过于简单，变量较少等不能深入研究交通基础设施与贸易之间关系。本文在已有研究基础上，在传统贸易引力模型中添加了新疆与中亚各国综合交通基础设施水平变量和是否有铁路联通、是否与新疆接壤这两个虚拟变量，探讨了改善两地区交通基础设施及其互联互通对双边贸易量的影响程度。

三 模型构建

（一）模型设定

相关研究中在贸易引力模型基本形式基础上添加一些变量。如黄

---

① 龚新蜀、马骏：《"丝绸之路"经济带交通基础设施建设对区域贸易的影响》，《企业经济》2014年第3期。

② 刘生龙、胡鞍钢：《交通基础设施与中国区域经济一体化》，《经济研究》2011年第3期；刘建、许统生、涂远芬：《交通基础设施、地方保护与中国国内贸易成本》，《当代财经》2013年第9期；刘育红、王曦：《"新丝绸之路"经济带交通基础设施与区域经济一体化——基于引力模型的实证研究》，《西安交通大学学报》（社会科学版）2014年第2期；夏德水：《道路联通、贸易畅通与丝绸之路经济带（境内段）经济增长研究》，陕西师范大学，2015年。

③ 夏飞、袁洁：《中国—东盟自由贸易区交通运输发展的区位熵分析》，《管理世界》2012年第1期；何敏、郭宏宇、竺彩华：《基础设施互联互通对中国东盟贸易的影响——基于引力模型和边界效应模型的研究》，《国际经济合作》2015年第9期；王娟：《基础设施对新丝绸之路经济带区域经济一体化的影响——基于空间面板杜宾模型的研究》，《学术论坛》2015年第11期；许娇、陈坤铭、杨书菲、林昱君：《"一带一路"交通基础设施建设的国际经贸效应》，《亚太经济》2016年第3期。

涛等[①]在研究新疆与中亚贸易潜力问题时，在贸易引力模型中加入了两贸易国人均 GDP 之差、中国对外直接投资额、虚拟变量两贸易国是否接壤、虚拟变量两国是否均加入上海合作组织等变量。张晓静等[②]在贸易引力模型基础上增加了贸易便利化、进口国的平均关税、人均 GDP、对外直接投资等变量，用以研究"一带一路"沿线国家贸易便利化水平对我国出口的影响。

鉴于此，本文为了达到探究交通基础设施对新疆与中亚国家贸易影响的目的，在贸易引力基本模型基础上增加了能反映交通基础设施水平的变量，具体模型形式如下：

$$\ln X_{it} = \alpha_0 + \alpha_1 \ln Y_t + \alpha_2 \ln Y_{it} + \alpha_3 \ln D_i + \alpha_4 \ln N_t + \alpha_5 \ln N_{it} + \alpha_6 \ln T_{it} + \alpha_7 B_i + \alpha_8 R_{it} + \varepsilon_{ij}$$

X_{it} 表示贸易国 i 在第 t 年与新疆的贸易规模，Y_t、Y_{it} 分别代表新疆以及贸易国 i 第 t 年的经济规模，N_t、N_{it} 分别代表新疆与贸易国 i 在第 t 年的人口规模，D_i 代表贸易国 i 首都与新疆乌鲁木齐市之间的地理距离，T_{it} 是第 t 年贸易国 i 与新疆地区的平均交通基础设施水平。B_i 和 R_{it} 为两个虚拟变量，B_i 代表公共边界，R_{it} 代表两地区铁路基础设施联通情况。α_0、α_1、α_2、α_3、α_4、α_5、α_6、α_7、α_8 是各变量对应系数，ε_{ij} 是随机误差项。

（二）变量说明与数据来源

1. X_{it} 表示第 t 年贸易国 i 与新疆的贸易规模，数据来自于新疆各年统计年鉴，单位为亿美元。

2. Y_t、Y_{it} 分别代表第 t 年新疆以及贸易国 i 的经济总量，此变量反映两地区潜在贸易需求。我们预测该变量系数符号为正，即两地区经

[①] 黄涛、孙慧、马德：《"丝绸之路经济带"背景下新疆与中亚贸易潜力的实证分析——基于面板数据的引力模型》，《新疆社会科学》2015 年第 1 期。

[②] 张晓静、李梁：《"一带一路"与中国出口贸易：基于贸易便利化视角》，《亚太经济》2015 年第 3 期。

济规模越大,贸易规模也越大。此数据来源于新疆历年统计年鉴和世界银行官方网站,计量单位为亿美元。

3. D_i 代表新疆与各贸易国 i 之间的地理距离。预测此变量系数符号为负,即两地区地理距离与双边贸易流量呈负相关关系。该变量运用两地区政治中心地理距离(乌鲁木齐与中亚五国首都之间的距离)来替代。另外需要说明的是该数据用 Google Earth 测算得到,单位为公里。

4. N_t、N_{it} 分别代表第 t 年新疆与贸易国 i 的人口总量。人口规模越大,贸易需求潜力也会随之变大,所以预测该变量系数符号为正。此数据来源于新疆历年统计年鉴和世界银行官方网站,计量单位为万人。

5. T_{it} 是第 t 年贸易国 i 与新疆平均交通基础设施水平。根据数据可获得性,该变量运用新疆铁路与公路网综合密度与中亚五国铁路网密度通过加权平均的方法得到。计算公式如下:

$$T_{it} = a_1(b_1 * XT_t + b_2 G_t) + a_2 ZT_{it}$$

其中,XT_t 表示新疆第 t 年铁路网密度(铁路总里程/面积),G_t 表示新疆第 t 年公路网密度(公路总里程/面积),ZT_{it} 表示第 t 年中亚国家 i 的铁路网密度(铁路总里程/面积),b_1、b_2 分别为新疆内部铁路与公路网密度加权数,a_1、a_2 分别表示新疆与中亚国家间交通网络密度与铁路网密度加权数。

根据 2004 年 4 月中国工程院测算的各种交通方式综合得分(铁路 46 分,公路 32 分)以及以上综合得分我们给 b_1、b_2 分别赋值为 0.59(46/(46+32))和 0.41(32/(32+46))。

我们假定两个地区交通基础设施对双边贸易影响具有同等作用,于是对 a_1、a_2 均取值 0.5。数据单位为公里/万平方公里,数据来源于新疆历年统计年鉴与世界银行。

根据以往研究经验,我们这里预测该变量系数为正。

B_i 和 R_{it} 为两个虚拟解释变量,B_i 代表贸易国 i 与新疆之间的地理位置,若贸易国 i 与新疆有公共边界即陆地接壤,则 B_i 取 1,否则取

0。一般研究认为，两国陆地接壤对双边贸易会产生积极效应。R_{it}代表两地区铁路基础设施联通情况，若贸易国 i 与新疆之间有铁路相通，则取 1，否则取 0。数据来源于网络。

四　实证分析

（一）数据未处理的静态面板模型

对于上文构建的静态面板模型，接下来运用 2000—2015 年面板数据，并利用 stata 计量软件进行回归，回归结果如表 2。

表 2　　数据未加处理的静态面板模型回归结果

Variable	Coef.	Std. err.	z	$p>\|z\|$
Lny1	0.4328	1.2562	0.39	0.697
Lny2	-0.7246	0.4811	-1.52	0.162
Lnt	-4.9918	1.3448	-2.55	0.014
Lnd	-3.3491	0.5893	-5.71	0.000
Lnn1	42.0918	9.7138	4.40	0.000
Lnn2	0.7719	0.8145	1.72	0.068
B	-1.4127	0.6974	-1.51	0.165
R	4.5859	1.4011	3.43	0.001
C	-291.3452	68.3691	-4.21	0.000
拟合优度 = 0.8107		F 统计量 = 820.7		

表 2 中 lny1、lny2、lnt、lnd、lnn1、lnn2 分别表示新疆 GDP、中亚五国 GDP、新疆与中亚五国的交通基础设施密度、新疆与中亚五国距离、新疆人口数量以及中亚五国人口数量的取对数形式。

由表 2 结果可知，静态面板回归结果极不理想，其中中亚五国 GDP、新疆与中亚五国交通基础设施以及虚拟变量 B 回归系数符号与预测中的相反，而且拟合优度和 F 统计量差别又很大，故有理由质疑该数据存在着多重共线性。

（二）主成分分析

经过进一步分析数据可知，新疆 GDP、中亚五国 GDP、新疆与中亚五国交通基础设施密度、新疆人口数量以及中亚五国人口数量等变量可能具有多重共线性。为此，我们运用主成分分析法来解决上述模型多重共线性问题。主成分分析步骤如下：

1. 进行主成分分析，命令如下：

pca lny1 lny2 lnt lnn1 lnn2

输出结果如下表 3 所示。

表3　　　　　　　　　　特征根和方差贡献度

component	eigenvalue	difference	proportion	cumulative
Comp1	3.4728	2.26631	0.6872	0.6872
Comp2	1.26785	0.96541	0.2087	0.8959
Comp3	0.29562	0.349815	0.0567	0.9526
Comp4	0.0507632	0.0659017	0.0311	0.9837
Comp5	0.0063541		0.0163	1.0000

表 3 给出了主成分分析各主成分的情况，表中从左往右依次是主成分、主成分特征值、主成分变异、解释所占比重和累计比重。根据特征值大于 1 的原则来提取主成分的个数，主成分 1、2 的特征值分别为 3.4728、1.26785，而第三个主成分特征值为 0.29562，故这里提取两个主成分。

2. 分析主成分恰当性，命令如下：

Estat smc

SMC 检验结果见表 4。

表4　　　　　　　　　　　SMC检验结果

Variable	smc
Lny1	0.978
Lny2	0.5892
Lnt	0.9343
Lnn1	0.9876
Lnn2	0.6342

表4中大部分变量的smc都在0.7以上，故可以进行主成分分析。

3. 计算前两个主成分x1、x2的得分，命令如下：

pca lny1 lny2 lnt lnn1 lnn2, component（5）

Predict x1 x2, score

变量因子载荷结果见表5。

表5　　　　　　　　　变量因子载荷结果

Variable	X1	X2
Lny1	0.5238	-0.3329
Lny2	0.4228	0.4691
Lnt	0.5348	-0.0641
Lnn1	0.5153	-0.3219
Lnn2	0.2252	0.7291

由表5给出的变量因子载荷结果可知，提取两个主成分表达式为：

$x1 = 0.55238 \ln y1 + 0.4228 \ln y2 + 0.5348 \ln t + 0.5153 \ln n1 + 0.2252 \ln n2$

$x2 = -0.3329 \ln y1 + 0.4691 \ln y2 - 0.0641 \ln t - 0.3219 \ln n1 + 0.7291 \ln n2$

并得出两个主成分得分数据,将这两组得分数据分别命名为 X1、X2,并将其列在 stata 数据表格中。

(三) 自变量中包含两个主成分的静态面板回归

用两个主成分得分数据 x1、x2 作为变量来替代原来五个变量并加入 lnd、B 和 R 作为自变量,lnx 作为因变量进行回归。命令如下:

xtreg lnx lnd x1 x2 b r, re

回归结果见表 6。

表 6　自变量中包含两个主成分得分变量的静态面板回归

Variable	Coef.	Std. err.	z	$p>|z|$
Lnd	-3.5217	0.5228	-8.26	0.000
X1	0.5981	0.0571	14.20	0.000
X2	-0.6423	0.1571	-4.82	0.000
B	0.2051	0.4278	0.50	0.626
R	2.9581	0.4572	7.60	0.000
C	32.8156	3.9261	8.99	0.000
拟合优度 = 0.7925		F 统计量 = 654.71		

由表 6 中数据可知,拟合优度为 0.7925,F 统计量为 654.71,说明方程整体拟合较优。从变量显著性来看,除了虚拟变量 B 以外,其他变量的 p 值均接近于 0,在 1% 显著性水平下,强烈拒绝原假设,故 lnd、x1、x2、R 的估计系数分别为 -3.5217、0.5981、-0.6423、2.9581。对于变量 B,其回归系数 0.2051 为正值,与预测的符号相符,但其 p 值为 0.626,在 1% 的显著性水平下极度不显著,接受原假设,故 B 的估计系数为 0。

根据以上分析,可得回归方程为:

$\ln x = 32.8156 - 3.5217\ln d + 0.5981 x1 - 0.6423 x2 + 2.9581 R$

将选取的两个主成分 x1、x2 表达式代入上述方程即可得最终回归方程：

$$\ln x = 32.8156 - 4.1847\ln d + 0.5277\ln y1 + 0.029\ln y2 + 0.4\ln t \\ + 0.5377\ln n1 - 0.297\ln n2 + 2.9513R$$

从回归结果可以看出，新疆与中亚五国的产出、两地区综合交通基础设施水平、新疆人口数量对贸易量均具有积极的正向影响，并与模型中预测相符合。而新疆与中亚五国距离、中亚五国人口数量对贸易量的影响为负向，其中前者负向影响与模型假设相符，后者负向影响与模型假设不相符。另外，由回归结果也可知虚拟变量 B（中亚五国与新疆之间地理位置，接壤取 1，不接壤取 0）在回归中不显著。

（四）结果分析

对实证得出的结果进一步分析，可以得到如下结论：

1. 两地区地理距离对于这两个地区贸易量的弹性为 -3.5217，即两地区地理距离增加 1%，贸易量减少 3.5217%。这与贸易引力模型我们前面的假设相一致，即两地区地理距离越近，越有利于两地区贸易发展；反之，则不利于两地区贸易发展。

2. 两地区生产总值 Y 对这两个地区贸易量 X 的弹性分别为 0.5277、0.029，即两地区生产总值分别增加 1%，贸易量分别增加 0.5277%、0.029%。这与前面预期的结果相一致，也就是说如果两地区的经济发展水平越高，那么这两个地区的贸易越是频繁，贸易规模越大。另外，两地区的生产总值对双边贸易量所产生影响的大小不同，新疆的生产总值变动对贸易量的影响要远大于中亚五国。

3. 两地区交通基础设施综合水平 T 对双边贸易量 X 的弹性为 0.4，即两地区交通基础设施综合水平每提升 1%，贸易量会相应增加 0.4%。这样我们得出的结论与大多数学者的研究结论是相同的，即完善的交通基础设施促进了双边贸易的发展。

4. 新疆与中亚五国的人口数量对这两地区贸易量的弹性分别为 0.5377、-0.297，若新疆的人口增加 1%，则贸易量增加 0.537%，而中亚五国的人口增加 1%，则贸易量减少 0.297%。前者分析结果与本文前面的理论假设一致，表明新疆人口的增长对新疆与中亚五国贸易的发展有非常重要的作用，人口增长市场潜在需求比较大，可以加快两地区的经贸往来；但后者分析结论与前文理论假设不一致。随着中亚五国人口增加，贸易量相应减少，这可能是由于中亚五国中大部分国家人口基数较小且在研究年份内人口增加量也比较少。

5. 两地区是否接壤这一虚拟变量对贸易量影响不显著。而一般认为两地区接壤为两地区贸易往来提供了很大便利，有助于增加两地区贸易量。本文实证分析结果却得出两地区是否接壤与贸易量的关系不明显，这可能是由于"边界效应"中的"屏蔽效应"对两地区贸易往来的负面影响及"中介效应"对贸易的正面影响相抵消。

6. 两地区是否有铁路互联这一虚拟变量 R 对贸易的影响巨大且非常显著。当新疆与该国具有铁路联通时，贸易量将提高 295.13%。这一结果与前面的理论假设相一致，也再一次论证了交通基础设施建设水平可以大大促进两地区的贸易发展。同时，也佐证了我国提出的"一带一路"倡议中优先发展交通基础设施建设与互联互通的科学性、可行性与紧迫性。

五　结论与政策建议

(一) 结论

1. 根据以上实证分析可知，新疆与中亚五国交通基础设施水平对新疆与中亚五国之间贸易量具有显著的正向影响，随着两个区域交通基础设施水平的持续改善，贸易增长趋势将进一步巩固，若两个地区交通基础设施综合水平每提升1%，贸易量增加0.4%。更重要的是，当新疆与中亚五国中某一国家有铁路联通时，新疆与该国间的贸易增量非常大，贸易双方交易量将提高295.13%。因此，新疆和中亚五国铁路基础设施的连接以及新疆和中亚五国国内交通基础设施水平的提升都将极大地促进新疆和中亚五国的贸易发展。

2. 新疆与中亚五国地理距离对两地区贸易具有显著的负向影响，

且弹性为 -3.5217；新疆与中亚五国的生产总值以及新疆总人口对这两个地区的贸易量也具有显著的正向影响，且弹性分别为 0.5277、0.029 和 0.5377。

（二）政策建议

1. 加快新疆和中亚国家铁路基础设施互联互通

鉴于研究结论中铁路互联互通有助于促进地区经贸往来，因此在"一带一路"倡议实施过程中，要优先加强交通基础设施建设，特别是要加快区域之间的铁路运输基础设施互联互通。具体来说，就是要加快"中吉乌铁路"、"中巴铁路"的建设进程，打通我国向西开放的国际铁路大通道，打通新疆与沿线国家和地区的铁路网、经济网，积极构建全方位、多层次的互联互通运输大动脉。

2. 创新交通基础设施建设项目融资模式

从已有数据来看，处在丝绸之路经济带沿线的中亚五国，其交通基础设施发展落后，新疆近年来虽然交通基础设施发展较快，但相比于中东部省份也相差较大。基础设施建设具有投资额大、收益回报周期长等特点，仅仅依靠市场行为并不能有效解决资金匮乏问题。因此，新疆和中亚五国需要创建一个由政府主导、市场积极参与的交通基础设施建设项目融资模式，比如 PPP、BOT、TOT、ABS 等。此外，要积极利用亚洲基础设施投资银行和丝路基金等基建投融资平台，为新疆与中亚五国交通基础设施建设提供资金支持。

3. 增加新疆人力资源，促进新疆经济发展

新疆地域辽阔，资源丰富，中央政府以及自治区政府应结合新疆实际制定相关人口政策，增加人口供给，并加大教育投入力度，提升当地人口素质。同时，中央政府与自治区政府应制定相关优惠政策与措施，吸引各类人才投身于新疆发展，提升新疆经济发展质量与效益。

4. 促进中亚国家发展，带动出口需求

增进与中亚国家沟通交流，将中国改革开放以来积累的发展经验

传授给他们,力所能及地帮助中亚国家实现经济腾飞,增加他们的进口需求,从而进一步带动新疆的出口、发展新疆经济,形成互帮互助、共同发展的良好局面,这会是一个良性循环的过程,最终将会实现新疆与中亚国家的共同繁荣。

5. 借助"丝绸之路经济带",积极推进自由贸易区建设

新疆在"丝绸之路经济带"中具有十分显著的区位优势,理应借助这一国家倡议同中亚国家积极推进自由贸易区建设,从而大幅度降低贸易壁垒。在此条件下,改善交通基础设施将进一步促进新疆与中亚国家之间的贸易往来。扩大与中亚国家合作,增加新疆与中亚国家贸易的利益交汇点,提升区域开放水平;加快边境口岸建设,提升口岸通关便利化水准,降低双边贸易壁垒,进一步降低贸易流通的成本;新疆与中亚国家之间建立自由贸易区,减少各种形式的贸易壁垒,加速区域经贸一体化,共同构建"丝绸之路经济带"。

参考文献

[1] Behrens K. International integration and regional inequalities: how important is national infrastructure? [J]. 2004.

[2] Manabu Fujimura, Christopher Edmonds. Impact of Cross-border Transport Infrastructure on Trad and Investment in the GMS [R]. Manila: ADB Institute Discussion Paper, 2006, No. 48.

[3] 彭丽琼、任华:《"丝绸之路经济带"背景下新疆交通运输基础设施建设与进出口贸易的关系分析》,《新疆社科论坛》2014年第3期。

[4] 张博、段鸿斌:《新疆交通基础设施建设与进出口贸易关系研究》,《安徽商贸职业技术学院学报》(社会科学版) 2016年第1期。

[5] 龚新蜀、马骏:《"丝绸之路"经济带交通基础设施建设对区域贸易的影响》,《企业经济》2014年第3期。

[6] 刘生龙、胡鞍钢:《交通基础设施与中国区域经济一体化》,《经济研究》2011年第3期。

[7] 刘建、许统生、涂远芬:《交通基础设施、地方保护与中国国内贸易成本》,《当代财经》2013年第9期。

［8］刘育红、王曦:《"新丝绸之路"经济带交通基础设施与区域经济一体化——基于引力模型的实证研究》,《西安交通大学学报》(社会科学版)2014年第2期。

［9］夏德水:《道路联通、贸易畅通与丝绸之路经济带(境内段)经济增长研究》,陕西师范大学,2015年。

［10］夏飞、袁洁:《中国—东盟自由贸易区交通运输发展的区位熵分析》,《管理世界》2012年第1期。

［11］何敏、郭宏宇、竺彩华:《基础设施互联互通对中国东盟贸易的影响——基于引力模型和边界效应模型的研究》,《国际经济合作》2015年第9期。

［12］王娟:《基础设施对新丝绸之路经济带区域经济一体化的影响——基于空间面板杜宾模型的研究》,《学术论坛》2015年第11期。

［13］许娇、陈坤铭、杨书菲、林昱君:《"一带一路"交通基础设施建设的国际经贸效应》,《亚太经济》2016年第3期。

［14］刘越:《改革开放以来我国居民收入分配演变趋势与启示》,《天津商业大学学报》2016年第4期。

［15］黄涛、孙慧、马德:《"丝绸之路经济带"背景下新疆与中亚贸易潜力的实证分析——基于面板数据的引力模型》,《新疆社会科学》2015年第1期。

［16］张晓静、李梁:《"一带一路"与中国出口贸易:基于贸易便利化视角》,《亚太经济》2015年第3期。

［17］刘越、徐超、张榆新:《移动支付的发展前景与风险监管》,《社会科学研究》2017年第3期。

俄罗斯经济发展的特点：
机遇和优先战略

[俄] B. T. 梁赞诺夫[*]

王丽梅 译

苏联经济的崩溃和危机

1991年苏联解体后俄罗斯经济陷入困境。俄罗斯用了九年时间努力实现新自由主义乌托邦，可是这些努力却伴随着长期的、沉重的危机。俄罗斯经济在1997年短暂复苏，未能达到期待中的增长，却以1998年8月17日的崩溃告终。俄罗斯经济改革的第一阶段，也是最富戏剧性的阶段就这样结束，进入了经济方针矫正阶段。因政治制度的更迭和经济活动大规模资本化而在俄罗斯联邦发生的各事件表明，放弃社会主义计划经济并未阻断不断深化的危机，也没能推动经济复苏。此外，在危机变为转型（两个系统之间）危机的条件下，危机的深度和负面影响比前一阶段更加严重。

根据宏观经济指标可以判断俄联邦经济下降幅度超过50%（见表1），规模堪比美国大萧条时期的崩溃。对于居民来说特别具有戏剧性的是1992年——"休克改革"开始之年，平均工资增长11倍，但日用品价格却上涨了25倍多，再加上居民存款归零，导致人民生活水平急剧下降，大部分居民变穷。

---

[*] B. T. 梁赞诺夫，圣彼得堡国立大学经济理论教研室主任、教授、经济学博士。

表1　　　　1991—1998年俄罗斯联邦宏观经济基本指标

（按上一年度百分比与按可比价格）

项目\年份	1991	1992	1993	1994	1995	1996	1997	1998
国内总产值	95.0	85.5	91.3	87.4	95.8	94.0	101.0	94.7
工业	91.8	84.0	86.3	78.4	95.4	92.4	101.0	95.2
农业	95.5	91.0	96.0	88.0	92.0	93.0	100.1	86.8
投资	85.0	60.0	88.0	76.0	87.0	82.0	102.3	88.0
通货膨胀	160.5	2509.0	839.9	215.1	131.4	21.8	11.0	84.4
失业人口（百万）	1.4	3.6	4.2	5.5	6.4	6.8	6.5	8.0

来源：俄罗斯联邦国家统计局。

在大量不利因素的影响下，俄罗斯的转型危机有各种原因，但确定是由所遵循的改革模式所导致。所以俄罗斯经济危机等同于改革方针自身的危机；从这个意义上说，危机很大程度是"人为"因素引起的。危机加深的具体原因有以下几个：

经济失去可控性，对所做决定没有准确预判后果的能力；

改革者的社会目标脱离主导的社会价值和社会利益体系，使危机变成了社会政治对立；

忽略了对国家经济利益的保护，在对外部贷款依赖性加强的条件下，在经济政策执行过程中削弱了主权；

社会经济、文化和意识形态的迅速分化；

引进的资本主义市场经济模式同已经形成的俄罗斯社会经济现实和有效运行的国家经济现代范式之间的互不相容；

转型过程中引起社会排异反应等官僚主义和强制性手段的流行。

上述这些原因揭示出，转型危机的本质在于，在所选择的战略框架下以及当时的执政力量下，改革政策不能在最佳期限、以可接受的花费解决所有社会经济发展的问题。危机的最大特征就是大部分人的生活条件恶化，对所执行政策的不满情绪增加，工业化退化，在世界上经济和地缘政治地位削弱，等等。所有这些使经济发展缺乏内部配合性，必须改变方针以防发生灾难性的破坏。

1998年8月俄罗斯所执行的改革方针最终被证实缺乏生命力。8月危机爆发的正面成果是从根本上动摇了前些年形成的经济体系，用事实证明了该经济体系无希望、无前途。自由主义货币政策与经济开放和原料出口的结合成为造成尖锐危机的主要原因。主要的教训是清醒地认识到经济开始运转，可是金融体系只有在生产正常运行的情况下才能稳定。对当代俄罗斯而言，只靠金融、出口原料和进口消费品无法繁荣经济。

从危机到振兴。从1999年开始，俄罗斯经济进入发展新阶段——十年的恢复性增长期，一直持续到2008年世界经济开始衰退。危机后组建的以 Е. М. 普里马科夫和 Ю. Д. 马斯柳科夫为首的新政府和俄联邦中央银行新领导 В. В. 格拉先科奉行左翼政策，在极短时间内就将俄罗斯引入了复苏增长阶段。他们放弃先前所有国家领导执行的内政方针，提出新方针，提高国家在刺激生产方面的组织作用，即强化国家在市场关系形成和发展过程中的作用，该方针成为摆脱经济危机及后续复苏的主要推动力。

从1998年10月起，工业生产开始增长，到1999年6月达到22%，其中加工业达到35%，1999年7月工业产品产量比1998年初增长了4%，这意味着，只用了三个季度就恢复到了1997年危机前的水平。

虽然这届政府的活动仅持续了九个月，但是奠定了脱离新自由主义方针的基础。后来的政府，先是 С. В. 斯捷帕申政府（1999年5月），后来从1999年8月开始的 В. В. 普京政府在自己的政策中都不能不考虑到这届政府所运用的方法和具体措施。

在分析俄联邦经济复苏的性质和特征时，特别引人关注的是经济启动问题，即经济如何脱离危机状态进入上升阶段。是进口替代机制保证了1999—2001年的初步增长，在一系列因素作用下，借助进口替代，经济增长使俄罗斯生产商在国内市场部分地遏制了衰颓态势（表2）。

表2　　　　俄罗斯进口商品和国内工业生产的百分比关系

主要产品	1989	1995	1998	2000	2001
食品（包括饮料和烟草）	17.5	51.4	54.7	39.4	39.2
纺织和缝纫制品	7.1	50.0	76.2	86.2	83.3
木材和木材制品	4.7	10.1	29.7	19.1	22.4
化学产品	7.2	29.7	62.1	57.7	64.3
金属和金属制品	4.3	11.8	14.3	10.2	11.2
机器、设备和交通工具	24.3	40.7	60.3	38.4	35.0

来源：B.T. 梁赞诺夫：《（非）现实资本主义——政治经济危机及其给世界经济和俄罗斯造成的后果》，M.，2016. C. 362，363。

1999年和2000年俄罗斯经济发展中的进口替代活跃，并且延续到2001年。从2001年开始，进口替代政策逐渐被原料出口增长模式取代，这在很大程度上是因为俄罗斯联邦的外部经济形势极大好转——能源和原材料价格长期上涨的趋势，进而促使在90年代形成的地租原料型经济增长模式重新占据优势并得到进一步加强。1999年俄罗斯石油出口价格平均每桶达到17美元，回到了20世纪90年代的价格水平。应该提醒一下，1998年12月初，石油价格下降到了每桶不到9.9美元。更重要的是，接下来的几年一直呈上升的走势，一直持续到2008年下半年，俄罗斯石油从每桶17美元开始一直增长到2008年的94.4美元，也就是说，增长到原来的5.5倍。2008年7月俄罗斯Urals石油价格涨到每桶139.5美元，这具有重大意义。

1999—2008年恢复期间的主要成就是阻止了俄罗斯经济的下降趋势，保障了宏观经济的稳定和增长，并且改善了国内的整体社会政治氛围，最重要的成就是逐渐恢复了工业生产（见图1）。

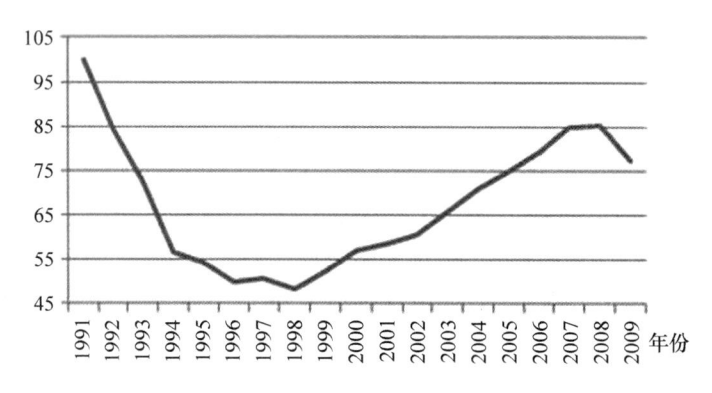

图1 俄罗斯工业生产指标（1991—2009 年）

详见：Рязанов В. Т. Импортозамещение и новая индустриализация: возможности и перспективы структурных изменений//Исследовательский доклад экономического и политического развития России. Пекин, 2017. С. 71 - 90（на китайском языке）.

危机后的俄罗斯经济：机遇和局限

经历了2000年代初期的恢复性增长，俄罗斯经济再次陷入危机，同样，也没能避免2008—2009年世界经济危机的影响。值得强调的是，这次危机当然也有内部原因。2008年第二季度俄罗斯联邦的工业生产增速就开始下降，其后稍有好转，但10月份，也就是国际市场石油和其他能源的价格达到了最高值之后就彻底下降了。这种状况表明，当时的增长模式已经式微，高昂而且持续增长的能源价格不再起到推进作用，因为原料出口的高收入、卢布汇率的坚挺，强化了国内进口需求方针，阻碍了成品行业的发展。

这导致了"叠加效应"的出现，表现为危机的加强和负面效应向整个经济空间的蔓延。一方面，世界经济危机对俄罗斯经济的负面影响表明俄罗斯经济对外部攻击的抵抗力低、防范机制弱；另一方面，也暴露出内部的失衡和矛盾——这些失衡和矛盾以前被良好的外部经济形势掩盖，导致权力机构盲目乐观，对很多未解决的问题和国内经济制度中的薄弱环节不愿正视。

结果，俄罗斯经济的衰退规模极大，2009年国内总产值下降

7.8%，工业生产缩减 10.7%，为了避免经济下滑和衰退，构建起了以石油美元为基础的金融安全垫，但依然无助于摆脱经济下滑和衰退。

第二次危机浪潮出现在 2015—2016 年，可以将这次危机视为世界经济持续性复苏增长背景下的"自动衰退"。[①] 如果对世界经济危机后的俄罗斯宏观经济状况作总体评价，则可初步将之定义为 2012 年经济增长逐渐衰退后的经济停滞阶段。结果，2008—2009 年危机后的回弹短暂、不充分，未能转变为稳定的增长。

俄罗斯经济中这些事件的发生在多大程度上是难免而客观的呢？自动衰退的原因是什么呢？

有充分的理由可以断定，如果关注内需的现有潜力、内需规模和自身的资源保障，在强制性条件下实行积极的刺激性经济政策，有过避免衰退的机会。需要指出的是，因为石油的市场价格崩塌以及针对俄罗斯实行的制裁，对外经济领域的衰退尤为严重，投资和社会领域以及加工生产领域也严重衰退。

还需要强调的是，尽管 2015—2016 年经济总体衰退，但经济形势的特点是不均衡，一些领域和区域得到国家有针对性的支持，更别说有些个别企业，甚至在经济危机的条件下仍保持着增长。这证明了过去俄罗斯经济存在着保持良好发展的契机，这些契机现在依然存在。所以，重要的是分析造成衰退的原因。首先，必须强调，导致危机的内部因素起主导作用。当然，油价下跌和制裁加强了衰退，加深了国内经济形势的恶化，但是这些因素不起决定性作用。

表 3　　　　俄联邦 2011—2018 年宏观经济主要指标.

（与上一年度价格对比增长/下降百分比）

年份	2011	2012	2013	2014	2015	2016	2017	2018
国内生产总值	4.3	3.5	1.3	0.7	-2.9	-0.2	1.5	1.7

[①] Губанов С. Автономная рецессия, как финальная фаза системного кризиса России// Экономист. 2013. № 9.

续表

年份	2011	2012	2013	2014	2015	2016	2017	2018
工业	5.0	3.4	0.4	1.7	-3.4	1.1	1.0	3.1
农业	23.0	-4.8	5.8	3.5	2.6	4.8	2.4	-2.6
零售	7.1	6.3	3.9	2.7	-10.0	-5.2	1.2	2.7
投资	10.8	6.8	0.8	-1.5	-8.4	-0.9	4.2	4.8
通货膨胀	6.1	6.6	6.5	11.4	15.5	7.1	3.7	2.4
居民的实际收入	0.5	4.6	4.0	-0.7	-3.2	-5.9	-1.7	2.2
总增加值：								
-开采	1.8	1.0	1.1	1.4	0.3	2.5	2.0	2.4
-加工工业	8.0	5.1	0.5	2.1	-5.4	0.1	0.2	3.8
出口	31.8	3.1	-1.2	-4.9	-32.1	-19.8	25.8	28.5
进口	32.0	5.3	2.2	-9.8	-37.7	1.9	24.1	11.0
Urals油价（美元/桶）	107.5	110.5	107.9	97.6	51.2	41.9	52.2	71.7

数据来源：俄联邦国家统计局数据。2018年为前8个月数据，投资为前6个月数据。

如果综合导致危机的最重要的内部因素，则总体上这些因素都是因压缩内需导致的。表3中所列的数据表明，四年里居民的实际收入持续下滑，总体下降超过12%。2017年收入低于平均水平（低于每月10300卢布）的人口数量达到2110万人，占全国人口的14.4%。2009年危机后低收入人口为1710万人，或者是总人口数的12.5%，还要考虑到几乎三分之二的公民月收入不到15000卢布，这一切导致2015—2016年零售业下降15%。

投资领域也有类似情形。2014—2016年投资的实际表现不断缩减，尽管内部积累在增长，但三年内投资额降幅超过11%。

还有一个不利因素就是国家实际支出的缩减，尽管名义上增长了，但是不能补偿其他方面内部需求的降低。并且国家综合预算总支出不超过国内生产总值的36%，这显然不足以应对危机，因为无力维持不断下降的国内总需求。

最后，不能不考虑到另一个遏制因素，就是快速增长的居民过度贷款。2009年危机过后消费贷款额增加到原来的3倍，达到10.6万亿卢布，由于利息支出，居民的消费能力不能不降低。

对2015—2016年国内生产总值下降因素的分析可以说明内需的意义（表4）。

统计表明，无论是前一时期俄罗斯经济的增长，还是后来的衰退，主要原因都是内部因素的作用——终端消费数量（国内市场容量）的改变，这既包括家庭消费，也包括国家消费，以及总积累量。有关国内生产总值恒定价格降低的数据可以说明这一点。

表4 俄罗斯国内生产总值下降的主要因素（2015—2016年）

国内生产总值增长因素	当前价格		2008年恒定价格	
	亿卢布	%	亿卢布	%
国内生产总值增长/下降	6.7	100.0	-1.8	100.0
终端消费增长/下降	4.5	67.2	-4.3	-238.9
包括：				
家庭	2.9	43.3	-4.2	-233.3
国家管理	1.5	22.4	-0.3	-16.7
总积累增长/下降	2.1	31.3	-1.9	-105.5
固定资本积累增长/下降	1.6	23.9	-1.4	-77.8
纯出口增长/下降	-0.6	-9.0	4.8	267.7
国内市场容量增长/下降，依靠：	7.3	100.0	-6.6	100.0
国内生产	5.3	79.1	-3.0	45.5
进口	1.4	20.9	-3.6	54.5

根据俄罗斯2016年年度统计（M., 2016.）计算。

至于外贸因素，则对衰退的影响不那么明确。如果说在当前价格上出口的显著下降对国内生产总值产生负面影响，那么在对比价格上纯出口的增长有助于对国内终端消费下降进行补偿。值得关注的是国内生产（79.1%）很大程度上保障了国内市场容量在当前价格上的增长。如果谈到国内市场容量在对比价格上的增幅下降，则在很大程度上是由于进口缩减造成的（54.5%）。换句话说，国内生产总值增长和下降的最终因素由经济内需决定，内需总量的变化构成经济发展能否成功的先决条件。

这种状况与俄罗斯经济的原料出口型特点并不矛盾，主要表现为两种形式，第一，原料直接影响国家财政的基本收入，同时构成原料公司的超额收入，例如，2017年在联邦财政中石油天然气收入的比例占40%；第二，烃和其他原料出口的基本收入的增加在很大程度上维持了终端消费和投资的增长。例如，在世界经济危机之前（2000—2008年），由于烃的高价格和出口收入再分配机制保障了国内终端消费的增幅在三分之二，相应地可以认为，大约50%的经济增长间接依赖于出口。

这意味着，依靠增加烃原料的出口量补偿内需的下降是可行的，但是要限制出口量，并且要在高价格和价格持续上涨的条件下限制出口量。低价格和限制增加石油天然气开采量的条件下，无法扩大出口量，不可能补偿内需的下降。

可见，后苏联经济对外部的依赖注定无法稳定增长，反而伴随有不可避免的危机。虽然不能低估外部因素对俄罗斯经济的不良影响，但是我们还要再一次强调内部因素的危机性。为证明该结论，需要注意2013年就已经显露出停滞和出现危机的苗头，当时油价每桶超过107美元，并且当时尚未受到制裁。

经济政策中的优先战略

2017年有理由得出这样一个结论，即国民经济完全适应了内部和外部的限制和风险。2018年经济持续增长（见表3）。一个令人鼓舞的事实引人关注：俄罗斯石油维持中等价位，在每桶52.2美元的情况下，经济开始增长。这个价位实际上相当于俄罗斯经济已经开始陷入大规模危机的2014年的价位。这意味着，不完全依赖外部，首先不完全依赖能源出口的较低价位，经济的内部潜力原则上能够满足发展。

但是，必须有国家积极的刺激性政策支持才能持续增长，政策的不健全导致重新出现经济衰退的风险。

这个风险能规避吗？

在受到制裁和不利的外部环境条件下实行进口替代政策依然是当前支持经济增长的现实推动力。上面已经分析过进口替代政策在克服危机衰退方面的潜力，已经取得一定成效。这表现在，例如，零售市场的某些部门进口量的缩减（表5）。同样可以看到，危机年代一些重要的国民经济部门依然保持增长，例如农业、国防、食品工业、制药和国内旅游。

表5　　　　　　　　　俄联邦零售商品进口比例（%）

	2007年	2010年	2013年	2015年	2016年	2017年	2018年
消费品	47	44	44	38	36	35	34
食品	36	34	36	28	22	22	22

来源：俄联邦国家统计委员会。

此外，在很大程度上正是因为进口替代，内需下降未低于10%，从而未引起国内生产总值和工业生产缩减。2015—2016年下降幅度在3%—3.4%，这充分证明了所施行的进口替代政策的能力。

进口替代政策还有哪些优点？制裁的四年内开发了1000多种从未生产过的工业产品。还有一项重要举措，就是在2015年建立了自己的可脱离银行结算系统（SWIFT）而独立运行的银行间财务报告交换系统。

如果考察2013年俄联邦进口结构，则可以划分出三类主要商品：机械、设备和交通工具（1526亿美元）；化工产品（500亿美元）；粮食（430亿美元）。据估计，粮食方面的进口替代潜力在1.2万亿—1.5万亿卢布，农业和食品工业生产的持续增长还会使这种潜力加强。另一些消费行业潜力也不低。如果关注设备和国民经济中基础设施的损耗程度，投资性商品市场的意义也较大，其最低需求大约在

20万亿卢布（超过国内生产总值的25%），根据现有数据，这方面进口替代的规模可达到700亿—800亿美元（5万亿—6万亿卢布）。

这意味着，只靠国内的粮食、机械和设备生产替代进口能够保证近2—3年每年国内生产总值增长不低于5%，工业生产的增长每年可以达到6%—8%。值得一提的是，2017年工业增长为1.0%，2018年前8个月——3.1%，其中加工业2017年和2018年分别为0.2%和3.8%。

同时，这个成就是相对的、不充分的，因为其潜力不仅阻止了衰退，还保证了工业生产的增长。这种经济发展版本的障碍，首先是国家对进口替代定点支持的特点。在推行该政策的部门，都已取得成效。但是在内需紧缩、无法获得贷款的条件下国家不能大规模充分实施该政策，其成效大大降低。2017年进口大量增长，达到24%，持续到2018年，接近制裁前的进口水平，表明进口替代趋势逐渐衰减。

刺激经济增长的进口替代政策的能力并未丧失，但将其与经济迅猛发展的可能联系在一起是草率的。该政策本身不可能带有长期的性质。该政策完成了启动机制的作用，可将其视为逐步、渐进的新工业化总体规划的初始和组成环节。今后新工业化将依托积极的工业政策以提高产品竞争力。对进口替代的这种理解从本质上不同于对其传统狭义的理解，其主要工具是对国内市场和本国生产商实施大规模的关税保护。为成品生产商，尤其是科技含量高的产品生产商，坚持推行全面而高质量地改善宏观环境的方针，以及强化对生产发展的金融支持，都对进口替代政策取得成功具有特殊意义。更重要的是，要消除带有自由主义意识形态倾向的社会经济模式造成的体制上的局限性。

所有这一切决定了制定推行作为战略经济目标的俄罗斯经济新工业化的方针的必要性。这与克服全球经济不稳定性、恢复经济发展动力的观点不谋而合。西方主要国家因乌克兰事件对俄罗斯实施制裁，这促使俄罗斯在更大程度上加快经济新工业化转型。至于俄罗斯新工业化纲要本身，则在纲要里应该摒弃改革进程中消失的"旧"（传统行业）和取而代之的"新"（高科技生产）之间的对立。创新部门不应该靠排挤农业—工业经济的传统领域和生产而发展。从一开始就应该定位于技术创新，为传统领域提供高新科技，视原料领域为当前福祉的来源和未来新工业化的金融保障，强化原料领域的再加工行业。

多样化也是恢复将内需和外需有机结合起来的平衡经济所必须的，是经济稳定发展的必备条件。如果关注新工业化纲要实施的阶段性和长期性，则其最终目标是技术突破，这正是国家经济发展的优先战略。所以，新工业化最终应该转变为实现在全世界正方兴未艾的电子革命。问题在于，在尚未恢复先前破坏掉的工业经济条件下，在多大程度上能够立刻将这个战略目标定为当前政策的主要内容。在当前阶段，如果力图绕过第五次技术革命，忘记生产领域的衰退，飞跃到第六次技术革命，则意味着把政策建立在幻想和乌托邦计划之上。

克服现存的金融资本投机是实施新工业化方针过程中一个更重要、更复杂的任务。金融资本投机的扩大也同样波及俄罗斯。这意味着，为了实施俄罗斯经济新工业化改革方针以及接下来部署新工业革命，应该采取切实措施进行金融领域改革，使金融领域健康化。金融领域的调整应该在金融社会化纲要框架下实施。[①]

作为实施经济政策优先方向金融社会化的目标和优势何在？

社会化金融体系结构本身在通常意义上可以看作是建立国家对金融中介的有效监督和管理。其前提条件是形成进入市场的国家—社会金融体系，运用良好的工具、在充分考虑经济活动和既定目标的条件下，为以市场为基础的私人经济提供资源和服务。

以此清除投机、保障经济活动整体健康化，而实施该方案正成为全面实施国家新工业化纲要继而开展新工业革命的必要条件。依托金融社会化，国家能获得激活投资和创新领域的额外资源。这对从原料出口向高新技术经济转型有极其重要的意义。最后，实施金融社会化

---

① 关于金融社会化详见：Рязанов В. Т. Социализации финансов и беспроцентная экономика: варианты и альтернативы нового финансового порядка//Экономист. 2016. № 8. С. 3 – 23。

方案有更深更丰富的意义。实质上这里指的是创建混合型经济新模式，以取代金融资本主义新自由主义模式的主导地位。

因为形成社会化的（社会—国家的）金融部门，与其他国民经济部门的私营部门相互作用，这就是不同性质经济类型融合的扩展版。这种扩展版在历史上有各种样本，现在也有；只是由于新自由主义意识形态和经济实践，以明显紧缩的形式存在，其目标是建设双渠道体系，将储蓄变为投资。一个渠道是在普通市场制度下运行，挖掘商业银行和其他金融机构的贷款潜力，另一个渠道是在限制性市场制度下运行，保障为以出口替代和国民经济多样化为目标的这些国民经济优先发展项目提供优惠的金融支持。

对当代俄罗斯来说，在以高科技为基础的新工业变革中推动实施金融社会化纲要是重要的优先战略。这个纲要反映了俄罗斯对经济体系深刻变革客观成熟的需求，能够有效地对内部和外部的限制作出反应，战胜已经出现的经济衰退，保障经济发展稳定平衡增长，并有助于达成社会目标。

由此可见，推动实施新工业化方针能够将克服危机不良影响的计划与金融领域制度改革相结合。其前景表现在，以高新技术为基础开展再工业化，为新工业革命创造良好条件；新工业革命则为有效应对内部和外部限制、克服经济衰退、保障经济稳定平衡增长、达成社会目标提供机遇。

俄罗斯的社会政策

[俄] O. A. 德罗兹多夫[*]

陈爱茹 李亚龙 方琼 译

难以想象没有积极社会政策的现代国家。当然，社会政策的目的和内容，其机制和实施工具因国家而异。这是由政治精英认同的基本思想价值体系决定的。然而，通常政治家和社会学家所倡导社会政策的主要目的，是让人们过上体面的生活和人的自由发展，当代俄罗斯亦如是。

如果我们从对体面生活的最简单理解（物质生活水平的不断提高）出发，并对当代俄罗斯社会政策的有效性进行评估的话，则不久前俄罗斯联邦审计院院长 A. Л. 库德林在国家杜马全体会议上就"关于执行 2017 年联邦预算第 514334-7 号联邦法律草案"的问题提交的数据，可以很好地证明上述结论。按照 A. Л. 库德林的说法，过去 4 年，本国的生活水平——居民实际收入减少 11%。而 2017 年这些收入降低到国内生产总值的 1.7%。1930 万人（占俄罗斯人口的 13.2%）的收入低于最低生活保障。[①] 显然俄罗斯目前推行的社会政策未必能够获得积极评价。

可以理解，俄罗斯居民物质福利增长的停滞，特别是公民生活水

---

[*] O. A. 德罗兹多夫，圣彼得堡国立大学经济理论教研室副教授，经济学副博士。

[①] 参见俄罗斯联邦审计院院长 A. Л. 库德林在国家杜马全体会议上就"关于执行 2017 年联邦预算第 514334-7 号联邦法律草案"问题的讲话。URL: http://www.ach.gov.ru/structure/kudrin-aleksey-leonidovich/speeches/34590（访问日期：2018 年 9 月 28 日）。

平的下降，其原因是多方面的。但是，在我们看来，构成俄罗斯联邦支离破碎的社会政策基础中的那些概念性绝对命令，是造成上述情况的关键性原因。在这些绝对命令之中，首先是把体面的生活（生活质量）等同于物质福利。考虑到这一点，负责制定和实施俄罗斯社会政策的人认为，保留国家社会制度的社会经济形式并实施一揽子国家项目，能够改善国家的经济结构。后者将为可持续经济增长创造条件，并根据"渗透原则"①，居民生活质量将提高到（与起始条件相比）更高的水平。换言之，社会政策机制形成的理论基础之一，是关于将经济增长作为增加物质福利、提高经济效益、满足不断增长的需求并进而提高国家居民生活质量的主要因素和手段的思想。同时实施国家项目并将社会服务部门商业化（根据公私合营原则发展），将大力促进有效地提供这些服务，并减轻国家的财政负担。与此同时，对居民提供有选择的（有针对性的）社会支持，将保护社会中最不富裕和最脆弱的社会阶层。最后，人力资本理论也被纳入社会政策的理论基础。根据这一理论，正是人力资本是经济增长的关键因素，而对这个资本的投入是收入再分配的决定性工具（收入的"大平衡器"）。

值得指出的是，在经济理论以及经济实践中，对"人口福利"和"居民生活质量"的理解远不一致，现在依然存在着争议。与此同时，把居民生活质量和福利宣布为相同的概念，而把物质福利的定量指标（人均国内生产总值、实际可支配收入等）作为其主要衡量标准的做法已经完全过时。考虑到各种观点的所有细微差别，生活质量今天已被理解为对那些能够增加个人潜能实现机遇的人的福利、自由、社会和精神发展的全面界定。相应地，居民生活质量水平由一系列定量和定性的，包括非经济指标（工作，人的能力的发挥，家庭生活，日常生活和健康的保持，没有劳动能力的社会成员的生活，休闲，环境，等等）确定。

---

① 根据该原则，促进经济增长导致国民收入水平加速增长，并且由于就业人数增加和实际工资水平的提高，收入增长将"渗透"到社会的贫困阶层。

不仅在现代科学中,而且在经济实践中,人类发展观获得越来越广泛的承认——正是这一概念曾经成为千年发展目标的理论基础,而现在依然是可持续发展领域(全球所有重要发展机构和联合国全体成员国实施的纲要)目标的理论基础。根据人类发展观的概念,社会进步并不体现在物质财富的增长上,而是体现在人类的发展方面;收入只是人类潜能形成、发展和实现的条件之一。人类发展观的支持者,特别是 A. 季通①,认为"福利"不仅仅是人们自有的物质福利(收入和财产状况)。福利也体现在民主和法治至上条件下,人们的健康、幸福、受教育程度和积极参与公民社会生活的状况方面。目前仍被认为是社会经济发展和转型的最高目标和有效性标准。

正因如此,根据人类发展观中制定②并被联合国开发计划署完全采纳的"人类发展指标",对于描述人们生活质量具有特殊意义。这些指标对居民的生活质量水平进行综合性评估,允许进行跨国比较,并相应地将其用于完善社会政策。在所有这些指标中,占主要地位的是"人类发展指数",即确定一个国家在人的潜能发展领域的三个主要方向:健康长寿、知识掌握(受教育)和体面生活标准等状况平均发展水平的综合指数。值得指出的是,2017 年俄罗斯在"人类发展指数"方面排在第 49 位,继克罗地亚、阿根廷和阿曼之后。③

正如我们对此所理解的那样,俄罗斯战略预测重要文件——《2020 年前俄罗斯联邦长期社会经济发展纲要》(2017 年版本,以下简称"纲要"),反映出俄罗斯政治领导层对物质福利和人民生活质量水平的看法。乍一看,"纲要"的制定者(相应地也是它的批准者)完全赞同人类发展观的主要论点:该文件的大部分内容在术语上

---

① Дитон А. Великий побег: Здоровье, богатство и истоки неравенства. М. , 2016. С. 41. (A. 季通:《大逃亡:健康、财富和不平等的根源》,莫斯科 2016 年版,第 41 页。)

② Human Development Indices and Indicators: 2018 Statistical Update. URL: http: //hdr. undp. org/sites/default/files/2018_ human_ development_ statistical_ update. pdf(访问日期:2018 年 9 月 28 日)。

③ Human Development Indices and Indicators: 2018 Statistical Update… С. 22.

与人类发展观的术语接近（文中有一篇关于人类潜能发展的内容足以说明问题），其反映重要社会指标的既定目标，在许多情况下与联合国开发计划署使用的指标一致。同时，在我们看来，在"纲要"中采纳的术语，忽略了关于生活质量现代概念的本质本身。如果联合国开发计划署在认定一个国家居民生活质量水平时，使用了一整套人类发展指数的话（其中"人类发展指数"占据特殊地位），那么，在2017年的"纲要"中，如同在2008年的那样，以购买力平价计算的应该增长的人均国内生产总值，是生活水平的综合性指标，"从2007年的13900美元（经济合作与发展组织成员国平均水平的42%），到2020年超过3万美元（70%）。"① 我们认为，作为衡量现代福利标准达到程度的优先的、主要而具体指标的收入水平的提高，首先反映出对20世纪末生活质量的认识。此外，这种观点清楚地表明，在俄罗斯政治精英的理论概念与现代人类发展观之间存在着的分歧。在形成人类发展指数时的确利用了"以购买力平价计算的人均国内生产总值"的指标，但它在这里并不是关键和首要的。而且，在"以购买力平价计算的人均国内生产总值"的指标和人类发展观的人类发展指数之间有着原则性的区别。"然而，重要的是要认识到"，——人类发展观创始人之一 K. 格里芬指出，——"人类潜力发展指数和人均国民生产总值的衡量标准完全不同。人均国民生产总值是衡量福利、现实或者经济福利的指标，而人类潜能发展指数——这是衡量人类能力水平的一种尝试。福利和能力——这完全是不同的概念。"②

在"纲要"中，"以购买力平价计算的人均国内生产总值"被解

---

① 《2020年俄罗斯联邦社会经济发展纲要》，俄罗斯联邦政府2008年11月17日第1662号令（2017年2月10日）。URL：http://www.consultant.ru/document/cons_doc_LAW_82134/03fc0043126b22d847e3bcb454b9ad14bcf61eff（访问日期：2018年9月29日）。

② Человеческое развитие: новое измерение социально-экономического прогресса: учеб. пособие/Под общ. ред. проф. В. П. Колесова (экономический факультет МГУ), 2-е изд., дополн. и перераб. М.: Права человека, 2008. С. 27 – 28. (В. П. 科列索夫（莫斯科国立大学经济系教授）主编：《人类的发展：社会经济进步的新衡量标准（教学参考书）》，第2版，莫斯科人权出版社2008年版，第27—28页)

释为一国的物质福利、居民物质福利的指标，而在人类发展观中，对"以购买力平价计算的人均国内生产总值"给出了不同的解释——它只是人的经济机会扩大的指数，而且这种经济机会并不总能够得到实现。事实上，国家财富的增长并不会同等地反映在所有社会成员的福利上，首先这是因为收入、财富和资源的分配不均。"以购买力平价计算的人均国内生产总值"掩盖了在收入、资源和财富分配以及消费方面的不平衡，从而隐藏了在人们实现自己潜能方面的种种限制（这些限制往往会加剧）。而最重要的是，在人类发展观中，社会和经济变革应该确保机会的扩大，使每个人都有机会发挥自己的潜能，实现过上长寿、健康和创造性生活的愿望，获得和增强知识以及体面生活所需的资源，实现自己的权利和自由——这正是人类发展和提高人类生活质量的实质所在。与此同时，甚至在"以购买力平价计算的人均国内生产总值"增加的情况下，由于在居民点没有落户（或因为无法获得住房），人们也可能无法获得高薪工作；甚至在拥有财务资源的情况下，由于社会中存在的诸多行政限制，人们也有可能无法开创自己的事业；由于社会中存在着性别歧视，妇女不能总是从事某些种类的工作并获得与男人类似的收入。年轻人甚至在"以购买力平价计算的人均国内生产总值"增长的情况下，由于无法获得所必需的医疗服务而活不到40岁。另外，即使在"以购买力平价计算的人均国内生产总值"不高的情况下，也可能为社会绝大多数成员发展以及成功实现自己的潜能创造条件。正是这一点在联合国开发计划署对人类发展指标的综合概括中在一定程度上得到考虑和反映。

我们认为，人类发展指标虽然不无瑕疵，远非完美（我们知道它们的缺陷，但我们并不倾向于将这些指标理想化），但与"以购买力平价计算的人均国内生产总值"及其伴生指数相比，却能在更大程度上反映出国家居民生活质量的实际水平。以上所述内容引出一个关于达到基于已经过时的居民福利和生活质量概念的既定目标的居民生活质量标准的可能性问题，对于这个问题未必能够给出肯定性的答案。正因为如此，在我们看来，应该对俄罗斯社会政策的既定目标作出相应修改。

当代俄罗斯的社会政策就其本性来说,无法保证大幅提高广大居民的生活质量,因为它不断地再现高水平的贫困,并加剧收入的不平等。例如,根据官方统计数据,2010年上半年俄罗斯居民总人口的13.6%(即每七个人中就有一人)货币收入低于最低生活保障水平。2018年上半年俄罗斯联邦人口总数的13.6%(即2000万人!),货币收入低于最低生活保障水平。[1] 在工作的人们之中,贫困人口的数量没有明显减少(参见表1)。表1直观地展现出2013—2016年工作人口的贫困程度:工作的穷人人口比例一直超过30%。[2]

表1　　　　　　按照经济活跃度划分贫困人口数量

(根据对人口收入和参与社会规划情况进行抽样观察的结果;百分比)

	2013年	2014年	2015年	2016年	供参考:2016年所有被调查人口
所有贫困人口	100	100	100	100	100
其中:					
工作人口	32.0	32.4	33.6	31.9	54.6
其中工作的退休人员	0.7	1.0	1.0	1.0	10.4
未工作人口	33.4	32.0	29.8	30.7	27.2
其中:					
未工作的退休人员	8.7	8.0	8.9	9.2	18.4
未工作的其他类别的人口	24.7	24.0	20.9	21.5	8.9

资料来源:按照经济活跃度划分贫困人口数量。

URL: http://www.gks.ru/free_doc/new_site/population/bednost/tabl/2-12.doc(访问日期:2018年9月29日)。

---

[1] URL: http://www.gks.ru/bgd/free/B04_03/IssWWW.exe/Stg/d01/182.htm(访问日期:2018年9月28日)。

[2] 工作的穷人——这是一个有代表性的社会问题,不仅仅对俄罗斯而言。例如,2012年欧盟工作的穷人涉及9.1%的劳动年龄人口[Чубарова Т. В. Политэкономическое введение в социальную политику. -М. Институт экономики РАН, 2015. с. 38. (Т. В. 丘巴罗娃:《社会政策政治经济学导言》,莫斯科俄罗斯科学院经济学研究所2015年版,第38页。)]然而,在俄罗斯,这个问题尤其严重。

而这些都是官方的统计资料,严重地低估了俄罗斯贫困化的真实程度,是在明显过时的贫困化的理论概念——绝对贫困化的概念基础上统计出的。这一理论还是在19世纪时就已明确形成,并在20世纪上半叶的经济科学和社会政策中占主导地位。根据这一理论,绝对贫困表现在一个人无法获得现金收入用于满足食物、衣服和住房的基本生活需求。其收入低于官方规定的某种最低限度(贫困线)的人,被视为绝对贫困的人。后者是根据最基本的人类需求清单(最低生活保障)和满足这些需求所需的资源数量确定的。在当代俄罗斯(如同前苏联的加盟共和国和第三世界国家),实际上采用的是绝对贫困理论众多版本中的一种(即基本需求成本法),贫困线(界限)是由最低生活保障数值决定的。

相对贫困理论是一种更现实的评估人口贫困程度的方法,尽管它不是最现代的。在这个理论中,如果家庭单位(个人或者家庭)可支配收入无法使其在所生活的社会中获得应有的生活方式和生活水平,则被视为贫困家庭。在实践中相对贫困理论的实施体现在:在确定贫困线时,使用人均可支配收入平均数或中位数的某种比例。在绝大多数发达国家,国家贫困线是相对的,而不是绝对的。包括在欧盟国家里,贫困门槛被确定在各国平均收入水平的60%。如果采用相对贫困理论,当代俄罗斯的贫困人口数量显然会成倍增加。

在现代理论中,贫困被解释为一种多因素现象,其特征不仅是个人收入水平,而且也是许多非经济指标的总和(首先是对在医疗帮助、获得教育和自由流动等方面的各种剥夺、限制和无法获得等进行评价的指标)。这就是分析贫困的所谓"推导方法"。自20世纪70年代开始,由于荷兰莱顿大学研究人员的努力,这种方法得到积极发展,目前联合国也正在积极倡导这一方法。联合国秘书长在联合国大会第61届会议上的报告中指出:"贫困不仅仅是缺乏收入,同时还是缺乏医疗服务、教育、政治参与、体面工作和安全。所有这些因素都是相互关联的,它们要求采取综合方法来确保减少贫困人口的努力更加有效。"① 现代解释贫困的一个特点（与"推导方法"早期版本不同），贫困在这里意味着，缺乏满足包括年龄、健康、教育等在内的人的首要需求的可能性。俄罗斯统计局在实验基础上使用"推导方法"估算贫困，导致俄罗斯国民经济和公共管理学院社会分析和预测研究所的专家得出如下结论：在 2018 年上半年里，俄罗斯的贫困水平约为 24.8%—25.2%（约 3600 万人）。②

考虑到上述情况，我们怀疑我国目前执行的社会政策，是否能够将俄罗斯联邦的贫困程度降低一半，就像俄罗斯联邦总统令关于"俄罗斯联邦 2024 年国家发展目标和战略任务"所规定的那样。

在当代俄罗斯，与人口持续贫困并存的，是收入的极度不平等：2017 年资金的十等分系数为 15.3 倍，基尼系数为 0.410。俄罗斯 20% 的人口将货币收入总量的 46.8% 集中在自己手中。③

因此，俄罗斯的社会政策，不是为了提高人们的生活质量水平，而是为不断再现高度贫困化创造条件，同时也没有缩小人口收入的差距。然而，学者和政治家哪怕是建立更公平的税收制度（使用累进税制）的建议，也被国家执政当局以各种理由拒绝。而 2002—2006 年间在拉丁美洲进行考察的结果表明，即使通过累进税收进行的小额收入再分配与有针对性的社会计划相结合，较之与"长期而稳定的经济增长相比，由于该地区大多数国家收入分配和福利极不平均的特点"④，这也在较大程度上降低了人口的贫困水平。

---

① 《国际社会消灭贫困的斗争：联合国秘书长在联合国大会第 61 届会议上的报告》，2006 年 9 月 5 日，第 7 页。URL：http://www.un.org/ru/documents/ods.asp? m = A/61/308（访问日期：2018 年 9 月 29 日）。

② 《俄罗斯的贫困化：数千万人处于贫困线下》。URL：https://www.gazeta.ru/business/2018/05/09/11745109.shtml? updated（访问日期：2018 年 9 月 30 日）。

③ URL：http://www.gks.ru/wps/wcm/connect/rosstat_main/rosstat/ru/statistics/population/level/#（访问日期：2018 年 9 月 30 日）。

④ 消除一代人生活中的差距。通过影响健康的社会决定因素遵守医疗保健公平原则：世界卫生组织健康问题社会决定因素委员会的最终报告。URL：http://http://apps.who.int/iris/bitstream/handle/10665/43943/9789244563700 _ rus.pdf; jsessionid = D62D3FF61CCF9452E47749B9444BB939? sequence = 5（访问日期：2018 年 9 月 30 日）。

在我们看来，我国在执行社会政策时依据人力资本理论是有害的。需要指出的是，由于芝加哥新兴古典主义思想学派的主要代表——西奥多·舒尔茨、加里·斯坦利·贝克尔、伯顿·A.魏斯布罗德、雅各布·明塞尔和爱德华·丹尼森等人的努力，人力资本理论已经变成一种科学学说。相应地，这种理论的狭隘经济学方法，是建立在芝加哥新古典主义学派的方法论上，其构成如下：个人主义方法论、经济主体行为的合理性和最大化、经济活动参与者的偏好和偏好的稳定性等。加里·斯坦利·贝克尔认为："将关于行为最大化、市场均衡和偏好稳定性的假设连成一体，并坚定不移地贯彻执行，就构成了我理解的经济方法的核心……如果我的推理正确，那么，经济方法将提供一个理解人类行为的完整方案……"①

由于人力资本理论的存在，自20世纪60年代起在经济学中，人力资本的观点作为社会主要价值观得以确立：正是人力资本被认为是经济增长的主要因素，是经济进步和社会财富增加的决定性原因。与此同时，在人力资本理论中，人是一个无疑能使收入最大化的经济主体。然而，甚至以忠实市场原教旨主义而闻名于世的世界银行都承认，"实验获得的数据表明，许多人（尽管不是全部）的行为符合对社会公平关心的原则——除了关心自身的利益之外"②，而且在人力资本理论中，人是富有灵魂的生产工具，随时可能因雇主的苛求被替换；它是最初由家庭创建的专用于生产活动以创造收入的工具。在这个理论中，人即使是一个决定性的经济资源，但它也只是一种手段，而不是社会经济发展的目标。在所研究的理论中，只有在进行生产性劳动工作时，或者还有潜能可以参加生产性活动时，人才可能具有某种价值。相应地，人力资本理论并不关注由于某些情况成为无劳动能力的那部

---

① 加里·斯坦利·贝克尔：《经济分析与人类行为：经济和社会制度理论与历史》，1993年版，第1卷，第1册，第27、38页。
② 《和平发展报告：社会的公平与发展（概述）》，世界银行2006年，第7页。URL: http://www.un.org/ru/development/surveys/docs/worlddev2006.pdf（访问日期：2018年9月29日）。

分人口（而由于全球性的客观趋势，这部分人口在不断地增加）。

人力资本理论推崇的对人的态度，从根本上与正在积蓄力量的人类中心主义流派不同，在这种流派中，人同时是社会经济发展的创造力量，也是这一发展的主要受益者和消费者。在这种情况下（已经被人类发展观以及支持在经济学理论中引入生态—社会—人道领域内容的国内支持者们的论证），对大多数人来说，具有决定性意义的完全不是物质利益。长寿、健康和创造性的生活、与其他人及其集体和谐共处、社会包容度和社会公正、权利和机会的扩大、参与为子孙后代保护环境的活动——所有这些对大多数人来说具有永恒的价值。

我们注意到人力资本理论的另一个非常重要的特点。根据这一理论的主流学派，工资和收入差异从根本上讲是市场经济的一个典型特征。这种差异受到对人力资本不同投资水平的制约。对人力资本的投资可以提高劳动生产率，进而使收入增加。相应地，对人力资本（首先是教育和卫生保健）的投资，是重新分配甚至平衡收入差距的决定性工具。也许正是从通过经济实践成功检验的人力资本理论的这一概念性立场出发，俄罗斯的政治领导层不倾向于对现存的收入、财富和资源分配状况做重大改变，而是考虑为教育和卫生保健领域完善融资。这一点尤为重要，因为在当代俄罗斯，这些领域的投资处于相当低的水平（在此我们甚至不考虑这些支出的结构和效益）。例如，俄罗斯的教育投资仅占国内生产总值的4%，而经济合作与发展组织国家的这种投资平均为5.3%。俄罗斯联邦教育服务费用占国家预算总额的10.4%，而巴西是17.2%，墨西哥是18.4%，经济合作与发展组织国家平均为11.6%。2013年俄罗斯的医疗保健支出仅占国内生产总值的3.2%，远低于经济合作与发展组织国家的平均水平（6.5%）。[1]

---

[1] 《俄罗斯联邦：俄罗斯联邦经济的综合诊断研究：实现全面经济增长的途径》，世界银行2016年，第10、133页。URL：http://pubdocs.worldbank.org/en/235471484167009780/Dec27-SCD-paper-rus.pdf（访问日期：2018年9月28日）。

坚持完善对教育和卫生保健的投资，甚至在一定程度上增加这些支出（对此我们完全赞同），社会政策领导人回避所有其他大量的经济和社会不平等和被剥夺现象，而除了收入分配不平等之外，这些现象在当代俄罗斯也尤其普遍。首先，我们谈论的是机会的不平等，表现在获得学前教育、医疗服务、经济资源、性别不平等、学校社会分阶层和移民机会不平等等方面。显然这些或其他机会的不平等，往往是俄罗斯联邦公民全面发展和实现其潜能的不可逾越的障碍。也不能不注意到体现在财富集中程度上的财产不平等。在当代俄罗斯已经建立并维持着极不公平的财富分配制度。根据世界银行数据，俄罗斯联邦1%的人口拥有该国总财富的66.2%。[1] 遗憾的是，社会政策并没有提供减少俄罗斯日益扩大的不平等的方法。

我们特别注意到，人力资本投资本身并不是收入的"大平衡器"，这早已经被人力资本理论的评论家们（激进经济学家等）论证。

此外，仅仅增加人力资本发展的支出并不能解决其实现的问题。问题在于这种资本只有在一个有利于人们能够从事生产性劳动并享受长久、健康和创造性生活这一特定环境中才能充分体现出来。表2列举的数据证明，俄罗斯联邦不具备这些条件，创造这些条件的前景也不明朗。正如我们看到的那样，从2005年到2016年，拥有最高质量的人力资本（受过高等教育的失业人员）的失业人数大幅度增长，达到86.8万人。

在实行社会政策时，国家领导层的薄弱点在于以经济增长为目标，并将其作为与贫困做斗争和提高本国人民福利的主要因素（在"纲要"里已经反映出这些观点）。"居民实际收入的提高，首先将通过国家经济稳步快速发展和公民劳动收入同时提高来保证……公民的实际收入稳步增长，将首先通过在保持低通胀率条件下经济的稳步增

---

[1] 《俄罗斯联邦：俄罗斯联邦经济的综合诊断研究：实现全面经济增长的途径》，世界银行2016年，第42页。URL：http：//pubdocs. worldbank. org/en/235471484167009780/Dec27-SCD-paper-rus. pdf（访问日期：2018年9月28日）。

长来保证",《2024 年俄罗斯联邦政府的主要工作方向》中公布了这些内容。①

表2 按照受教育程度划分的失业人员的人数（千人）

	总人数	其中受过教育的					
		高等教育	中等专业教育		普通中等教育	普通基础教育	未受过普通基础教育
			根据中级专家的培训计划	根据技术工人（员工）的培训计划			
失业人员-总数							
2005 年	5242	686	1020	977	1751	744	64
2010 年	5544	834	1152	1154	1799	547	58
2014 年	3889	709	765	786	1223	372	35
2015 年	4264	839	885	859	1257	385	40
2016 年	4243	868	870	846	1266	368	27

资料来源：按照受教育程度划分的失业人员的人数。URL：http：//www.gks.ru/bgd/regl/b17_36/IssWWW.exe/Stg/01-63.doc（获取日期：2018 年 9 月 29 日）。

事实上，经济增长远远不能同步影响到社会成员的福利（主要是由于收入、财富和资源的分配不均）。研究表明，自 20 世纪 80 年代起，在经济增长条件下，在包括许多工业发达国家在内的绝大多数国家中，收入的不平等已经开始加剧（例如，2005 年前芬兰、英国和北爱尔兰的基尼系数增长超过 10 个百分点）。② 在俄罗斯联邦 21 世纪的第一个十年里，经济增长也伴随着人口收入差距的扩大。

---

① 《2024 年俄罗斯联邦政府的主要工作方向》。URL：http：//static.government.ru/media/files/ne0vGNJUk9SQjlGNNsXlX2d2CpCho9qS.pdf（访问日期：2018 年 9 月 30 日）。
② 《世界社会状况报告（2005 年）》，联合国大会第 60 届会议，2005 年 7 月 13 日。URL：http：//daccess-dds-ny.un.org/doc/UNDOC/GEN/N05/418/75/PDF/N0541875.pdf？OpenElement（访问日期：2018 年 9 月 29 日）。

表3　　　　　　　　　　人口现金总收入的分配

	2000年	2001年	2002年	2003年	2004年	2005年	2006年	2007年	2008年
现金收入-总数，百分比	100	100	100	100	100	100	100	100	100
包括按照20%的人口群体									
第一类（收入最少）	5.9	5.7	5.7	5.5	5.4	5.4	5.3	5.1	5.1
第二类	10.4	10.4	10.4	10.3	10.1	10.1	9.9	9.8	9.8
第三类	15.1	15.4	15.4	15.3	15.1	15.1	15.0	14.8	14.8
第四类	21.9	22.8	22.7	22.7	22.7	22.7	22.6	22.5	22.5
第五类（收入最高）	46.7	45.7	45.8	46.2	46.7	46.7	47.2	47.8	47.8
十等分资金比率（收入差异系数），倍数	13.9	13.9	14.0	14.5	15.2	15.2	15.9	16.7	16.6
基尼系数（收入集中指数）	0.395	0.397	0.397	0.403	0.409	0.409	0.415	0.422	0.421

资料来源：http://www.gks.ru/free_doc/new_site/population/urov/urov_32g.htm（访问日期：2018年9月30日）

正如表3所示，2000—2008年俄罗斯的资金比率从13.9倍相应增加到16.6倍，基尼系数从0.395增加到0.421。这种经济增长（伴随着不平等问题加剧的增长）被一些人类发展观的支持者解释为"无情"的增长。此外，根据一些估算，"减少一美元的贫困，需要增加166美元的生产和消费，同时对环境产生的所有后果，都会对最贫穷的人产生最不利的影响"[1]。

俄罗斯联邦领导层也承认，经济增长不仅不会自动导致贫困的消除，而且还有可能伴随收入不平等的加深，乃至于社会的动荡。但

---

[1] 《消除一代人生活中的差距。通过影响健康的社会决定因素遵守医疗保健公平原则：世界卫生组织健康问题社会决定因素委员会的最终报告。》URL：http://http://apps.who.int/iris/bitstream/handle/10665/43943/9789244563700_rus.pdf;jsessionid=D62D3FF61CCF9452E47749B9444BB939?sequence=5。访问日期：2018年9月30日。

是，为了减少贫困和缩小人口收入差距，我们认为首先应该确保采取以下措施：提高预算单位雇员的最低工资和工资水平，提高养老金的平均数额（提高到能够保证再生产的消费预算的最低水平）；提高对个别人口群体的社会支持效率（通过改进地区社会援助方案的目标，完善检测公民对其需求的程度，即通过减少、限制这种援助接受者的范围和人数），引入现代技术提供援助；运用税收减免来平衡收入水平，引入由市场价值确定的房地产税。[①]上述逻辑是"渗透"经济增长理论逻辑，根据该理论，在没有相应制度变化及其他变化的情况下，经济增长本身就足以使增长的结果最终"渗透"给最贫困的人口。

经济增长是提高人口福利必要但不是充分条件（因素）的观点，在人类发展观中得到论证。在对其成员之间分配经济增长利益不够重视的社会里，贫困水平不会有很大程度的变化。在人类发展观中，提高人口生活质量和福利的必要条件是改善收入（首先以累进税为基础）、所积累的财富和资源的分配状况；减少在获得生产资源、基本社会服务、机会、市场和信息方面的差距；修正并补充旨在消除现有不公平和差异的措施。有针对性地创造这类条件，使得即使收入水平相对较低的国家也能提高人口的生活质量。反之，在经济高速增长的情况下，由于在居民点没有落户（或因为无法获得住房），人们也可能无法获得高薪工作；甚至在拥有财务资源的情况下，由于社会中存在的诸多行政限制和腐败，人们也可能无法开创自己的事业；由于社会中存在着性别歧视，妇女不能总是从事某些种类的工作或者获得与男人相同的收入。但是，甚至在"以购买力平价计算的人均国内生产总值"相对较低的情况下，也可能为社会绝大多数成员发展和顺利实现自己的潜能（过上长寿、健康和创造性生活，获得和增强知识，以

---

① 《2020年俄罗斯联邦社会经济发展纲要》，俄罗斯联邦政府2008年11月17日第1662号令（2017年2月10日）。URL：http：//www.consultant.ru/document/cons_doc_LAW_82134/03fc0043126b22d847e3bcb454b9ad14bcf61eff（访问日期：2018年9月29日）。

及体面生活所需的资源,实现自己的权利和自由)创造条件(首先,缩小人口在收入、财富和资源分配方面的差距,消除对具体国家而言典型的多重限制和剥夺等)。遗憾的是,俄罗斯联邦的最新社会政策并没有考虑到这些方面。

俄罗斯联邦的社会政策也没有考虑俄罗斯劳动市场不发达以及国内缺乏终身职业教育和终身再培训制度[1]、现存的社会和经济不平等与全球性排挤劳动力现象,等等,对该政策的社会结果产生扭曲效应。因此,正如我们认为的那样,在创造高效率工作岗位的同时,不进行相应的社会、政治和制度改革与实践,并不一定就能够扩大就业:极其可能的是技术性失业的增加。总的来说,就业在今天已经不再被视为经济增长的简单衍生物。[2] 众所周知,消除经济技术现代化对就业的负面影响的决定性条件,首先是劳动力市场积极、有目的和全面的相关政策,其次是劳动力市场的发达程度,最后是不断地消灭限制就业的体制障碍。遗憾的是,据我们所知,甚至旨在创造第一个条件的措施,"纲要"都没有作出规定。

另外,基于技术变革但社会导向不足的经济增长(实际上也是粗放型经济增长)无法保证俄罗斯联邦每一位公民收入的增长。引入新技术在劳动力市场产生的净效应,表现在一方面对低技能人才的需求正在减少,而另一方面对高技能工人的需求正在增长。其结果是,低技能工人和高技能工人之间的收入的极化程度加深。这正是20世纪80年代以来经济发达国家所发生的情况。[3] 此外,技术革命导致劳资双方之间经济不平等的加剧。在《2015年人类发展报告》中指出:"科技革命伴随着不平等的加剧。员工收入占总收入的份额越来越小。

---

[1] Das D. Continuous Learning For Growth//Human Capital. 2017, Vol. 20 Issue 8. pp. 38 – 40。

[2] Human Development Report 2015: Work for Human Development. Published for the United Nations Development Programme (UNDP). New York, NY 10017, 2015. URL: http://hdr.undp.org/sites/default/files/2015_ human_ development_ report_ 0. pdf(访问日期:2018年9月30日)。

[3] 《世界社会状况报告(2005年)》,联合国大会第60届会议,2005年7月13日,第57—59页。URL: http://daccess-dds-ny.un.org/doc/UNDOC/GEN/N05/418/75/PDF/N0541875.pdf? OpenElement(访问日期:2018年9月29日)。

甚至受过更高级教育和职业培训的人员，即便他们能进行高效率的工作，但是，也可能无法获得与其劳动相称的报酬。"[1]

因此，我们认为，俄罗斯联邦的社会政策不符合现代科学和先进经济实践的成就。社会政策最终应该成为在社会领域取得积极成果的活动（缩小机会、收入和财富不平等的规模、消除贫困，等等）。人类发展观或成为俄罗斯联邦社会政策的理论基础，其中确保以社会可持续发展为导向的方法，已经被证实并在很大程度上得到检验。

参考文献

1. 俄罗斯的贫困化：数千万人处于贫困线下。URL：https：//www.gazeta.ru/business/2018/05/09/11745109.shtml? updated（访问日期：2018 年 9 月 30 日）。

2. 加里·斯坦利·贝克尔：《经济分析与人类行为：经济和社会制度理论与历史》，1993 年版，第 1 卷，第 1 册。

3. 俄罗斯联邦审计总署主席 А.Л. 库德林在国家杜马全体会议上就"关于执行 2017 年联邦预算第 514334-7 号联邦法律草案"问题的讲话。URL：http：//www.ach.gov.ru/structure/kudrin-aleksey-leonidovich/speeches/34590（访问日期：2018 年 9 月 28 日）。

4. А. 季通：《大逃亡：健康、财富和不平等的根源》，莫斯科 2016 年版。

5.《世界发展报告（2006 年）：社会的公平与发展》，世界银行，第 7 页。URL：http：//www.un.org/ru/development/surveys/docs/worlddev2006.pdf（访问日期：2018 年 9 月 29 日）。

6.《世界社会状况报告（2005 年）》，联合国大会第 60 届会议，2005 年 7 月 13 日。URL：http：//daccess-dds-ny.un.org/doc/UNDOC/GEN/N05/418/75/PDF/N0541875.pdf? OpenElement（访问日期：2018 年 9 月 29 日）。

7.《2020 年俄罗斯联邦社会经济发展纲要：俄罗斯联邦政府 2008 年 11 月 17 日第 1662 号令》（2017 年 2 月 10 日）。URL：http：//www.consultant.ru/document/cons_doc_LAW_82134/03fc0043126b22d847e3bcb454b9ad14bcf61eff（访问日期：2018 年 9

---

[1] Human Development Report 2015：Work for Human Development. Published for the United Nations Development Programme（UNDP）. New York, NY 10017, 2015. URL：http：//hdr.undp.org/sites/default/files/2015_human_development_report_0.pdf. pp.10-11.（访问日期：2018 年 9 月 30 日）。

月29日。

8.《消除一代人的生活差距。通过解决健康的社会决定因素遵守医疗保健公平原则：世界卫生组织健康问题社会决定因素委员会的最终报告》。URL：http://http：//apps.who.int/iris/bitstream/handle/10665/43943/9789244563700_rus.pdf；jsessionid＝D62D3FF61CCF9452E47749B9444BB939？sequence＝5。访问日期：2018年9月30日。

9.《2024年俄罗斯联邦政府主要工作方向》。URL：http://static.government.ru/media/files/ne0vGNJUk9SQjlGNNsXlX2d2CpCho9qS.pdf（访问日期：2018年9月30日）。

10.《国际社会消灭贫困的斗争：联合国秘书长在联合国大会第61届会议上的报告》，2006年9月5日。URL：http://www.un.org/ru/documents/ods.asp？m＝A/61/308（访问日期：2018年9月29日）。

11. 资料来源：按照经济活跃性划分贫困人口数量。URL：http://www.gks.ru/free_doc/new_site/population/bednost/tabl/2-12.doc（访问日期：2018年9月29日）。

12.《俄罗斯联邦—俄罗斯联邦经济的综合诊断研究：实现全面经济增长的途径》，世界银行，2016年。URL：http://pubdocs.worldbank.org/en/235471484167009780/Dec27-SCD-paper-rus.pdf（访问日期：2018年9月28日）。

13. В. П. 科列索夫（莫斯科国立大学经济系教授）主编：《人类的发展：社会经济进步的新衡量标准（教学参考书）》第2版，莫斯科人权出版社2008年版。

14. 按照受教育程度划分的失业人员的人数。URL：http://www.gks.ru/bgd/regl/b17_36/IssWWW.exe/Stg/01-63.doc（获取日期：2018年9月29日）。

15. Т. В. 丘巴罗娃：《社会政策的政治经济学导言》莫斯科，俄罗斯科学院经济研究所2015年版。

16. Das D. Continuous Learning For Growth//Human Capital. 2017, Vol. 20 Issue 8. http://www.gks.ru/free_doc/new_site/population/urov/urov_32g.htm（访问日期：2018年9月30日）。

17. Human Development Indices and Indicators：2018 Statistical Update. URL：http://hdr.undp.org/sites/default/files/2018_human_development_statistical_update.pdf（访问日期：2018年9月28日）。

18. Human Development Report 2015：Work for Human Development. http://hdr.undp.org/en/content/human-development-report-2015-work-human-development.

19. Human Development Report 2015：Work for Human Development. Published for the United Nations Development Programme （UNDP）. New York，NY 10017，2015. URL：http：//hdr. undp. org/sites/default/files/2015_human_development_report_0. pdf（访问日期：2018 年 9 月 30 日）。

20. URL：http：//www. gks. ru/bgd/free/B04_03/IssWWW. exe/Stg/d01/182. htm（访问日期：2018 年 9 月 28 日）。

21. URL：http：//www. gks. ru/wps/wcm/connect/rosstat_main/rosstat/ru/statistics/population/level/#（访问日期：2018 年 9 月 30 日）。

俄罗斯产业政策对工业结构和经济增长的影响
——去工业化作为俄罗斯转型过程的后果

[俄] A. H. 利亚金[*]

陈爱茹　李亚龙　方琼　译

俄罗斯的经济结构在20世纪90年代转型过程中经历了根本性的变化。使用"休克疗法"作为从指令性计划经济向资本主义经济过渡的模式，导致了经营管理条件的急剧改变、现有合作关系的崩溃和从生产到消费者的商品流通体系的变化。向自由定价的过渡、对外开放国内市场和由于预算危机而减少政府采购，已成为整个国民经济，尤其是工业部门结构中大规模转变的推动力。

这些转变的性质是由计划经济时期积累的比例失调，以及粗浅简单地认识资本主义经济在确定经济发展优先领域和长期产业结构方面的工作而决定的。在苏联经济中，采掘工业及第一次再分配和生产投资商品的部门分量过重，这部分是因为采用了优先发展A类工业的方针，部分是因为在完成计划任务时存在的扭曲。根据向资本主义转型过渡期间占主导地位的想法，拒绝指令性计划任务并干预定价过程，本应导致产业结构向有利于生产最终消费者所需要的产品的行业转变。曾假设同时释放的资源、劳动力和资本将转移到效率最高的行业，而最佳的产出结构将成为创造性破坏过程的结果。平行进行的私

---

[*] A. H. 利亚金，圣彼得堡国立大学。

有化过程应该形成一个"有效所有者"的阶级，他们将对以利润作为效益最终目标为导向的生产部门实施高水平的专业化管理。

事件的真实过程表明了这种理论概念站不住脚。所采用的转型过渡模式的结果是经济深度和长期低迷，同时伴随着不利的结构性变化。

生产具有高附加值的复杂产品的部门处于最困难的境地。科学密集型和高科技产业通过国防、科学或者社会纲要（航天工业、电子、船舶和飞机制造、精密仪器制造和制药）与财政预算资金密切相关，而严重的财政危机结果是对这些部门产品需求的萎缩。正是那些在生产和就业中所占份额过大的部门，表现出了最佳指标。尽管卢布在此期间大幅度贬值，但制造业在试图进入国外市场时面临严格的关税和非关税限制，同时采矿业和第一次再分配行业有可能不受阻碍地出口。在俄罗斯出口中，碳氢化合物、金属和化学产品的份额在此期间迅速增长。

在经济低迷条件下的投资额度下降，加之国内市场对外国竞争者的开放，导致机床、电力和运输机械制造行业的生产被淘汰。最后，居民收入的下降以及低质量但廉价的消费品不受控制的进口，导致轻工业部门的缩减，从轻工业原料到成品生产的缩减。存在于苏联时期的不平衡的加剧，以及国民经济结构中新的破坏行为，成为各部门结构市场改革的结果。从表1中可以看出，正是在转型衰退时期，就业和产出方面原料生产部门迅速萎缩，批发和零售业极其迅速地扩张。随后的21世纪经济增长过程中的变化，已经不再具有如此大规模的性质，尽管总体而言，经济去工业化的趋势并未被扭转。与此同时，在工业生产部门本身，继续朝着加强原料的方向转变。例如，2002年，制造业生产的总增加值超过采矿业的2.6倍，而在2017年时——超过1.27倍。

2000年经济向快速恢复增长过渡，并伴随着俄罗斯经济发展特有模式的形成，主要是侵占石油收益和没有固定资产投资的消费市场的增长。消费热在很大程度上得益于在保持贸易顺差的同时扩大了进口。

表1 就业和附加值中的基础产业份额（百分比）

	1990年	1995年	2000年	2005年	2010年	2015年	2017年
工业所占份额：							
在就业中	30.3	25.8	22.6	22.7	20.5	18.8	18.6
在附加值中	38.0	29.3	32.7	34.8	29.8	25.6	26.4
农业、狩猎和林业所占份额：							
在就业中	13.2	15.1	13.4	11.2	9.8	9.2	7.5
在附加值中	16.6	7.1	7.3	4.7	3.9	3.8	4.4
建筑业所占份额：							
在就业中	12.0	9.3	7.8	6.8	7.2	8.4	8.6
在附加值中	9.6	8.6	6.7	5.5	5.8	7.1	6.4
运输和通信业所占份额：							
在就业中	7.8	7.9	7.8	9.1	9.3	8.0	8.3
在附加值中	10.0	12.0	8.6	9.4	9.2	7.3	9.4
批发零售业和公共饮食业所占份额：							
在就业中	7.8	10.1	14.6	15.6	17.9	18.8	18.9
在附加值中	9.6	19.7	21.1	17.8	20.8	16.2	14.4

资料来源：根据俄罗斯统计局数据的计算 http：//www.gks.ru/free_doc/new_site/vvp/vvp-god/tab11.htm；http：//www.gks.ru/wps/wcm/connect/rosstat_main/rosstat/ru/statistics/wages/labour_force/#。

工业生产规模的初步恢复成为可能，依靠的是吸纳未被使用的生产能力和公开及隐性失业的减少，而在转型危机结束时曾有过相当大规模的失业。

投资增长或者开始于具有可持续消费需求和对进口竞争限制的部门（食品工业），或者开始于为国家工作、其需求由相应预算规划确定的部门［军工部门（ВПК）、药品］，或者开始于为稳定的有支付能力需求而工作的出口部门。俄罗斯工业的大量部门，以及用于中间需求并具有投资周期的产品的生产，处于最困难的境况。快速的经济增长并没有影响到机床制造、电子元件生产和仪表制造产业，也就是拥有一定的独立工业发展能力的行业。

在开放市场和生产发展水平落后于主要贸易伙伴的条件下，国家经济的相对优势将集中在那些对更强劲的经济没有吸引力的部门上。从国家经济长期发展的角度出发，项目实施周期长的高风险和投资资金的缺乏，导致资金无效配置。

产业政策类型的选择

关于制定和实施俄罗斯联邦产业政策的合理性问题，在2014年12月31日通过"关于俄罗斯联邦产业政策"的第488-ФЗ号联邦法令之后，目前仍然是争论的对象。

"产业政策"一词本身含有不同的解释。它或者是一个旨在形成行业和活动领域的最佳组合的结构性政策，包括工业和其他领域，这符合对英文术语（industrial policy）的字面翻译；或者是旨在为这种工业生产创造有利条件的政策。无论是在哪一种情况下，其前提条件都是国家对形成未来发展方向的市场机制施加积极干预。这种干预触及某个单独的、尽管是经济活动最重要的部门，或者整个国民经济。正是这种对市场信息的调整成为反对产业政策合理性的依据。无论是以何种形式实施的产业政策都会歪曲竞争机制，为某些经济代理人创造人为优势（Aikhoff，2011），而在这种情况下，官员对投资决策后果进行正确评估的倾向低于企业家。[①] 如果考虑到，通过赞同某些项目和发展方向的决策过程，与昂贵的官僚主义程序以及和某些利益集团游说相关的刻意歪曲有关联，则对干预市场工作的反对意见并非毫无根据。另外，俄罗斯工业产出结构市场形成的实践表明，它是生产结构简化、工业生产附加值减少、国际竞争过程中复杂产品淘汰以及最现代和高科技产业份额下降的结果。

---

① Spissinger K., Block W., McGee R. W. (1999) No Policy is Good Policy: A Radical Proposal for US Industrial Policy//Glendale Law Review. Vol. 17, No. 1, pp. 47-58.

因此，问题不在于实施产业政策的合理性，而在于寻求实现这个政策的这些形式上，它们将能够保证在支付合理成本实施其的情况下实现其发展的既定向量。在这方面具有重要意义的是，在其框架内应该实现何种目标和借助哪些工具来实现。

习惯上将产业政策划分为两种类型——平行的和垂直的，它们的实施目标和使用工具不同。

在第一种情况下，其目标是为增长和提高工业生产效率创造条件。国家发展的首要任务和方向没有在形式上表达清楚，投资领域的选择是由企业在没有政府干预的情况下进行的。产业政策措施适用于所有企业，其宗旨在于支持竞争环境。共同融资培训干部、部分偿还科研和实验设计工作及支持出口费用的计划，可以降低风险。反过来，投资项目实施中的各种税收优惠能刺激工业投资的积极性。完善国家监管措施、减少行政障碍并建立灵活的基础设施，可为工业增长创造有利环境。

这种类型的产业政策，符合关于市场在选择发展方向并进行高效生产竞争方面起关键性作用的基本思想。虽然在这种情况下，政府行为会导致企业决策的扭曲，因为它考虑的不是市场信号本身，而是依靠政府支持措施修正的信息，但是，在此种情况下，它对各种企业和工业分支部门的竞争优势并不产生直接的影响。

垂直产业政策以政府机构实际参与制定国家发展优先项目为前提。该政策将一些产业划分出来，而在许多情况下，使相应产业部门内的公司结盟，以便让它们得到国家发展机构的支持以刺激这些行业的发展。在这种情况下，对市场机制进行直接干预，并为某些发展部门创造优惠条件。在追赶型发展的国家里，产业政策正在成为国家战略规划的工具。

这些优惠的一个重要方面是协调和监管对外经济活动。虽然（关税）保护主义在当今经济理论中被视为一种天真的政策，因为它无法使任何一方获胜并造成福利的净损失，但事实上，所有国家都积极采取各种形式的保护国内市场的措施。此外，尽管关于保护主义对经济发展具有负面影响的评价被普遍接受，但市场保护措施与经济增长的关联性本身并不那么明显。

罗德里克（Родрик）和罗德里戈斯（Родригес）对评估贸易壁垒与经济增长率之间的关联性著书进行了详细概述，同他们的计算结果一样，他们得出以下结论："假设贸易限制与经济增长之间的负面关系被证实，我们依然怀疑，这个问题将会继续催生大量的经验主义研究……我们不想给读者留下一种印象：即我们认为贸易保护对经济增长来说是一个良好的措施。至少对1945年之后的时期来说，我们不掌握任何鲜明的例证，那时贸易限制与较高的增长率有系统的联系……极力夸大系统性指标有利于贸易的开放倾向，对全世界的政策产生了重大影响。令我们担忧的是，开放贸易优先产生了未必合理的希望，这可能排挤了其他可能带来更大利益的体制性改革。"① 分析经济增长率对各种宏观变量的依赖性，波波夫得出以下结论："在二十年或者更长时间里迅速发展的'经济奇迹'现象，在战后阶段几乎总是与投资和出口在国内生产总值中所占份额的增加相关，而实际上从来不曾与海关保护的低水平相关……正是贸易保护主义国家以最快的速度增加了出口占国内生产总值的比例，并成为'龙'和'虎'，同时实行自由贸易的国家，既没有因迅速扩大出口，也没有因增长的高速度令世界惊讶。"②

贸易壁垒形式本身的变化，取决于实施限制的经济体的能力。一个国家的经济发展水平越高，其国家标准、对质量认证和具有特殊消费性质的要求等非关税形式的保护措施就越多。环境限制今天正在成为保护市场和将自身利益转变成世界经济的最重要方向。国际竞争不是在商品市场上，而是在新标准形成阶段开始的。

---

① Rodriguez F., Rodrik D.（2001）Trade Policy and Economic Growth: A Skeptic's Guide to the Cross-National Evidence//NBER Macroeconomics Annual 2000. January 2001. Vol. 15. pp. 261 – 338. URL: http://www.nber.org/books/bern01 – 1, pp. 316 – 317.

② В. 波波夫：《经济奇迹的操作流程，关于保护主义、出口方向和经济增长的非传统观点》，《预测》，2006年第2号（6），第193—194页。

平行产业政策为高度发达国家所特有，其生产结构接近最优，所使用的技术符合现代要求，未来发展的可能方向具有高度的不确定性。这不利于政府区分出占优势的部门和生产。在这种情况下，其任务是降低行业风险并为工业创造有利环境。寻求优先发展方向是由企业进行的，而国家为此创造有利条件。尽管如此，这种方法并未能在一个发达国家得到充分实施。德国、法国和英国在国家产业政策文件中明确指出了优先获得政府支持的工业部门。

垂直产业政策是国家经济发展规划的一个组成部分。一方面，它与战略规划有着直接联系；另一方面，与所有管理机关和政府机构密切相关，并通过这些机构实施支持产业的措施。追赶型国家被迫利用规划来构筑均衡的再生产结构，即实施垂直的产业政策[1]。不但如此，垂直产业政策是国家工业体系形成的必然阶段，即使这一进程大体上正在完成。例如，韩国经济学家张夏准对追赶型国家和地区的成功案例（日本、韩国、新加坡和中国台湾地区）与富裕国家和地区相应历史阶段对比的分析表明，"……东亚模式比英美模式更具普适性。对历史经验的诚实鉴定表明，当今大多数工业化国家，包括英国和美国，使用的经济模式更接近东亚模式而非英美模式"[2]。

自转型改革开始以来，俄罗斯对产业政策的态度发生了缓慢改变。最初采用"华盛顿共识"思想，并消除了有目的地影响经济结构的可能性。全面瓦解计划体系需要付出巨大的努力，并会在很大程度上促进转型遭遇大规模的失败。从意识形态方面考虑，在改革的初始阶段，恢复计划管理要素而不考虑这些行为的经济合理性，是不可能的。更何况，垂直产业政策的某些要素确实存在，虽然并未以相应的方式列举出来。

在20世纪90年代，煤炭工业重组计划获得了最大的反响。计划的

---

[1] В. М. 波尔捷罗维奇：《关于俄罗斯国家规划体系的形成》，《新经济联合会杂志》，2018年第3号（39），第146—154页。

[2] Ha-Joon Chang（2006）Industrial policy in East Asia-lessons for Europe//EIB PAPERS. Vol. 11, No. 2.

结果是利用联邦预算资金和国际金融组织的资金改组了俄罗斯煤炭工业。根据1993年6月20日俄罗斯联邦政府部长会议第590号决议"关于从财政上稳定煤炭工业工作的紧急措施",开始了关闭效率低下的矿井和露天采矿场的痛苦工作。在1994年到2004年期间,矿井从229个减少到93个,该行业就业人数从85.96万人减少到26.9万人,即缩减了$\frac{2}{3}$。在1997—1998年间,由于关闭亏损行业,遭解雇人员达7.53万人,只有1.18万人被安排就业。通过支付遣散费、补偿款和清偿拖欠的工资等措施,部分地缓解了社会紧张局势的加剧。1998年之后,随着亏损行业卫生保健的完成,并开始实施社会保护和支持被解雇工人的措施,活跃新产业以解决就业问题,社会紧张局势开始缓解。方案实施十年的总支出占国内生产总值的3%。与此同时,从1994年到1999年,用于社会和环保目的的支出占计划总支出的32.4%,而自2000年到2004年,是68.3%。计划实施期间每1000名工人的工伤总次数减少三分之二,从31起降至10起,而伤亡人数从1994年的292人减少到2006年的85人,劳动生产率从每人每月63.7吨增加到每人每月173.5吨,自2002年以来,该行业已开始实现增长。[1]

经济效率低下产业的结构调整,与解决这一过程产生的社会问题一起,成为存在严重困难的经济政策的重要方向之一。通常,地方当局在意识到解决新出现的严重社会问题的重任将会落在他们身上的时候,就会阻挠清理"僵尸企业"。有时候,选举问题会导致消除低效率企业的困难。

作为反对实施工业政策的被长期使用的产业政策失败的例子,即重组俄罗斯汽车工业,首先是生产轻型轿车的举措。尽管对与伏尔加汽车制造厂存在竞争的汽车的进口实施禁止性关税,进行债务重组并出台各种支持国产汽车的计划,问题的最终解决方案却是将汽车制造

---

[1] 使用地质组织协会的信息门户网站:http://www.asgeos.ru/data/Files/File/43.pdf(登录日期:2018年12月8日)。

厂出售给全球汽车制造公司"雷诺—日产—三菱联盟"。

迄今为止,在俄罗斯联邦,产业政策的某些组成部分已经生效,其中的各种要素既可归为平行政策,也可归为垂直政策。[1] 对产业政策的不一致态度,尤其表现在联邦法律在2014年才被通过,而在大多数地区,此前已经通过了区域性的法律,这一过程自20世纪90年代末以来一直在进行着。奥廖尔州第一部地区性法令:"关于奥廖尔州产业政策"第75-O3号州法令,于1998年8月6日通过。[2]

按照正式的准则,联邦法律侧重于平行型产业政策,该政策决定要开展发展工业潜力、刺激复杂出口导向型产业以及形成工业发展所必需的基础设施等方面的活动,而不解决经济结构变化的任务。因此,其目标是形成具有竞争力的高科技生产,确保国防实力和人民生活水平的提高。法律中没有对结构优先权和关键部门作出任何规定。与此同时,产业政策与战略规划相关联,是其重要的组成部分,其中不可避免地涉及选择优先发展项目,任务清单也明确了这些内容。优先发展方向是在工业战略规划文件中制定的。刺激工业生产的措施与战略规划确定的指标的实现有关。这使得能够推测,随着刺激工业生产的措施的活跃,将发生向具有追赶型国家所固有的垂直型产业政策方向倾斜。"为了完成这个过程(即形成国家规划体系),首先必须抛弃反对计划形式(这种类似国家计划)的意识形态论点。事实上,这就像试图消灭俄罗斯和西方之间的差距。"[3]

俄罗斯实施产业政策的主要手段

在通过相关法律之前,除了专项投资合同之外,已经采用了实施

---

[1] Ю. В. 西马乔夫、М. Г. 库兹克、Е. В. 波格列布尼亚克:《联邦级产业政策:基础模式和俄罗斯实践》,《新经济联合会杂志》,2018年第3号(39),第146—154页。
[2] Г. С. 梅尔兹利基娜:《地区产业政策的断口和罕见性》,《圣彼得堡国立工业大学科学技术通报》,《经济科学》,2013年第5号(180),第133—142页。
[3] В. М. 波尔捷罗维奇:《关于俄罗斯国家规划体系的形成》,《新经济联合会杂志》,2018年第3号(39),第241页。

产业政策的主要手段。同时还有国家发展制度，它们在政策实施过程中发挥着重要作用。今天世界范围内采用的所有发展制度都在俄罗斯建立起来了。其中并非所有都与产业政策有关，而这个产业政策甚至在广义上被解释为形成最佳部门结构的政策。与激励创新活动有关的部分发展制度，在其活动的关键时刻有助于产业政策目标的实现。其中一些因预算支出的极低效率而招致严厉指责，它们存在本身的合理性也引起严重质疑。例如，在创建"俄罗斯纳米技术集团"和斯科尔科沃（科技创新中心，号称"俄罗斯硅谷"）时所采用的超前发展的尝试，目前还没有产生任何明显效果。全世界的生产将使用的纳米技术，作为一种新的技术模式的成功并没有出现，大概也不会出现，而对俄罗斯纳米技术集团的审计显示，预算亏损已经达到25亿卢布。

近期发生的重大变化是采取措施的系统性和协调发展制度的工作，通过这些发展制度在战略规划框架内实施产业政策。所使用的一些手段很难适应选择性的刺激和支持措施，有些手段可能是严格地以优先项目为目标的。

产业发展基金

该基金的活动方向是参与旨在实现工业现代化项目的融资。融资项目是在一系列规划（开发项目、长期租赁、机床制造和转轨等）中选择的。贷款额度、期限、利率和其他条件，取决于规划。但是，总的来说，贷款利息在1%到5%之间，期限是2—7年。考虑到当前信贷市场的特点——高利率（根据俄罗斯银行2018年9月的数据，非金融部门一年以上贷款的平均利率为9.1%），以及银行业在向大资产阶级贷款时的高风险，基金活动在为投资过程融资方面的薄弱环节增大了。程序的制定和标准化，以及与区域基金的联合融资方案，推动了创建区域基金的进程。

该基金参与构成俄罗斯制造业基础的中等规模产业的融资，基金贷款最低金额为5000万卢布。由于它不超过项目成本的一半，因此项目成本本身应不少于1亿卢布。转轨规划规定的最大贷款额度高达7.5亿卢布,最小额度——药物标识规划,为200万卢布。灵活的利率政策——在按照发展计划购买俄罗斯生产的设备时,贷款利率被降低,在项目实施的第一阶段降至1%。

事实上,该基金的工作弥补了俄罗斯信用体系组织工作方面的失败。大型和超大型企业有可行性替代方案来吸引相对便宜的资金——债券市场,外国银行的廉价贷款,低风险允许其在俄罗斯银行系统中获得相对便宜的贷款。对于中型企业来说,吸引借贷的可能性要困难得多。

产业发展基金经过三年(2015—2018年)的运营,已经为315个项目提供了资金,总金额为724亿卢布。虽然该基金没有设定行业优先权,但占信贷额一半以上的是以下四个行业——机械制造占197.1亿卢布,化学工业占77.8亿卢布,冶金和金属加工工业占687万卢布,生物制药行业占59.4亿卢布。[1] 显然,就俄罗斯经济的投资规模而言,这一数额并不能起到决定性作用。但重要的是要注意以下两点:首先,通过产业发展基金的投资额正在逐年稳步增长;其次,正在研发的项目融资技术,允许使用信贷资金为实体行业融资。新兴的负利率对投资具有很大的吸引力,而对有针对性地使用贷款的严格控制和实施被批准的预算,有助于监控投资项目的实施情况。产业发展基金的经验使我们能够推测,随着俄罗斯经济中利率的下降,商业银行将转向投资项目融资一类的模式。

专项投资合同

这是联邦法律引入的一种新的刺激工业投资的形式。根据这个合同,投资者承担工业产品的生产创造(改进)的义务。合同的目的可能是实现生产现代化(新设备的成本不能低于升级设备成本的25%),

---

[1] 产业发展基金官方网站:http://frprf.ru/o-fonde/(登录日期:2018年12月10日)。

以及引进最佳的可应用技术或生产以前未在俄罗斯生产过的产品。

专项投资合同以规模性投资为前提条件。目前最低投资规模为7.5亿卢布（不包括增值税），拟定将最低投资额扩大到10亿卢布，同时投资规模500亿卢布以下的，合同期限从10年延长到15年，高于500亿卢布期限延长到20年。

从投资者的角度来看，专项投资合同的优势在于操作条件的稳定性。在合同有效期限内，能够使在该合同框架内变更的恶化生产运营的法律规范不适用于该合同。同样地，在合同执行过程中，投资者收入的税负不能比其签订合同时高，即"不追溯条款"。正是项目实施条件的稳定性成为主要优势，这种优势能够降低回收期限长的项目的风险程度。在这一合同框架内生产的产品，能够参加国家订单下的供货招标，而制造商可以有资格获得行业补贴，以及土地租赁等特殊优惠条件。能为国家需求供货，如同为外国生产者供货，已经可以看成一种重要优惠，而获得国家和市政府采购唯一供应商地位的可能性（相应地，参加招标之外的国家采购），招致俄罗斯生产商的坚决反对[①]。此外，当专项合同产品的收入不低于90%时，可享受利润税的优惠政策。如果投资者违反合同条款的话，他必须补缴全部未缴纳税款。

截至2018年底，共签署25份联邦级别专项投资合同，总投资额为2680亿卢布。如果结合2016年签订的第一批合同，那么，制造业的投资额在宏观层面上就会变得明显。这里的部门配置与由产业发展基金投资的项目有明显不同。制药业有6份合同，表现出进入国家订单市场的潜在可能；4份合同属于机床制造业、汽车制造和化工综合体，机床制造业的处境差不多是最困难的。地区性专项合同涵盖38个俄罗斯联邦主体。

随后的实践将表明，在现实生产实践中将会体现出如此之多新的

---

① М. Н. 格卢霍娃、А. Н. 霍欣：《专项投资合同：商业观点》，《政权》2017年第7号，第7—12页。

标准，而根据拟定的政府与企业之间相互作用的结构，目前正在降低许多与制度体系相关的风险，并且为劳动力、技术市场准入和恢复大规模生产能力创造条件。

进行国家和市政府采购时刺激国内生产的措施

工业产品政府采购仍然是市场手段之一，在这类市场中保留着针对国内生产采取保护主义措施的可能性。由于政府支出在国内生产总值中所占份额系总需求的重要组成部分，2017年按当前价格计算为16.5万亿卢布，或者占国内生产总值的18%，所以政府采购对于工业而言具有重大意义，而对于某些行业来说，政府采购是市场的重要组成部分。国防工业综合体、制药业、计算机和办公设备的生产以及许多其他行业，严重依赖国家管理机关提出的需求。

不但如此，获得国家定购任务可能导致俄罗斯联邦境内生产的局限性。很久以前，当时的副总理 Б. Е. 涅姆佐夫倡议使用"伏尔加"汽车为国家管理机关服务，这被当作是困难时期的一个笑话，然而，今天为国家需要购买俄罗斯境内生产的汽车，已经成为支持国内产业的完全合理的政策。这种产业政策的工具，虽然最初不应该成为垂直产业政策的一个组成部分，但实际上已经完全有选择地发挥了作用。

在加入世界贸易组织降低关税壁垒的情况下，限制外部竞争的可能性，哪怕仅在国内市场这一部分，支持中小企业、刺激本地区重要的产业，无论是从就业还是保证税基的角度出发，都具有重大意义。[1]

工业园区和产业集群

这种产业政策工具早已不是第一次在俄罗斯经济中应用。在苏联

---

[1] O. B. 波诺马廖娃：《发展中国家作为贸易政策工具的国家采购》，《俄罗斯对外经济通报》2014年第9号，第101—119页。

整个经济管理模式和部分工业管理模式崩溃时期，从爱尔兰到中国的经济特区的经验，似乎具有超乎寻常的吸引力。建立一个独立的区域，令其拥有自己的经营规则，变相保证实施免税优惠制度，保证联邦政府的支出以及能够在地方和国家市场之间进行仲裁——所有这一切看起来都很有吸引力。在20世纪90年代初期，人们曾经尝试建立列宁格勒经济特区。随后的实践表明了这种项目站不住脚。创建技术创新区的尝试并不是特别成功，该区域的入驻企业依靠优化税收和一般纳税来获得主要收益。

在关于优化区域产业布局倡议的最新版本中，首先谈到的是为产业运作创建有利的基础设施条件，并通过组合相互关联的生产获得协同效应。由于忽视了将产业从城市中心分离出来的任务以及迫切地吸引新投资人的任务，新投资人必将会对产业布局的场地设备以及区域间的竞争提出不同的要求，这一产业政策方向正成为产业发展的重要组成部分。

上述所列产业政策工具清单并非详尽无遗，但是，正如所呈现的那样，所考虑的措施体系或将有助于工业增长。主要的问题在于所采用的激励工业增长措施的适用范围，以及为最有前途和最广泛的行业创造有利条件，以确保为这些行业提供独立经济发展的可能性。

俄罗斯经济增长速度、投资动态以及工业企业视野中的主要增长障碍

在过去的二十年里，俄罗斯经济的发展趋势已经发生两次变化。如果说从2005年转型危机后的复苏增长中俄罗斯经济转向投资性增长，当时固定资产投资占国内生产总值的份额（参见图1）首次开始增加的话，那么，在2008—2009年危机之后，俄罗斯经济增速放缓，而投资占国内生产总值的份额开始收缩。例行的一次趋势逆转发生在上次危机之后，当时的平均增长率为1.5%。例如，波尔宾和斯克罗

博托夫[①]出现长期增长趋势的两个转变：从1998年第三季度开始，复苏增长率为5.3%，从2007年第三季度到2015年第二季度为1.3%。本次危机后的复苏表明增长重新放缓。

这种经济动态为批评中央银行提供了理由，因为中央银行通过严厉的货币—金融政策抑制放缓了经济增长速度。但是，从2017年开始，货币供应站的增长并没有导致货币供应量的相应增加，而是仅体现在货币乘数（投资增加量与由此而引起的收入增加量之间的比率——译者注）的减少上。实体部门利率的下降并未伴随着与之相适应的活跃性扩大。另外，俄罗斯经济已经耗尽其资源潜力并处于接近利用现有生产能力状态的说法，也未得到投资行为的证实。

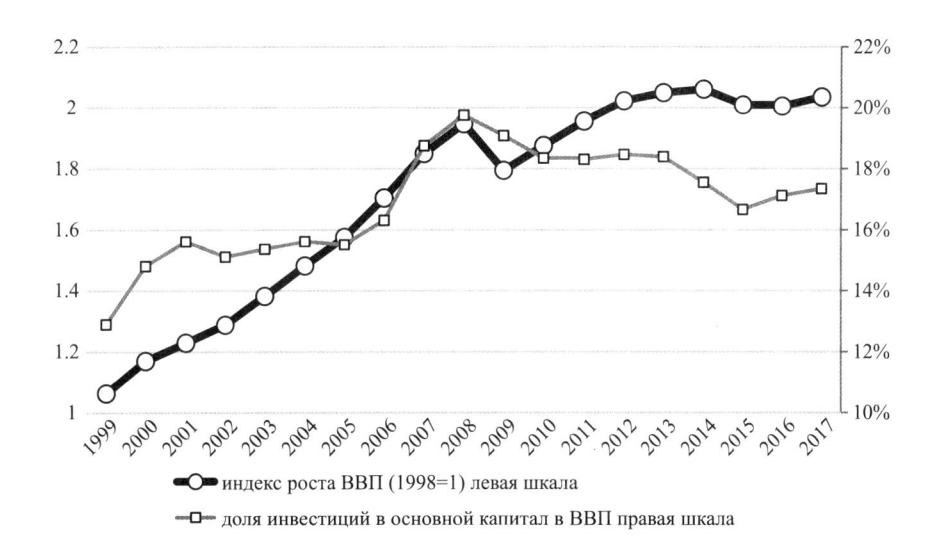

图1 国内生产总值动态（1998＝1）和投资在国内生产总值中的份额

俄罗斯统计局数据：http：//www.gks.ru/wps/wcm/connect/rosstat_ main/rosstat/ru/statistics/accounts/#（登录日期：2018年12月10日）

[①] А. В. 波尔宾、А. А. 斯克罗博托夫：《检验俄罗斯联邦国内生产总值结构趋势中存在的扭曲》，《高等经济学校经济杂志》，2016年第20册，第4号，第588—623页。

俄罗斯统计局的调查结果，即所谓的预警数据，提供了有关当前形势的非常有趣的信息。限制制造业增长的主要原因即实体部门的企业家口中的需求不足（参见图2）。

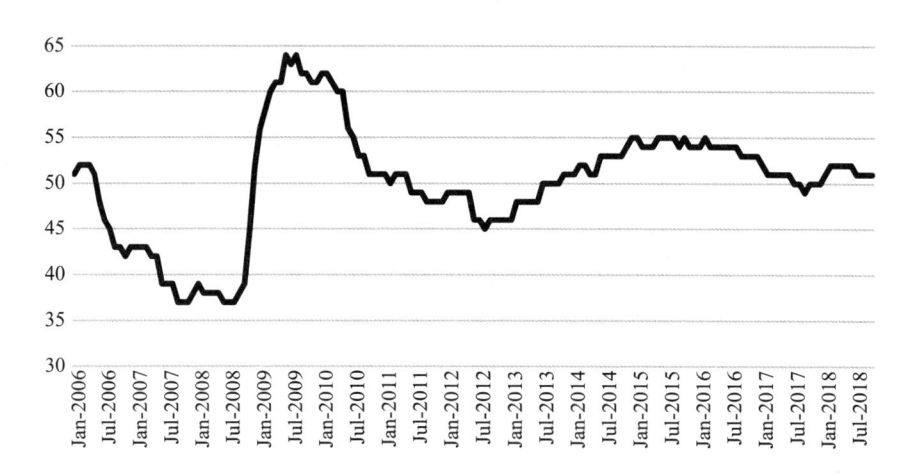

图2 指明需求短缺是经济活动主要障碍的制造业企业的百分比

俄罗斯统计局数据：http://www.gks.ru/wps/wcm/connect/rosstat_main/rosstat/ru/statistics/leading_indicators/（登录日期：2018年12月10日）

从图中可以看出，作为抑制工业生产因素的需求短缺，在2016—2017年复苏增长期间仅略有下降，并在2018年再次开始增长。2018年10月，明显较小比例的受访者表示，资源的有限性——熟练劳动力短缺（21%）、生产能力短缺（19%）和商业贷款利率高（26%），成为经济活跃的障碍。与此同时，依靠进口替代而扩大的国内市场潜力并不大——只有20%，表明进口竞争是增长的一个重要限制因素。

降低利率并没有伴随着实体部门企业贷款的增加。不但如此，由于外币贷款的减少，2015年固定价格的贷款数量有所减少。推动投资增长需要货币信贷政策之外的措施。这需要扩大预算支出，同时结合产业政策措施，并促进和加快基于提高经济结构质量的投资增长。

结 论

形成最佳的部门结构并不是市场过程的结果，至少在俄罗斯所属的追赶型发展的国家中情况是这样的。确保所需变革的重要工具是产业政策，这个政策也是国家规划的重要组成部分。不妨碍市场竞争机制的平行产业政策，在任何地方都没有得到充分利用，但是，发达国家的产业政策最接近这种模式。垂直产业政策是历史发展的某个阶段的特征，该政策在这个阶段上被包括现今发达国家在内的所有国家使用。俄罗斯联邦至今没能最终确定实施的产业政策的类型，虽然宣布使用平行类型，但它实际上包括各种要素。产业政策可以成为在提高经济结构质量情况下加速经济增长的重要组成部分。

俄罗斯的通货膨胀和抗通胀政策的特点

[俄] А. Ю. 普罗塔索夫[*]

陈爱茹　李亚龙　方琼　译

导　论

俄罗斯的通货膨胀虽然在2016—2017年间显著放缓，但仍然是俄罗斯经济学家和政界人士讨论的一个重要议题。随着20世纪最后十年价格的空前上涨（价格变化从1992年的2510%到2000年的20%[①]），关于俄罗斯通胀争论的主要问题，是关于其性质的问题（货币的或者非货币的）。在这场知识分子争论中的主要辩论方，是利用货币（货币）解释通货膨胀原因的支持者（货币主义者）和其非货币来源理论（非货币）的捍卫者（非货币主义者）。

在21世纪初，随着价格增长速度的持续下降——从2001年的18.6%到2017年的2.5%，关于通货膨胀问题的讨论重点，转向宏观经济政策优先目标的选择。可以将所有活跃在俄罗斯经济学领域和积极参加关于现代通货膨胀问题辩论的作者们划分为两个对立群体。第一个群体的代表们认为，俄罗斯经济政策的目标应该是坚定不移地降低通货膨胀率，将其稳定在俄罗斯能够接受的最低水平上（2000年

---

[*] А. Ю. 普罗塔索夫，圣彼得堡国立大学经济理论教研室副教授、经济学副博士。
[①] 俄罗斯统计局数据（http://www.gks.ru/）。

代中期为6%—8%，2010年代为3%—4%）。他们认为，低水平的通货膨胀率是保证国内经济持续增长和创造国内社会福利的必要条件。低水平通胀率只能通过采取紧缩的货币—信贷政策措施来实现，因为通货膨胀始终是并在所有地方都是货币现象。① 关于经济政策目标的认识，在俄罗斯政府金融—经济部门、俄罗斯中央银行中，以及在一系列俄罗斯政府和非政府机构中，例如战略研究中心，以前曾经占据优势，目前也部分地占据优势。②

在第二个群体里，认为关于俄罗斯通货膨胀本质上具有多因素性质并且由货币和非货币因素决定的观点是有根据的。与此同时，非货币因素在通货膨胀过程中占主导地位，因此，通过限制流通货币供应的方法来对抗它是无效的，对整个国家的经济发展也是有害的。③ 在这方面，正在提出关于通过使用各种宽松的货币—信贷政策方案，同时结合实施积极的工业和非工业政策，将经济政策从抑制通货膨胀转向货币刺激经济增长的思想。这一立场受到俄罗斯联邦总统区域经济一体化问题顾问 С. Ю. 格拉济耶夫、一批专家联合组建的名为"斯托雷平俱乐部"的非官方机构、俄罗斯科学院国民经济研究所和其他一系列科学和社会机构，以及一些著名俄罗斯经济学家和政治家们（Б. 季托夫，А. 克列帕奇等人）的拥护。

考虑到在2016—2017年国内消费物价指数前所未有的放缓条件

---

① А. Л. 库德林：《通货膨胀：俄罗斯和世界趋势》，《经济问题》2007年第10期，第4—26页；А. 库德林、Е. 戈留诺夫、П. 特鲁宁：《刺激性货币—信贷政策：神话与现实》，《经济问题》2017年第5期，第5—28页。

② 自2018年起，俄罗斯中央银行明显缓和了自己在关于俄罗斯现代通货膨胀原因问题上的强硬立场，承认通货膨胀具有多因素的性质。尤其是，自2018年起，俄罗斯中央银行将导致俄罗斯通货膨胀的因素划分为三个类别——货币的、非货币的和货币—非货币的因素。

③ О. 德米特里耶娃、Д. 乌沙科夫：《需求膨胀和成本膨胀：形成原因和传播方式》，《经济问题》2011年第3期，第40—52页；С. Ю. 格拉济耶夫：《俄罗斯货币主义者的贫困和辉煌》，《当代俄罗斯经济科学》2015年第2期，第7—21页。第3期，第7—25页；А. О. 巴拉诺夫、И. А. 索莫娃：《后苏联时期俄罗斯通货膨胀动态的主要因素分析》，《预测问题》2015年第2期，第16—32页；М. Ю. 马尔基娜：《俄罗斯和国外经济中的通货膨胀和对其过程的监管》，下－诺夫哥罗德：下－诺夫哥罗德国立大学出版社2006年版。

下选择俄罗斯经济政策方向对于俄罗斯经济发展的重要性，本文的目的是在俄罗斯展开关于通货膨胀性质的理论辩论的背景下，以及在与俄罗斯中央银行实施抗通胀政策进行对比中，分析俄罗斯通货膨胀的动态，并在此基础上对当代俄罗斯经济中对通胀过程监管的有效性进行评估。

一　关于俄罗斯通货膨胀性质的辩论历史（20世纪90年代—2000年代）

在西方形成的关于通货膨胀的概念，实际上都在俄罗斯得到了传播和发展。它们之间的分界线（以及相应地，多年辩论的关键方面）经由关于上述现象性质（货币或者非货币）所描述的立场而形成。

通货膨胀货币解释的核心原理在于，"货币价格最终由货币供需的相互作用决定，任何福利的价格也是一样的"。针对长期以来，在量化理论的框架内，所有相互关系都被简化，承认货币需求依赖于货币的供给，后者的外生性、货币需求功能的稳定性（即货币流通速度的稳定性），最后是在充分就业水平上国内生产总值实际规模的可持续性。其结果是，有可能通过货币供应中出现的巨大变化来解释价格水平的变动。

在俄罗斯，无论是"强硬的"还是"温和的"货币主义者，都坚持对价格上涨持货币解释立场。前者认为通货膨胀是一种纯粹的货币现象，后者对这个问题的立场要更灵活些，他们承认，每月4%以下的价格增长率的下跌，迫使要"认真地对待通货膨胀成本支出的因素"[①]。此外，国内温和货币主义者对俄罗斯通货膨胀的货币性质所作出的解释，与其西方同行的传统观点有很大不同。尤其是，他们将

[①] 1993年初，在俄罗斯联邦政府旨在实现金融稳定的方针遭受重大失败之后，当时担任过渡时期经济问题研究所（目前的 E.T. 盖达尔经济政策研究所）所长职务、同时兼任俄罗斯联邦总统 Б.Н. 叶利钦顾问的 E.T. 盖达尔（仿佛在自己的辩论理由中）表达得更加坚决："……成本膨胀产生了巨大的影响。经济主体的所有行为都是消费导向的。"

通货膨胀视为"一种货币现象,即可以借助货币政策进行控制的一种现象"。但是,打个比方:后凯恩斯主义关于通货膨胀作为非货币过程的观点,并不排除其可能受到货币政策措施的影响。由此可见,货币主义温和派的代表客观上超越了后者的正统版本的框架。

对货币模式进行实验论证并不困难。通货膨胀惯性和货币供应增长率被视为价格变动的因素。针对俄罗斯的条件而言,最简单的通胀预期形成模式——外延预期模式是完全可行的。

主要问题在于确定货币供应对价格影响的滞后时间。不同经济学家对20世纪90年代俄罗斯市场改革初期这种滞后持续时间进行的评价相类似,尽管这些评价并不完全一致。经济分析研究所的专家们认为,许多因素影响滞后时间——"金融体系的发达水平、支付系统的状况、收入支付的频率、经济美元化程度和现有合同的主要期限"。这就是为什么1992年的滞后时间是4个月,然后,随着市场基础设施的形成,这一时间逐渐增加,1993年秋季达到5个月,而1994年夏秋之季达到6个月,到1995年春季达到8个月。M. 杰里亚金对1992—1994年的评价大体如此,但他认为1995年的滞后时间缩减到4—5个月。最终,还有一项研究显示,在1992年至1995年期间,滞后时间在4—6个月内变化,其稳定性并没出现增长或者下降。

价格上涨的非货币概念在俄罗斯获得了最广泛的传播。在制度的版本中,对通货膨胀现象进行的解释,是以社会制度体系不完善为出发点的,在将俄罗斯和外国经验对比时发现的这一点。从这一理论概念的角度来看,在市场转型的第一阶段,俄罗斯通货膨胀的具体来源应该被确认为:中央银行地位的不确定性、传统市场经济货币—信贷政策工具的无效性、被破坏的预算过程、公共债务的非市场监管、与独联体国家的特殊经济关系、私有化战略选择的不成功和产权的不确定性。应该强调的是,一些列出的通货膨胀的制度原因,在今天来说依然是切合现实的。

在非货币理论范围内对关于俄罗斯通货膨胀性质的当代辩论中,占重要地位的是结构主义的通货膨胀概念。其诞生时间可追溯到20

世纪50年代末，当时美国经济学家舒尔茨提出一个假说。根据这个假说，通货膨胀是由需求从一个经济部门转移到另一个经济部门引起的，并反映在需求增长的行业价格上涨上面，同时需求减少的行业的价格刚性下降。

在20世纪70年代发展起来的通货膨胀"斯堪的纳维亚模式"中，结构主义获得了进一步的发展。根据这个模式，在形成通货膨胀过程中起到关键作用的是被确立的某种汇率制度。尤其是，在这种模式中证明了一个观点，即在固定汇率的情况下，通货膨胀率取决于国民经济中生产的、打算在国内和国外市场上销售的商品的相对价值。例如，如果用于国内消费的商品价值，相对于出口的相同商品的商品价值将有所下降的话，那么，在国家经济中通货膨胀将会加速。从这个模式中可以清楚，首先，汇率制度是货币供给内生化的原因，它被迫调整到现有的通货膨胀水平；其次，通货膨胀本身成为相对于货币供应和汇率的外生因素。[1]

在对解释通货膨胀原因的结构主义立场的细节不做进一步研究的情况下，结合在其框架内的各种理论版本的非同类性和多样性，我们注意到这种立场的两个基本特征。首先，这是从它们与经济结构变化相互关系的角度（产业和部门的变化）对通货膨胀过程的原因进行分析。无论是在货币通胀理论还是在凯恩斯主义通货膨胀理论中，都找不到这种分析。结构主义的第二个重要特征，不是在流通领域而是在生产领域寻找价格通货膨胀上涨的原因，在我们看来，在分析俄罗斯的当代通货膨胀时这是最重要的。

从结构主义立场出发在各种标准的基础上"构建"俄罗斯经济。首先，它是垄断和竞争部门的分离。通货膨胀最终被认为是垄断者行为的结果。其次，区分出利息构成的经济部门和"普通的"经济部门。在这种情况下，通货膨胀的引擎是后者对租赁再分配的意图。

---

[1] 在以下著作中对这些模式进行了详细的描述：М. Ю. 马尔基娜：《俄罗斯和国外经济中的通货膨胀和对其过程的监管》，下－诺夫哥罗德：下－诺夫哥罗德国立大学出版社2006年版。

再者，出口部门和以国内市场生产为导向的部门形成鲜明对比。与此同时，确认通货膨胀是由初级资源价格相对上涨产生的，而那些技术落后的生产过程占主导地位的行业，却无法承受初级资源价格的上涨。

很明显，上述分类之间没有硬性界限，并且所有情况下的通货膨胀机制都是相同的——与上面提到的舒尔茨的概念相符。非货币通胀概念的支持者之间的差异，主要可归纳为：是否将过去发生的价格变动评定为经济发展进步趋势的证明或者对此持否定态度。

在货币主义者和"非货币主义者"关于俄罗斯通货膨胀性质的辩论过程中，"进攻者"分为两方面。对通货膨胀货币解释的支持者的逻辑验证和推理论点，打破了非货币通货膨胀概念支持者的论据不那么充分但也进行了逻辑验证的论点。结构概念的弱点在于，在其框架内通货膨胀现象直接源于俄罗斯经济的部门结构和价格结构之间的比例失调。与此同时，一些经济学家表达了结构性比例失调与物价上涨之间的相互关系的非同义性的论点。尽管这一论点尚未普及，但它给货币主义者提供了驳斥对通货膨胀进行结构性解释的机会，理由是它们没有详细说明，首先是短期内价格增长率的显著波动，其次是在经济结构相似的情况下，各国间通货膨胀率存在的差异。

两个方向支持者的立场的不灵活性，在广为人知的"发明"中形成。正确地认为，经济的结构性和制度性特征具有惯性特点，非货币立场的支持者提出了受这些特征束缚的"自然的"或者"有背景的"通胀水平的概念。在整个1992—1993年期间，价格增长率稳定保持在每月20%的水平上，是对这个概念的支持。但是后来，随着通货膨胀的稳步下降，俄罗斯经济的通胀潜力评估也与其一起开始向下移动。在这方面，A. H. 伊拉里奥诺夫曾经不无讽刺地指出："两年来，政府官员断言，每月20%的通货膨胀率——这是俄罗斯某种'自然的'水平。现在他们以律师的面目赞成每月10%的通胀，并认为已经足够稳定。"与此同时，货币主义立场与转换的通胀预期一起，作为逐渐下降的"正常的"通货膨胀率的模式，随着它实际增长率的放缓，从这一观点来看，更具灵活性和说服力。

作为反对通货膨胀货币解释的论据，在此列举一个事实：在俄罗斯20世纪90年代的几年里，流通货币数量的增加超过了通货膨胀率，而在2000年上半年，在货币数量增长的背景下其速度持续下降。不但如此，在20世纪90年代，实际货币供应量的减少超过生产的低迷程度，其结果是货币降低了经济饱和度。所列举的这个事实自然无法推翻货币主义的模式。要知道，它的前提条件是通货膨胀的结果最终降低了对货币的需求，经济货币化水平的下降就证明了这一点。

这种立场的批评者也试图考虑货币流通的速度，但是，同时他们对这个指标的理解过于简单——仅从字面意义上去理解。众所周知，资金储存替代成本的增加所导致的，与其说是加快支付和计算，不如说以外币取代本币、扩散易货贸易，等等。因此，这种针对俄罗斯通货膨胀的货币解释论点是不可信的。但是，在这场辩论中有一个重要情形没有被重视。这里指的是，直到20世纪90年代末期，通货膨胀放缓伴随着经济货币化水平的下降，尽管从事物逻辑方面来讲，应该出现相反的过程。货币主义者在提出他们对国内生产总值货币化系数作为货币需求指标的立场时，诉诸在通货膨胀率与该系数的变化速度之间的反比相互关系，即不是相对货币需求的功能本身，而是它的衍生物。从他们的观点来看，通货膨胀的变动是货币需求的决定性因素，并且由于后者的增长放缓，这种需求应该会增加。西方学者已经注意到，俄罗斯的货币流通速度最初并没有对通货膨胀的加速作出充分反应。对其增速放缓没有作出相的反应。仔细的计量经济学分析表明，在俄罗斯的条件下，货币主义者假设的货币流通速度与通货膨胀率之间存在反比关系。

可见，在货币主义结构中发现一个严重的矛盾。一方面，由于通货膨胀率放缓，货币化系数应该增加；另一方面，统计数据表明了相反的情形。因此，如果我们认为货币主义观点是正确的，并且假设对货币的需求增加了，那么，除了承认多年来存在的需求高于供给的情况，即货币需求未得到满足之外，没有其他别的。① 但是，货币短缺以及任何即使是最微不足道的货币通胀，都是不能并存的。在货币主义计划中，它应与价格水平的降低相结合。与此同时，货币供应量名义增加的货币短缺，只能是由于价格过度上涨造成的。因此应该得出的结论是，俄罗斯的通货膨胀及其货币秩序因素，确实具有非货币的性质。这方面的证明不仅仅是货币化水平的下降，而且还有这个事实，即它是在通货膨胀率下降的经济中发生的。

最终，在20世纪90年代的大部分时间里，通过发行各种货币代用品来满足对货币的需求。最初的货币代用品可分为三种类型。第一种，这是以国库券形式的国家贷款；第二种，外汇、易货交易中的计算卢布和其他类型的私人货币代用品，其价值不与"活"卢布"捆绑"；第三种，首先是不付款的、以卢布计价的私人货币代用品。

如果前两种货币代用品在某种程度上仍然"可以归为"货币主义计划（国家义务发行——作为货币发行的一种外生方案；使用货币和易货贸易——作为逃避通货膨胀税的方法）之列的话，那么，以货币通胀逻辑为出发点，原则上是无法解释企业的相互债务的。② 事实上，推行不付款方式并不能免除支付通货膨胀税③，根据货币主义的立场，外生货币的发行人试图吸纳通货膨胀税。这样一来，不支付存在本身就证明通货膨胀存在着非货币组成成分。

因此，无论是对通货膨胀的货币解释还是非货币解释，自然都无法说明实际数据的多样性，这证明20世纪90年代上半期市场转型阶

---

① A. H. 伊拉里奥诺夫作为对俄罗斯通货膨胀的货币主义观点的一贯支持者，最终承认了流通资金的不足，同时援引不付款的理由，——这种现象不容忽视。他还提出远非无可争辩的对货币赤字的解释——资源集中在国家短期债券（ΓKO）市场上。在其他史料中经常提到俄罗斯经济中资金流动的犯罪性质。在这种情况下，这点并不重要，因为根据 M. 杰利亚金的恰当评论，"指明缺乏资金的原因并不能消除这种短缺本身"。

② 曾经在某个时期里，将非现金支付现象解释为经营主体对政府坚持不懈努力的不信任结果，因为他们期待的是发行货币或者简单地相互抵销债务索赔（一次性加速货币流通速度）。如果这是真的，那也只与俄罗斯支付危机的初始阶段（1992年）有关。后来，政府正式拒绝进行全球性相互抵销，通货膨胀率逐渐下降，但不付款持续增加直到2000年代初期。

③ Д. 别洛乌索夫和 A. 克列帕奇——在其理论组成中考虑到这方面内容的唯一经济学家。

段的通货膨胀过程已经具有多因素的性质，就更不用说2000年到2010年期间俄罗斯的当代通货膨胀了。

二 对俄罗斯经济中通货膨胀过程的分析

自俄罗斯市场改革开始以来，在通货膨胀变动中已经区分出四个加速周期（参见图1）。通货膨胀加速的第一个周期，恰逢俄罗斯经济由于苏联解体和实施激进市场改革而陷入的转型危机。在此期间，通货膨胀是以滞胀的形式进行的。通货膨胀加速的第二个周期出现在1998年，恰逢俄罗斯经济中的货币—金融危机以及以无力支付形式表现出来的公共财政危机。在2007—2008年全球金融危机期间，俄罗斯经济经历了价格通胀性增长的第三个周期。通货膨胀加速的第四个周期出现在2014—2015年期间，这个周期与一系列因素密切相关：俄罗斯卢布对外币的急剧贬值；世界石油价格的快速下降，而石油出口在很大程度上决定着俄罗斯的财政收入；因克里米亚并入俄罗斯和乌克兰事件而对俄罗斯实施的经济制裁。

在分析俄罗斯通货膨胀的原因时应该回想一下：在现代经济学理论中，它被视为一种多因素现象，其根源可能是相互关联原因的综合体。传统上将通货膨胀的原因分为三类：第一类，这些是通过需求膨胀机制实现的需求方面的原因。属于这个类别的有：国家预算赤字；通胀性预期；无法预见的政府开支的增长；中央银行划拨的问题信贷和无担保贷款，以及与国内生产增长相比的名义收入的快速增长。第二类，这些是通过成本膨胀机制产生于供应方的通货膨胀的原因。这些原因包括市场垄断和竞争不发达、与各种供应震荡和经济周期长期因素有关的生产成本的增长（例如，生产资产的周期性更新），以及税收负担的加重。第三类，通货膨胀的外部原因，这是具有开放经济的国家的特征，这些国家贸易顺差或者贸易逆差的程度很高。这些通货膨胀的原因包括：进口商品的国际价格上涨，导致所谓的输入型通货膨胀，以及汇率下降和出口商品的世界价格上涨。在最后一种情况

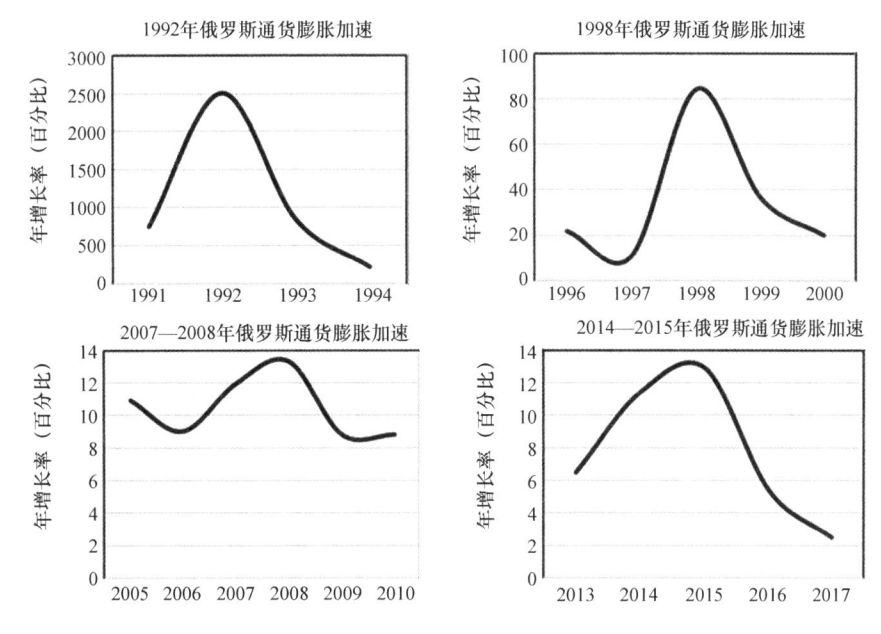

图1 俄罗斯经济中通货膨胀加速的四个周期

下，随着本国货币汇率的增长，国内生产价格的上涨，竞争力下降和经济增长放缓，可能会出现"荷兰病"形式的负面的外部影响。

与此同时，应该指出的是，在关于通货膨胀起源的辩论中，经常使用另外一种方法对其原因进行分类。例如，在俄罗斯对通货膨胀问题进行辩论的实践中，专家们通常会弄清楚通货膨胀的货币或者非货币起源，从而区分出货币和非货币通货膨胀的原因（因素）。原则上这种方法是合理的，因为它可以确定货币—信贷政策在监管通货膨胀过程中所起的作用和有效性。例如，俄罗斯中央银行目前正在根据货币政策措施中期（最多3年）的有效性标准，对通货膨胀因素进行分类，以切实解决价格稳定的问题。以这个标准为出发点，通货膨胀的驱动力被分为三类：货币的、非货币的和货币—非货币的（参见图2）。[①]

---

① 《关于通货膨胀的非货币因素和降低其波动性的措施》，俄罗斯银行出版社（http://www.cbr.ru/Content/Document/File/25502/nfi.pdf）。

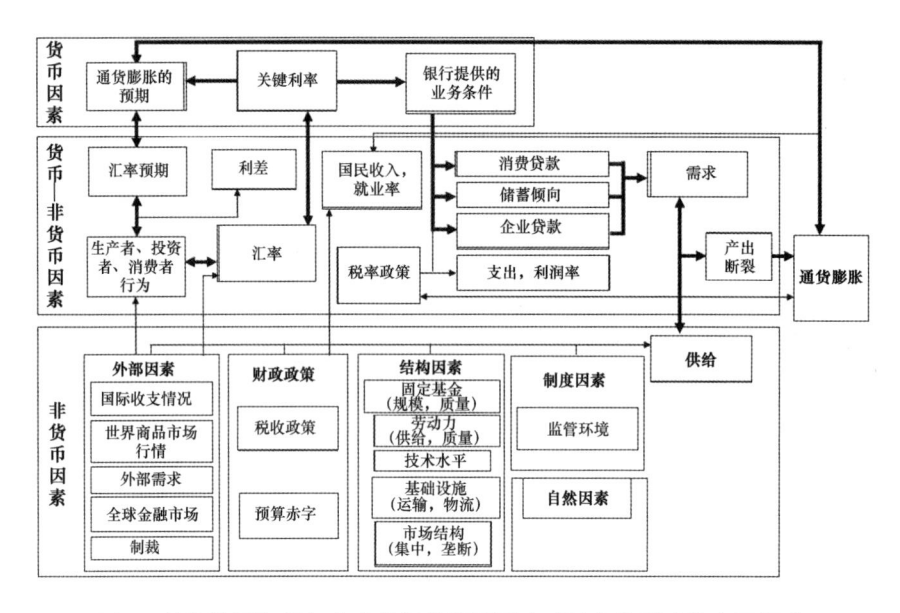

图 2　按照俄罗斯银行方法的通货膨胀因素以及它们影响的主要渠道

货币因素包括俄罗斯央行借助中期货币政策工具，能够对其产生重大和直接影响的那些因素。其中包括俄罗斯银行的关键利率、货币市场利率、经济贷款和存款利润、通胀预期。人们认为，货币因素决定价格增长总趋势或者将其维持在目标值附近。

通货膨胀的非货币因素独立于俄罗斯银行在中期范围内实施的货币—信贷政策。在这个类别中包括外部经济条件、结构性因素（固定资产状况、劳动力供应和质量参数、生产技术水平、运输和物流基础设施、市场的集中程度）、法律监管环境、财政政策、商品和服务供应因素。其中一些因素对成本的长期变动产生持久性影响，而有些因素会在更大程度上影响价格波动（围绕趋势的相对短期的通胀波动）。

属于货币—非货币类别的，是那些受到来自由货币和非货币因素形成的经济条件的重大影响的通货膨胀因素。其中包括卢布汇率，贷款、借贷、消费、储蓄和成本形成的过程，以及关税政策。

与此同时，我们注意到通货膨胀原因（或因素）分类的混乱，使俄罗斯关于通货膨胀辩论中的各种立场的协调过程变得非常复杂，并且使理解其展开原因本身的工作变得困难。对通货膨胀原因进行分类遇到的困难，在很大程度上与错误地解释 M. 弗里德曼众所周知的"通货膨胀始终是和在所有地方都是货币现象"的主张有关。许多研究人员基于这个观点认为，货币因素只是经济中货币数量的增加，同时把其他所有因素归为非货币因素之列。与此同时，M. 弗里德曼主张的含义并不局限于这一论点，因为他明确了通货膨胀是一种货币现象，"……意思是它形成且能够形成，是因为与发行增长相比货币数量更迅速地增长"。

因此，M. 弗里德曼认为，能够对通货膨胀产生影响的不仅有货币因素，而且还有非货币因素。这意味着，即使在流通领域货币数量没有发生变化，也可能发生通货膨胀——由生产技术、制度和其他非货币等因素而引发。在这种情况下，针对货币来说这些非货币因素成为通货膨胀的首要原因，而同时对于通货膨胀过程发展来说，货币变成必要但还不是充分条件。

有鉴于此，在关于俄罗斯通货膨胀货币性或者非货币性研究中的矛盾以及经常相互排斥的结论的原因，正在变得可以理解。例如：为了评估货币和非货币因素对通货膨胀过程的贡献，宏观经济分析和短期预测中心（CMASF）制定了一种将通货膨胀因素分为三组的方法：（1）自然垄断价格的行政调节对通货膨胀的贡献；（2）通过垄断市场价格上涨和生产者成本上升的结构性的贡献；（3）通过货币总量 M0 和 M2 的增长，对通货膨胀货币部分的贡献。根据 Д. Р. 别洛乌索夫的计算，从 2003 年到 2005 年期间，行政调节价格对俄罗斯通货膨胀总体水平的贡献平均为 23.5%，结构性贡献为 18.7%，货币成分为 57.8%。[1] 同时，根据另一个分析实验室"维季"的评估，在这段时间内货币因素（他们不仅将货币总量的变化，而且还将汇率的动态

---

[1] 根据数据所做的计算：Д. Р. 别洛乌索夫. 什么是俄罗斯通货膨胀以及如何与之斗争. 经济分析独立中心协会（АНЦЭА）学术辩论—俱乐部标题为《经济政策关键点》的报告推介. 2008 年 4 月 17 日. (http://www.forecast.ru/default.aspx)

归入货币因素之列）的份额，比宏观经济分析和短期预测中心研究人员计算的少一半多——为39.8%。在这个例子中，能够说明问题的是，一些研究人员将卢布汇率归入通货膨胀的货币因素之列，而其他研究人员则没有这样做（例如，俄罗斯银行）。

克服在评估货币和非货币因素对俄罗斯通货膨胀的贡献时遇到的困难的方法之一，是评估需求膨胀和成本膨胀的比率。这两种类型的通货膨胀实际上是通货膨胀过程的发展机制。在需求膨胀的情况下，价格上涨的一个常见原因是总需求量的增加，其主要组成部分是个人消费支出、企业和单位的私人国内投资、政府购买商品和服务的支出以及净出口支出。所有这些支出的组成部分，直接取决于可支配家庭收入、私营公司投资倾向、国家预算状况和汇率。最终，这些费用（虽然不是它们的全部）都被归为通货膨胀的货币因素，因为它们与流通中相对过度的货币供应有关。至于成本膨胀，其机制的基础是生产成本的增长和总供给的下降。通常，成本的增加与实体经济部门企业和组织的生产技术和运营制度特点有关，它们不是通过流通货币供应的增长，而是通过它们生产的产品或服务的价格直接上涨，因此，可以带有一定条件地将这些因素归为非货币类别。显然，所提供的方法不是准确地确定货币和非货币因素对通货膨胀动态贡献的工具，而是允许能够近似地确定货币或者非货币因素的占主导地位时期。

为了阐明需求膨胀和成本膨胀机制，М. Ю. 马尔基娜建议对工业产品生产价格指数和消费价格指数的变化情况进行比较。[①] 如果消费价格指数超过工业产品生产价格指数，那么，这可能表明人口收入增加、通货膨胀预期或者预算限制宽松，导致商品和服务的货币需求增加。相反，如果工业产品生产价格指数将超过消费价格指数，那么，这可能表明生产成本增加，导致通货膨胀过程的发展符合成本机制的

[①] М. Ю. 马尔基娜：《俄罗斯和国外经济中的通货膨胀以及对其过程的监管》，下－诺夫哥罗德：下－诺夫哥罗德国立大学出版社2006年版，第182页。

逻辑,其中通货膨胀的非货币因素占据优势。

表1列出了消费价格指数与工业产品生产价格指数的计算比例,在俄罗斯的通货膨胀历史中,对需求膨胀和成本膨胀的各个时期的确定都是基于这些数据。

表1　　　　俄罗斯经济中的需求膨胀和成本膨胀
（1991—2017年）

年份	消费价格指数（CPI）年增长率（百分比）	工业产品生产价格指数（PPI）年增长率（百分比）	$\frac{CPI}{PPI}$	通货膨胀机制
1991	750	238	3.15	需求膨胀
1992	2510	2049	1.22	
1993	840.0	987	0.85	成本膨胀
1994	215.0	235	0.91	
1995	131.0	180	0.72	
1996	22.0	25.6	0.86	
1997	11.0	7.5	1.47	需求膨胀
1998	84.4	19.4	4.35	
1999	36.5	70.7	0.52	成本膨胀
2000	20.2	31.9	0.63	
2001	18.6	8.3	2.2	需求膨胀
2002	15.1	17.7	0.85	成本膨胀
2003	12.0	12.5	0.96	
2004	11.7	28.8	0.41	
2005	10.9	13.4	0.81	
2006	9.0	10.4	0.86	
2007	11.9	25.1	0.47	
2008	13.3	−7.0	14.3	需求膨胀
2009	8.8	13.9	0.63	成本膨胀
2010	8.8	16.7	0.53	
2011	6.1	12.0	0.51	

续表

年份	消费价格指数（CPI）年增长率（百分比）	工业产品生产价格指数（PPI）年增长率（百分比）	$\dfrac{CPI}{PPI}$	通货膨胀机制
2012	6.6	5.1	1.29	需求膨胀
2013	6.5	3.7	1.76	需求膨胀
2014	11.4	5.9	1.93	需求膨胀
2015	12.9	10.7	1.21	需求膨胀
2016	5.4	7.4	0.73	成本膨胀
2017	2.5	8.4	0.30	成本膨胀

编制采用的资料：俄罗斯联邦国家统计局数据（数据获取方式：http://www.gks.ru/）；М. Ю. 马尔基娜．俄罗斯和国外经济中的通货膨胀以及对其过程的监管．——莫斯科：ИНФРА-М，2012 年，第 193 页；国家研究型大学高等经济大学经济与社会学数据统一档案馆（数据获取方式：http://sophist.hse.ru/hse/nindex.shtml）。

对表 1 的分析表明，在 27 年的时间里（从 1991 年到 2017 年），需求膨胀达 10 年，相应地，成本膨胀则为 17 年。这些观察结果证实一个论点，即在俄罗斯经济中成本膨胀占据优势。与此同时，人们发现了一个有趣的规律：上面提到的所有四个通货膨胀加速周期，都与通货膨胀过程中需求膨胀机制占优势的时期相吻合（见图 3）。这种巧合并非偶然，可以解释为需求膨胀起到加速通货膨胀过程的客观机制作用。问题在于，通货膨胀过程的加速与解决前一阶段经济发展中累积的各种矛盾有关，在此期间，通货膨胀潜力是以递延储蓄、各种结构性失衡的形式（例如，以跨部门价格失衡的形式，这本身可能与作为固定资本折旧形式的各种生产失衡有关），以及国际收支失衡、汇率问题和债务增长问题，包括三角债的传播等问题的形式积累起来的。需求膨胀表现在消费价格开放式增长，并消除在各个经济分支系统中累积的不平衡，从而保证新的均衡状况。

俄罗斯 1991—1992 年的需求膨胀，是因苏联经济发展模式的瓦解、从计划经济向市场经济过渡的转型危机以及国家政治体制的变化而引起的。在 1992 年初以"休克疗法"方案的形式实施的经济改革

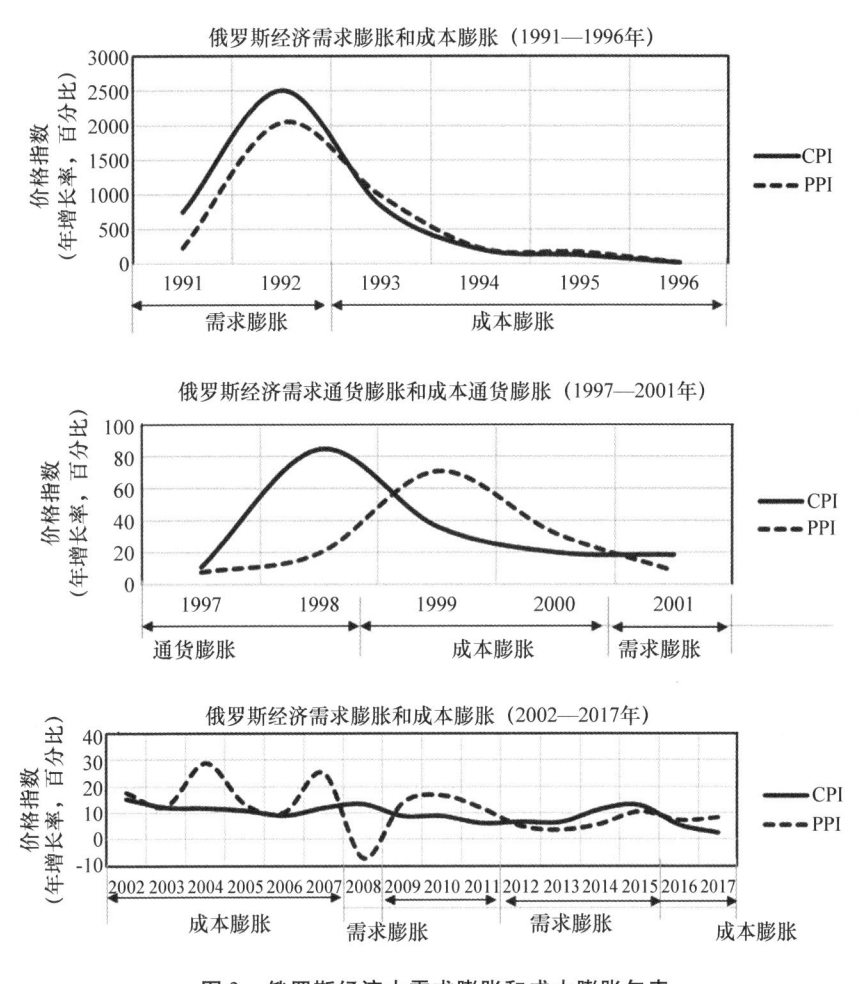

图3 俄罗斯经济中需求膨胀和成本膨胀年表

过程中，实现了价格自由化，这导致恶性通货膨胀的价格飙升。这一时期通货膨胀的货币性质得到了一系列事实的证实。首先，由于苏联经济的总赤字在前几年累积的强制储蓄，在1992年价格自由化阶段转变为旺盛的货币需求，导致1992年1月的恶性通货膨胀率飙升345.3%。

其次，这一时期通货膨胀机制的货币性质，得到了俄罗斯银行广泛使用的给政府和前苏联加盟共和国提供贷款的实践的证实。其结果是流通货币供应量出现大幅度的增加，1991年M2总量为363.7%，1992年为668%，1993年为409%。

1993—1996年的成本膨胀，是由非货币因素造成的，其中起到最重要作用的是与债券私有化和垄断企业价格竞争有关的再分配冲突。

1997—1998年的需求膨胀，是由于国债市场违约和卢布贬值造成的。

由于违约而释放出来的大量现金，从国债市场涌入货币和消费市场，导致这一时期通货膨胀的急剧加速。

1999—2007年（2001年除外）的成本膨胀，其原因可以解释为与受到世界原料价格，首先是石油价格以及粮食价格上涨影响的相对价格体系变化有关的全球性结构因素。此外，在此期间总体价格水平下降，原因是这类结构性的变化，诸如包括通过提高经济开放程度实现的消费市场竞争程度的提高。[1]

2008年需求膨胀是由高通胀预期和前三年货币扩张以及预算支出的显著增加引起的（M2总量的货币供应增长率，在2005年为38.6%，2006年为48.8%，2007年为47.5%）。与此同时，2008年通货膨胀加速的货币因素，在很大程度上得到了非货币因素的补充，特别是世界原材料和食品价格的持续上涨，以及自然垄断服务价格的提升。

2014—2015年通货膨胀的激增，实际上是2012年需求膨胀周期性发展的结果，这个需求膨胀受到货币因素的支撑，并在2014年底由于外汇市场卢布汇率的崩盘而加剧，导致了食品价格大幅度上涨。反过来，粮食市场价格的上涨也促使非粮食价格和居民有偿服务价格的增长加速。这导致在票面价值增长疲软的情况下（2016年增长1%）居民收入大幅度贬值和实际消费水平大幅度下降：2015年，俄罗斯零售业的实际营业额下降了10%，2016年在票面卢布购买量增长的情况下仍然下降了5.2%。这一系列的价格提升过程，导致需求

---

[1] М. Ю. 马尔基娜：《俄罗斯和国外经济通货膨胀及对其过程的监管》，莫斯科：ИНФРА-М，2012年，第195页。

膨胀机制周期性地取代自2016年以来一直有效的成本膨胀机制。

这样一来，俄罗斯经济中需求膨胀机制和成本膨胀机制的跨期循环替代的规律性，在中期时间框架中具有重要的预测意义，因为它们使得能够分辨在成本膨胀占优势的阶段中通胀潜力的累积时期，从而预示通胀机制的预期变化和价格增长的加速。

三 关于俄罗斯反通胀政策的讨论

对货币—信贷监管实践的研究表明，俄罗斯银行的行动标准接近世界水平。与此同时，专家对俄罗斯银行采用的控制通货膨胀的方法和货币—信贷政策工具的相符性展开了积极讨论。越来越多的人认为，俄罗斯银行不仅应该对价格稳定负责，还应该为经济增长创造条件。在这方面引人注目的是，针对2014年底俄罗斯中央银行向通货膨胀目标转型的争议，其定量参数被宣布为4%的年通货膨胀率。也有人表示，采用这种政策最合适的替代方案是宽松（或者混合性）目标，同时其设定不仅要通过维持价格稳定来实现确保卢布稳定的目标，还要为在短期内稳定经济和确保相应支持其中期增长创造必要的条件。

刺激性货币政策的支持者对俄罗斯银行向通胀目标的转型作出负面评估，同时指出了整个21世纪初其所实施政策的三个主要缺点。首先，这是一个旨在对抗通货膨胀的过于紧缩的货币政策，并且利用毫无根据的高水平的关键利率对经济增长速度实施压制作用。其次，他们指责俄罗斯银行忽视了国家金融体系稳定运行和发展目标，认为这与其任务直接相悖。再者，中央银行在作出关于实施货币政策的决定时的不透明性。[1] 紧缩货币—信贷政策的支持者们正好相反，他们

---

[1] А. 阿波金、Д. 别洛乌索夫、И. 戈洛夏波娃、И. 伊帕托娃、О. 索恩采夫：《论现代货币—信贷政策的根本缺陷》，《经济问题》2014年第12期，第80页；С. Ю. 格拉济耶夫：《美国的制裁和俄罗斯银行的政策：国家经济遭受双重打击》，《经济问题》2014年第9期，第13—29页；М. 叶尔绍夫：《旧疗程的新方针》，《出口》2015年第42期，第34—36页。

拥护俄罗斯银行的行动，其论证依据是，在力求实现价格稳定的同时，它不仅按照监管机构的委托维持卢布的稳定，而且还为经济的恢复和加速增长作出自己的贡献。①

对俄罗斯银行货币—信贷政策进行讨论的主要目标，是对俄罗斯的经济状况进行评估。这一评估结果显示，俄罗斯经济增长的放缓在很大程度上带有结构的性质，因为在 2000 年上半年制定的并基于占优势的高石油价格扩大总需求的经济发展模式已经耗尽，而在 2008 年危机之后，其经济达到了自身产能的极限（特别是在 2014 年），也就是说，现有生产设备已经达到满负荷运转、失业率在最低水平和潜在的国内生产总值获得了实际的释放。在这种情况下，由于实施宽松的货币—信贷政策，刺激需求只会导致货币性质的通货膨胀的增长，这种通货膨胀部分是由货币供应，部分是通过卢布汇率渠道的所谓"转移效应"导致的。根据对俄罗斯经济中的经济形势的这种论证，俄罗斯央行认为，目标水平 4% 的通货膨胀率的大幅度下降，将会促进俄罗斯经济结构朝着积极的方向变化。也许俄罗斯银行也是这样解释自己对确保该国经济增长条件所作的贡献。

可以将俄罗斯银行实施的保守货币政策的反对者的论点归纳如下：

第一，有关俄罗斯低失业率证明经济已经达到生产能力极限这个论点受到质疑。事实上，在 2014 年，俄罗斯的失业率达到了历史上最低点——5%。根据高等经济大学（NRU HSE）专家们的评估，这符合自然失业率的水平。与此同时，在俄罗斯出现的低失业率，不是俄罗斯经济超出其能力界线的准确证明，因为俄罗斯失业率下降完全不是由经济发展周期性质导致的，而是由俄罗斯经济的结构性问题导致的。这里指的是，低失业率是由于经济活跃人口的减少以及在国家

---

① C. 德罗贝舍夫斯基、A. 基尤采夫斯卡娅、П. 特鲁宁：《中央银行的全权范围和目标：危机的演变和教训》，《经济问题》2016 年第 5 期，第 5—24 页；П. 巴达先、A. 伊萨科夫、A. 哈赞诺夫：《现代货币—信贷政策：有根据的批评或者专家界的典型错误》，《经济问题》2015 年第 6 期，第 128—142 页。

某些地区保持着很高的隐性失业水平。

第二，完全有理由认为关于现有生产设备达到满负荷运转的论点没有根据。俄罗斯银行政策的支持者们，根据俄罗斯经济晴雨表的计算得出结论，认为2014年的产能利用率为85%，而在2000年，其水平偶尔低于70%（参见图4），这被视为生产能力的极限。

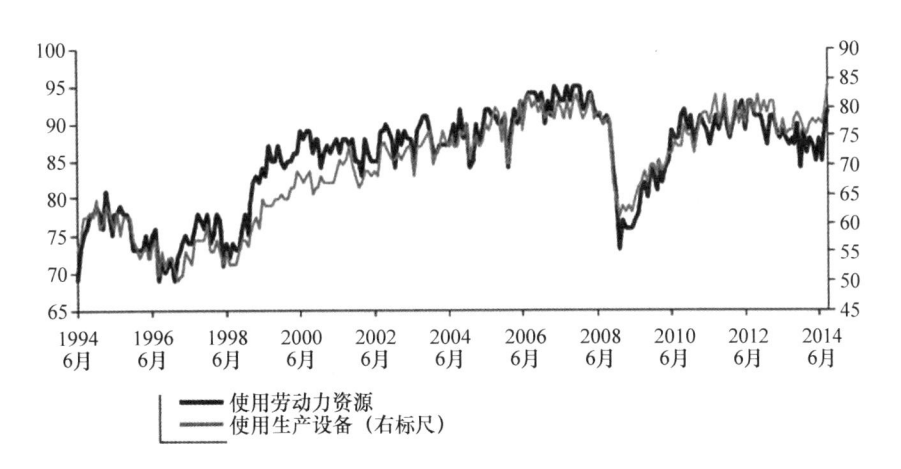

图4 俄罗斯联邦劳动力资源和生产能力的使用情况（百分比）

资料来源：П. 巴达先、А. 伊萨科夫、А. 哈扎诺夫：《现代货币—信贷政策：有根据的批评或者专家界的典型错误》，《经济问题》2015年第6期，第130页。

然而，最近对俄罗斯生产设备使用的统计表明情况正好相反。尤其是，在战略研究中心题为《对俄罗斯制造业生产能力最重要结构特征的分析》的研究报告中[1]，详细地分析了在2000年到2015年期间俄罗斯生产设备使用的构成和水平，指出在执行经济政策时必须考虑到，在整个研究时期里，即从2000年到2015年，在俄罗斯大多数活动领域存在着闲置的生产设备，它们没有被使用导致了潜在产出水平在不同年份下降5%至10%。与此同时，人们注意到最近大大低估了

---

[1] 《对俄罗斯制造业生产能力最重要结构特征的分析》，莫斯科：战略研究中心2017年版。

确保产量增长的设备被补充使用这个因素，因为通过对这些设备的补充使用，可以确保产出增长大约30%的水平。在这种情况下，实现高产能利用率的局限性，具有需求的、制度的或者偶然的特性，而对于高产能利用缺乏技术性限制，在不同的经济部门中它们可以达到92%—98%的水平。

根据所获得的研究成果，自2000年以来，在制造业中的产能利用率稳步呈线性增长，2007年达到峰值（72%）。这一最高水平没有被进一步超越。自2008年以来，产能的利用率开始下降，直至2015年达到66%。这些研究成果表明，在所有这些年份里，一直存在着一定储量的被闲置的生产设备（根据这样的简单估算，自2013年以来，这个储量至少是3%—5%，或者不低于产出增长率的5%—7%）。

第三，一些作者关于在危机前阶段（也就是在2014年之前）俄罗斯工业的产能接近加速通货膨胀的生产能力使用系数水平的断言，显得令人怀疑。但是，应该考虑到，这一系数的高水平也加速了生产设备更新的强度，这可以被视为一种反通货膨胀的因素。例如，已经查明，在工业生产能力负载不超过90%时，生产设备使用系数每增加5%，这些设备的更新率就增加9%，在生产能力负载水平90%的过渡期里，更新设备投入的增长水平的指数扩大到1.7倍![1]

第四，也是最后一点，俄罗斯银行支持者们关于需要适当货币监管工具（目前，这是关键利率）的俄罗斯通货膨胀货币性质的论点，也遭到了驳斥。上面我们已经表明，俄罗斯历史上发生的通货膨胀，有一半以上是由非货币因素决定的。

由此可见，所列举的俄罗斯货币—信贷政策，即以此前以及尤其是在2014年向通货膨胀目标过渡后的形式实施的这一政策的反对者的论点，可以被视为完全合理的。最近针对俄罗斯银行实行的货币政策有效性展开的激烈辩论，不可能不影响到俄罗斯货币监管机构言论

---

[1] 《对俄罗斯制造业生产能力最重要结构特征的分析》，莫斯科：战略研究中心2017年版，第65页。

重心的偏移。对此能够证明的是它在关于俄罗斯通货膨胀货币性质以及承认其多因素性质问题上的立场的强硬程度的降低。

四 俄罗斯货币—信贷政策制度的演变

为了评估俄罗斯银行实施的确保卢布稳定政策和它使用的监管通货膨胀过程的工具效率的符合性，在本文的最后部分里，对俄罗斯经济发展历史上货币—信贷政策的演变过程进行研究是适宜的。我们的分析不包括 2000 年之前的时期，因为，首先，那时候还没有一个实施货币—信贷政策的坚实制度基础；其次，针对在 20 世纪 90 年代过渡期内俄罗斯银行体系形成的问题，已经进行了相当大量的基础研究工作，其中包括与中国同事的共同研究工作。①

为了明确货币—信贷政策的特征及其对俄罗斯通货膨胀的影响，首先必须了解清楚俄罗斯银行为自己设定的任务和目标，分析其运营（过渡性的）目标和应用货币—信贷监管工具，然后将所获得的结果与被研究阶段里的价格指数数据进行比较，同时结合在我们研究过程中由需求通胀和成本通胀跨期相互交替阶段表明的数据。

对货币—信贷政策演变进行描述性分析的主要信息来源，是俄罗斯银行每年公布的题为《关于国家统一的货币—信贷政策主要方向》的官方公告，以及相关专家的研究著作。

请注意，关于货币—信贷政策研究的大部分著作，都具有经验主义的性质，其中揭示了货币—信贷监管机构行为中的变化。② 与此同时，现有的能够获得俄罗斯银行官方网站发布的数据的大量机会，使

---

① И. А. 卡梅涅茨基：《俄罗斯经济改革过程中的宏观经济观点》，《俄罗斯和中国经济专家眼中的俄罗斯和中国的经济改革》，圣彼得堡国立大学出版社 2000 年版，第 264—281 页。

② А. Г. 弗多罗维琴科、В. Г. 沃罗尼娜：《俄罗斯银行货币—信贷政策规则（第 04/09 号学术报告）》，莫斯科：经济研究和教育财团 2004 年版；С. 德罗贝舍夫斯基、П. 特鲁宁、М. 卡缅斯基赫：《对俄罗斯银行 1999—2007 年间货币—信贷政策规则的分析》，莫斯科：过渡时期经济研究所 2009 年版；Е. 费多罗娃、А. 雷先科娃：《货币—信贷政策工具如何影响俄罗斯中央银行目标的实现？》，《经济问题》2013 年第 9 期，第 106—118 页。

能够在对比其各种不同参数的同时，对货币—信贷政策进行质量上的，而不是数量上的分析。对这种进行了最详细分析工作的是 A. 佩斯托娃，其中基于对广泛信息的归纳整理，突出了俄罗斯银行货币—信贷政策的同类性阶段。[①] 这项研究的目的，是为构建评估货币—信贷政策效果的经济计量模型提出建议，而我们也将其作为对我们揭示的通货膨胀机制变化各阶段与货币—信贷政策制度更替进行比较分析的基础，A. 佩斯托娃也明确过货币—信贷政策制度的这些更替。

根据对俄罗斯银行题为《关于国家统一的货币—信贷政策主要方向》的报告的分析显示，可以区分出 2000 年至 2017 年期间俄罗斯银行改变货币—信贷政策既定优先方向的三个时间阶段（参见表2）。

表2　　俄罗斯银行宣布的货币—信贷政策的最终目标

宣布的货币—信贷政策最终目标	目标有效期限
维持金融稳定，为可持续的非通胀性经济增长奠定基础	2000—2001 年
降低通货膨胀率	2002—2013 年
通过实现既定的通胀目标确保价格稳定	2014—2018 年

资料来源：《关于相应年份里国家统一的货币—信贷政策主要方向》（http://www.cbr.ru/publ）。

作为被研究阶段里俄罗斯银行货币—信贷监管过渡性目标和对象的是基础货币、卢布汇率和利率［银行同业贷款（ILM）利率］，而货币—信贷监管的工具是——在开放市场中的业务、外汇干预、制定商业银行强制性准备金定额、设定俄罗斯银行信贷和存款业务利率以及规范银行的流动性水平。

考虑到所实施的货币—信贷政策模式取决于货币监管过渡性目标（基础货币、卢布汇率或利率）的选择，这些监管对象构成区分占主

[①] A. 佩斯托娃：《俄罗斯银行货币—信贷政策制度：对数量研究的建议》，《经济问题》2017 年第 4 期，第 38—60 页。

导地位的货币—信贷政策模式的标准,并使 A. 佩斯托娃能在 2000—2015 年把这一政策的演变划分为以下四个阶段:

(1) 以对基础货币和短期卢布汇率波动监管为基础的货币—信贷政策模式(2000—2003 年);

(2) 以对卢布汇率趋势和短期波动监管为基础的货币—信贷政策模式(2004—2008 年);

(3) 以对短期卢布汇率波动和利率监管为基础的货币—信贷政策模式(2009—2014 年);

(4) 以对利率监管为基础的货币—信贷政策模式(自 2015 年起)。

在被划分出来的俄罗斯货币—信贷政策模式中的第一个发展阶段(2000—2003 年)框架内,根据 2000 年国家统一的货币—信贷政策主要方向,显示监管机构的经营目标是基础货币。很清楚,这种选择多半是由于高通货膨胀率,并考虑到当时通货膨胀的货币性质没有受到质疑。

2004—2008 年货币—信贷政策演变的第二个阶段,与俄罗斯银行转向卢布汇率目标有关。在"国家统一的货币—信贷政策主要方向"中,指出了作为货币—信贷政策的量化基准,是卢布实际有效汇率增长幅度的上限为每年 7%—10%。这种转变是因为在此期间,由于原料商品价格(主要是石油)的快速增长导致大规模的外汇收入流入国内,从而致使卢布走强。监管机构认为有必要对此进行抵制,以便"保持国内生产的竞争力,解决经济的现代化问题,包括通过引进现代技术和设备来实现这个任务"[1]。为此,俄罗斯银行在国内外汇市场上大规模地购买外汇,导致削弱了对基础货币的监管和控制。因此,发生了从管理基础货币到管理卢布汇率中期趋势的过渡。[2]

---

[1] 《2005 年国家统一的货币—信贷政策主要方向》(http://www.cbr.ru/publ)。
[2] A. 佩斯托娃:《俄罗斯银行货币—信贷政策制度:对数量研究的建议》,《经济问题》2017 年第 4 期,第 51 页。

2009—2014 年货币—信贷政策演变的第三个阶段,其特点是俄罗斯银行转向利率监管的政策。在 2008 年石油价格暴跌以及与卢布汇率有关的震荡之后,俄罗斯银行在 2009 年"货币—信贷政策主要方向"中,提出了改变货币—信贷政策工具体系的目标,以便"将工作重心从监管汇率转移到加强俄罗斯银行利率政策的作用上"。在 2010 年的"货币—信贷政策主要方向"中,监管机构宣布减少自己参与国内外汇市场的行动,其目的是使汇率形成:"卢布汇率的变化将主要由基本宏观经济因素的作用确定"。这种选择是由于必须保持外汇储备数量,对此产生推动作用的是,根据所积累的干预规模,引入自动调整双货币篮子价值浮动运营间隔的边界的规则。与此同时,利率政策的作用也在增强,这得益于银行再融资业务的债务规模的增长。在对 2011 年"货币—信贷政策主要方向"的说明中,拟定逐步缩小俄罗斯银行业务的利率走廊,以降低货币市场利率的波动性。自 2015 年以来,俄罗斯实施了基于利率管治的货币—信贷政策模式。俄罗斯银行转向通货膨胀的目标。

在表 3 中,对俄罗斯银行宣布的最终目标对应的各时间段里的货币—信贷政策制度、货币—信贷调控的主要对象、需求膨胀和成本膨胀的各个阶段,以及宣布的通货膨胀目标和通货膨胀的真实数据进行对比。对该表数据的分析表明,在研究阶段实施的货币—信贷政策的有效性不高。

例如,在 17 年(从 2000 年到 2017 年)的时间内,俄罗斯银行仅在 2003 年、2010 年、2011 年、2016 年和 2017 年的五个案例中,成功地实现了规定的通胀目标。首先,这可以解释为所使用的工具与货币监管对象选择不当之间的不相符性;其次,可以解释为旨在抑制通货膨胀货币因素的相当紧缩的货币—信贷政策,与此同时,在最近 17 年里,俄罗斯的通货膨胀主要是非货币性质的(17 年之中有 12 年出现的是成本膨胀)。遗憾的是,必须指出这样一个事实,即在俄罗斯银行官方网站上公布的《2019 年及 2020 年和 2021 年国家统一的货币—信贷政策主要方向》的报告中,所选择的货币—信贷政策模式在未来三年内仍然保持不变,而俄罗斯银行的高利润的工作目标,不仅

表3　俄罗斯银行货币—信贷政策的主要参数和俄罗斯经济中的通货膨胀水平

年份	货币—信贷政策的最终目标	货币—信贷政策制度	货币—信贷监管的对象	通货膨胀机制	实际的居民消费价格指数（年增长率，%）	在货币—信贷政策最终目标中宣布的通货膨胀水平
2000	维持国家财政稳定和为确保经济非通胀性的可持续增长创造前提条件	监管基础货币和短期卢布汇率的波动	基础货币	成本膨胀	20.2	无
2001				需求膨胀	18.6	无
2002					15.1	无
2003					12.0	10.0—12.0
2004	降低通货膨胀水平	控制卢布汇率的趋势和短期波动	现实的、有效的汇率	成本膨胀	11.7	8.0—10.0
2005					10.9	7.5—8.5
2006					9.0	7.0—8.5
2007					11.9	6.5—8.0
2008				需求膨胀	13.3	6.0—7.0
2009		控制卢布汇率的短期波动和利率	短期利率	成本膨胀	8.8	7.0—8.5
2010					8.8	9.0—10.0
2011					6.1	6.0—7.0
2012					6.6	5.0—6.0
2013				需求膨胀	6.5	5.0—6.0
2014	通过取得既定的通货膨胀优先方面（通货膨胀目标）以确保价格的稳定	控制利率	短期利率		11.4	5.0
2015					12.9	6.2—6.4
2016				成本膨胀	5.4	5.5—6.5
2017					2.5	4.0

将威胁到刺激经济的增长，而且威胁到本国政府宣布的结构性改革举措。

结　论

俄罗斯银行向基于通货膨胀目标制的货币—信贷政策模式的转

变,导致俄罗斯经济出现货币—信贷政策的各种震荡。借助贝叶斯对矢量自回归分析进行的最新研究表明,俄罗斯银行基于设定高利率在2009—2016年期间实施收紧货币—信贷政策的举措,对国内生产产生了非常不利的影响,同时没有发现在统计方面对通货膨胀的巨大抑制作用。[1] 这些计量经济学评估仅仅证实了一个明显的结论,即源于我们对俄罗斯银行实施的货币—信贷政策无效性分析的结论。此外,已经明确一种效应,它被称为"价格之谜",与对提高利率价格水平作出的积极反应相关。[2] 这在许多方面让人回想起 H. 明斯基的后凯恩斯主义的金融脆弱性的观点,此前我们曾经用它来解释20世纪下半叶通货膨胀周期的出现。[3] 特别是,在通货膨胀成本机制发挥作用期间,高利率或将导致偿还债务的成本增加和通胀潜力的积累。

因此,有理由认为,2016—2017年的通货紧缩,并不是紧缩货币—信贷政策的结果,而是2016—2017年成本膨胀对2012—2015年需求膨胀周期性替代的结果。考虑到俄罗斯通货膨胀的特点,伴随着成本通胀占主导地位时期通胀潜力的积累,应该可以预见到,尽管俄罗斯银行采取紧缩的货币—信贷政策,在可预见的未来2—3年里,通货膨胀将会加速。只有在将货币—信贷政策转换为混合型通胀目标模式时,才有可能克服这种恶性循环。在这种模式框架内,可以将货币—信贷政策从通货膨胀目标转向在预定参数内刺激经济增长上。

参考文献

1.《对俄罗斯制造业生产能力最重要结构特征的分析》,B. A. 萨尔尼科夫编辑,莫斯科:战略研究中心2017年版。

2. A. 阿波金、Д. 别洛乌索夫、И. 戈洛夏波娃、И. 伊帕托娃、O. 索恩采夫:《论现代货币—信贷政策的根本缺陷》,《经济问题》2014年第12期。

---

[1] A. 佩斯托娃:《论俄罗斯货币政策效应评估:震荡空间的作用和政策制度的变化》,《经济问题》2018年第2期,第33—35页。

[2] 同上书,第52页。

[3] A. Ю. 普罗塔索夫:《通货膨胀过程的周期性规律:世界经验与国内实践》,圣彼得堡国立大学出版社2013年版,第76—82页。

3. П. 巴达先、A. 伊萨科夫、A. 哈扎诺夫：《现代货币—信贷政策：有根据的批评或者专家团体的典型错误》，《经济问题》2015 年第 6 期。

4. A. O. 巴拉诺夫、И. A. 索莫娃：《后苏联时期俄罗斯通货膨胀动态的主要因素分析》，《预测问题》2015 年第 2 期。

5. Д. Р. 别洛乌索夫：《什么是俄罗斯通货膨胀以及如何与之斗争》，经济分析独立中心协会（АНЦЭА）学术辩论 – 俱乐部标题为《经济政策关键点》的报告推介。2008 年 4 月 17 日。（http：//www. forecast. ru/default. aspx）

6. А. Г. 弗多维琴科、В. Г. 沃罗尼娜：《俄罗斯银行货币—信贷政策规则》（第 04/09 号学术报告），莫斯科：经济研究和教育财团 2004 年版。

7. С. Ю. 格拉济耶夫：《俄罗斯货币主义者的贫困和辉煌》，《当代俄罗斯经济科学》2015 年第 2—3 期。

8. С. Ю. 格拉济耶夫：《美国的制裁和俄罗斯银行的政策：国家经济遭受双重打击》，《经济问题》2014 年第 9 期。

9. О. 德米特里耶娃、Д. 乌沙科夫：《需求膨胀和成本膨胀：形成原因和传播方式》，《经济问题》2011 年第 3 期。

10. С. 德罗贝舍夫斯基、A. 基尤采夫斯卡娅、П. 特鲁宁：《中央银行的全权范围和目标：危机的演变和教训》，《经济问题》2016 年第 5 期。

11. С. 德罗贝舍夫斯基、П. 特鲁宁、М. 卡缅斯基赫：《对俄罗斯银行 1999—2007 年间货币—信贷政策规则的分析》，莫斯科：过渡时期经济研究所 2009 年版。

12. М. 叶尔绍夫：《旧疗程的新方针》，《出口》2015 年第 42 期。

13. A. 伊拉里奥诺夫：《世界通货膨胀的规律性》，《经济问题》1997 年第 2 期。

14. A. 伊拉里奥诺夫：《通货膨胀和经济增长》，《经济问题》1997 年第 8 期。

15. И. A. 卡梅涅茨基：《俄罗斯经济改革过程中的宏观经济观点》，《俄罗斯和中国经济专家眼中的俄罗斯和中国的经济改革》，圣彼得堡国立大学出版社 2000 年版。

16. A. 库德林、Е. 戈留诺夫、П. 特鲁宁：《刺激性货币—信贷政策：神话与现实》，《经济问题》2017 年第 5 期。

17. A. Л. 库德林：《通货膨胀：俄罗斯和世界趋势》，《经济问题》2007 年第 10 期。

18. М. Ю. 马尔基娜：《俄罗斯和国外经济中的通货膨胀以及对其过程的监管》，莫斯科：ИНФРА-М，2012 年。

19. М. Ю. 马尔基娜：《俄罗斯和国外经济中的通货膨胀和对其过程的监管》，

下－诺夫哥罗德：下－诺夫哥罗德国立大学出版社 2006 年版。

20.《关于通货膨胀的非货币因素和降低其波动性的措施》，俄罗斯银行出版社（http：//www.cbr.ru/Content/Document/File/25502/nfi.pdf）。

21. 2000—2017 年国家统一的货币—信贷政策主要方向（http：//www.cbr.ru/publ）。

22. А. 佩斯托娃：《论俄罗斯货币政策效应评估：震荡空间的作用和政策制度的变化》，《经济问题》2018 年第 2 期。

23. А. 佩斯托娃：《俄罗斯银行货币—信贷政策制度：对数量研究的建议》，《经济问题》2017 年第 4 期。

24. А. Ю. 普罗塔索夫：《通货膨胀过程的周期性规律：世界经验与国内实践》，圣彼得堡国立大学出版社 2013 年版。

25. Е. 费多罗娃、А. 雷先科娃：《货币—信贷政策工具如何影响俄罗斯中央银行目标的实现?》，《经济问题》2013 年第 9 期。

当代俄罗斯的产权和制度变迁

[俄] A. A. 舍维廖夫[*]

江晶媛 译

大约 20 年前，分析后苏联时期俄罗斯的产权再分配基本过程以及在其基础上形成的社会经济体系，我们得出以下结论："对现有制度实事求是的评价在于承认形成了独特的行政—在册权贵资本主义和寡头资本主义共生的现象，形成了严重违法的、阻碍'民间资本主义'发展的资本主义。"[①] 在过去的一段时间里，俄罗斯发生了触及俄罗斯社会和国家生活方方面面的深刻变化（转型）。在资本原始积累阶段出现的寡头被置于权力"垂直"的控制之下。军事工业综合体以全新的面貌复兴，生产出当代世界中无与伦比的武器模型。建立了具有作战能力、对国土可以提供可靠安全保障的武装力量。出现了有潜力在第四次工业革命创新基础上实现技术突破的创新集群。俄罗斯总统普京希望至少部分地恢复因苏联解体而打破的地缘政治平衡。这引发了来自主要权力中心的严重负面反应，导致了与西方关系的恶化，事实上，是与西方的对抗（"冷战 2.0"）。西方发动了制裁战和特工战，在这种情况下全面的信息战不断升级。与此同时，出现了其

---

[*] A. A. 舍维廖夫，圣彼得堡国立大学经济系经济理论教研室副教授、经济学副博士。

[①] *Шевелев А.* Права собственности и институциональные изменения в экономике России// Экономические реформы в России и Китае глазами российских и китайских экономистов: Сб. статей/Под ред. В. Т. Рязанова, Л. Д. Широкорада, Чэнь Эньфу, Ли Синя. -СПб.: Изд-во С. -Петерб. ун-та, 2000. С. 197.

他系统性矛盾和限制（已经是内部秩序），这使俄罗斯进入动态以及可持续经济增长和发展轨道的过程变得复杂，并阻碍了社会导向型经济的形成。本文的目的是在所有权重新分配和一般制度变革的背景下分析这些矛盾和限制。

"市场改革"的结果：精英阶层资产阶级化和租金经济的形成

当代俄罗斯社会空间结构的特点在于权力关系占据决定性的主导地位，政治领域相对所有其他领域（包括经济领域）具有绝对优势。所有后苏联的改革和变革从未使市场领域成为追求利益的经济主体竞争互动的自治领域，市场领域受到分层建立的官僚机构领域的决定性影响。[①] 作为统治、强制和监管资源的政治资本和行政资本，成功地转化为经济资本。资源的分配不是考虑经济效益，而是通过非正式协商，通常是非公开方式，由官僚机构和权力机构的任意优先权决定。立法程序、法律解释（执法）、专属利益和特权、有利的政府合同、对个体商人的不定期施压都有各自避开"公众"视野的阴影地带。这与各派别为资源再分配和占有租金收入的斗争紧密相关。这是"有限准入秩序"（D. 诺斯，J. 沃利斯和 B. 温加斯特提出的术语）。[②] 在这种秩序下，政治体系操纵经济以创造租金，设定获取有价值的经济和政治资源的界限，为占主导地位的盟友提供专属权利以换取他们的忠诚。"从'创新与活力倾向'的角度，主要的问题是不确定性增加，在家族资本主义的框架内，国家无效地保护合同和财产权，而'普通的'和'代表性'的代理人则遭受寡头或官员的任意宰割……过高

---

① Shevelev A. Structure in Bourdieu's Fields and Realities of Contemporary Russia//Re-Examining the History of the Russian Economy: A New Analytic Tool from Field Theory. Edition by Jeffrey K. Hass. Palgrave Macmillan, 2018. p. 349 – 350.

② Норт Д., Уоллис Д., Вайнгаст Б. Насилие и социальные порядки. Концептуальные рамки для интерпретации письменной истории человечества. М., 2011.

的不确定性以及由此产生的投资短视打消了既包括开采业，也包括加工业的国有工业的创新积极性，因为试验和引入创新是一个只能在遥远的未来得到回报的'时间和资本密集型'的过程。"①

20世纪90年代和2000年的一个主要和决定性过程是国家精英阶层的资产阶级化，借助（不同形式的）权力资源创造个人巨大财富。② 到目前为止，这一过程尚未发生新的变化。完成了"自上而下的革命"，国家精英阶层（和"凭空产生"的大型私人业主一起）首先利用了其结果。然而，正是国家精英阶层应负有个人责任：作为革命性变革的受益者，它始终没有将公共利益和国家发展目标作为它的主要关注对象。J. 斯蒂格利茨的观点完全正确，"资源丰富的国家通常不遵守可持续增长战略。他们的政治家们拒绝理解，只要他们不将原始资金投入到地上而非地下的各种生产活动，他们的国家就会变得越来越贫穷。政治功能失调加剧了这一问题，因为围绕获取原材料租金而发生的冲突导致了腐败和不民主政府的出现"③。在这方面，正确评估俄罗斯国家精英阶层的资产阶级性质非常重要。这个评估不取决于对生产资料拥有的传统所有权，而是由于管理阶层在组织各种买卖（交易）过程中所起的特定作用。这里指的是一种特有的，通过拥有国家组织和行政资源的所有权提取租金收入的"交易管理型资产阶级"④。

在官僚资本主义的条件下，国有资产转变为不同形式的私有财产

---

① *Розмаинский И.*, *Ложникова А.* Размышления о капитализме, инновациях и динамизме в постсоветской России//Journal Of Institutional Studies（Журнал институциональных исследований）. Том 6, No 4. 2014. C. 45.

② «К концу 2000 - х годов сформировался главный базовый принцип новой российской реальности: свободная конвертация власти в деньги и собственность и обратно. Элита стала консолидированной и единой. Это элита власти, воспринимающей свою деятельность не как служение обществу, а как вид бизнеса» (*Иноземцев В.* Потерянное десятилетие. М., 2013. C. 593).

③ *Стиглиц Дж.* От проклятия к благословению//Ведомости, 8 августа 2012 г.

④ *Акинин А.*, *Шевелев А.* К вопросу о природе государства и правящего класса в современной России: ответ «Эксперту»//Философия хозяйства, No 6, 2012. C. 67.

或"虚假国家形式的私人资本活动"①。在官僚资产阶级集体利益的影响下,国家所有成为虚假,事实上已变成私人所有。这为定期获得腐败租金以及投资所得的腐败收入资本化创造了有利的机会。后者中的一部分表现为一些官员的家族生意,它们借助于行政(和权力)资源免受竞争。中小型企业则由于高利率和不断增加的税收压力而"奄奄一息"。实际利率-10%—15%(平均盈利率为5%)。实行世界上国家监管实践中前所未有的宏观经济政策,将严格的货币政策与不断增加的商业税收压力结合起来。②这样的政策无法使经济快速增长,而是停滞在GDP年增长1.5%—2%的水平上。在未来几年,违背经济逻辑和常识,在积累国家财政储备的同时,计划保障国家预算的盈余。可见,俄罗斯政府人为制造的经济增长的内部阻力加剧了制裁带来的外部压力。

可以得出结论,俄罗斯国家精英阶层的强行资产阶级化不是促进,而是阻碍了其整体品质的提升和管理效率的提高。尚未形成职业化的政治阶层以及具有透明化利益表达和决策机制的竞争政治体系。寻租行为将发展的潜在源泉转变为一小部分社会阶层不受控制的致富手段。③能否在可预见的历史时期形成一个新的民主和社会导向的国家并在其框架内实施优先发展战略,是一个很大的问题。显然只保留了缺乏推进变革和历史发展动机的停滞不前的威权主义。官僚机构的

---

① *Гайдар Е.* Власть и собственность: Смуты и институты. Государство и эволюция. - СПб.: Норма, 2009. С. 292.

② *Долженков А.* Налоговая выжимает рост//Эксперт, № 41, 8 – 14 октября 2018.

③ *Заостровцев А.* отмечает: «Нефтегазовое изобилие, отражающееся в структуре экономики, экспорта и доходах государственного бюджета, способно создать мощные стимулы к такому поведению, которое не нуждается в формальных ограничениях, правилах игры, а нацелено на захват ренты через захват государства, позволяющего менять эти правила по ее ходу. В то же время можно сказать, что при прочих равных условиях замещение прав собственности государственным произволом в перспективе сокращает ресурсную ренту, на основе которой выстраивается вся система политических и социальных отношений» (*Заостровцев А.* Нефть, погоня за рентой и права собственности (обзор концепций) // «Ресурсное проклятие»: Нефть, газ, модернизация общества/под общ. ред. Н. А. Добронравина, О. Л. Маргания—СПб.: «Экономическая школа» ГУ ВШЭ, 2008. С. 30).

资产阶级化与其部分社会功能被隐藏的、暗地里的、一向非正式的旨在寻找和占用行政和政治租金的活动所取代密不可分。个别部门的庇护使它免于竞争，避开执法机构，同时为寄生上层建筑的代表人物提供源源不断的腐败收入。形成"国家精英倒退"的机制如此简单，它不仅仅导致了国家机器运转中的局部故障，以后果而论常常是悲剧性的制度上的失败，它对此负有直接责任。

因此，国家资产阶级具有很低的创新和现代化潜力。这是由于其活动中占上风的不是生产—创业、创新等动机，而是组织—中介、食利的念头。组织大规模的交易，侵占相关的经济利益，在能够带来收入的资产（特别是房地产）中实现收益。这是资产阶级国家精英阶层非公开活动的内容。它不仅拒绝道德标准，而且还拒绝文明世界通用的自我约束规范。这就是当代俄罗斯不同社会群体在收入水平、累积财富和消费质量上存在巨大差距的根源。① 非法收入早已成为靠国家资源寄生的领导群体（官僚资产阶级）再生的主要因素和来源。这些收入被完全合法的地位租金（国有企业高层管理人员即使在工资停滞的情况下也不断增长的超高奖金，赋予官僚资产阶级独有特权的官员、议员和执法机构代表单独的养老保障制度）有机补充。

如果没有政府积极干预经济过程，建立战略规划体系并实施金融社会化，在俄罗斯现有条件下实现大规模和全面的现代化，实施结构性政策是不可能的。② 仅仅希望振兴俄罗斯企业和市场力量是乌托邦式的幻想，虽然，形成一种能够使他们摆脱腐败官僚压力的制度"友好环境"，在可预见的未来是国家政策需要优先解决的一项任务。

---

① Авторы доклада американской некоммерческой организации Национальное бюро экономических исследований（National Bureau of Economic Research，NBER）считают, что наиболее богатые 10% россиян владеют примерно 45% национального дохода, а супербогатые 1% – примерно 20%. «Средние» 40% россиян владеют примерно 39% национального дохода, а наиболее бедные 50% – лишь 18% национального дохода（*Novokmet F.*，*Piketty T.*，*Zucman G.* From Soviets to Oligarchs: inequal

② *Рязанов В. Т.*（Не）Реальный капитализм. Политэкономия кризиса и его последствий для мирового хозяйства и России. -М.：Экономика，2016. C. 628 – 641.

然而，在当代俄罗斯，一个适度专制的、越来越明显地服务于一小部分精英阶层利益的政治体制，与极端自由主义的（通常是反社会的）经济政策独特地结合在一起。经济和政治行政精英群体以租金为导向的行为占据着主导地位。这些群体事实上相互依存，本质上不接受公平竞争（因为他们可以预见的是惨败），但却相当成功地创造了各种经济、行政和政治垄断，将收入和财富重新进行利己的分配。因此，这不仅关乎改善国家的经济政策，还应该改变其本质。换言之，它应该由一个专横的租金获得者和受益者转变为一个发展的体系。我们特别要强调的是，问题不仅在于缺少精心制定并能系统性地刺激经济增长的政策，而在于执政的官僚机构无法在现有社会秩序的框架内制定有科学依据的国家战略以及国民经济和社会领域的发展计划，包括生产力的空间布局和基础设施的升级。事实上，俄罗斯联邦现政府一贯执行国际货币基金组织的建议，遵循减少国家在经济中影响范围的理念①，同时筹划提高退休年龄和增值税（换言之，消费税），但原则上拒绝对极富阶层征收累进所得税，不放过通过专门的基金出售自然资源来累积租金收入的机会（以挪威为例）。政府实际上是以牺牲最无保障的公民群体为代价来弥补经济政策的失败。其结果，富人更富，穷人更穷。与俄罗斯形成鲜明对比的是中国共产党在中国特色社会主义框架内建设小康社会的战略。这一战略取得了令人瞩目的成就。

权力—所有制体系及其非正式制度化

权力—所有制体系的特点是权力与财产的融合，统治阶级（行政权力）在所谓"官僚市场"中占主导地位。② 统治阶级（所有形式

---

① IMF Country Report No. 18/276. September 2018（https://www.imf.org）.

② Нуреев Р., Рунов А. Россия: Неизбежна ли деприватизация? (Феномен власти-собственности в исторической перспективе) //Вопросы экономики. 2002. № 6.

的官僚阶层）早在苏联时期就已经利用国有财产为自己的个别人和团体谋利益。苏联没落时期（20世纪80年代末）非法侵占（盗窃）国有财产的活动在创建国有企业合作社的过程中明显活跃。90年代统治阶级的私有化使私有财产合法化，当权者占有了从前属于国有的最有利可图的资产。① 在这次私有化过程中，"不仅仅发生了财产所有权的转换（如同计划的那样），更重要的是政治与商业精英阶层的合并。1994—1995年对俄罗斯商界精英阶层的社会学研究数据表明，过去的权力拥有者约占样本的一半。……到20世纪90年代末，很明显，无论是在联邦还是在地区层面，权力—所有制体系都占据了主导地位。……至今，商业精英阶层也不是一个独立的经济主体"②。结果，到2001年初，国有资产份额占固定资产的42%（1991年为91%）。③

著名精英问题专家O.克雷什塔诺夫斯卡娅对精英阶层给出如下定义："精英是社会的统治集团，是政治阶层的最高阶层。精英站在国家金字塔的顶端，控制着政府的主要战略资源，在国家层面作出决策"④。必须对这个整体上正确的定义进行一点补充：精英或统治集团在权力—所有制体系中还控制着集中在国有企业和国有银行的主要战略性经济和金融资产以及国家预算资源。非常明显的是，在俄罗斯

---

① По оценке В. Иноземцева, «Сибнефть» была приобретена в 1996 году за $103 млн, а в 2005 - м продана «Газпрому» за $13,1 млрд. «Сиданко», приватизированная за $130 млн, в 2013 году была присоединена «Роснефтью» под торговой маркой ТНК-ВР за $54,8 млрд. При этом новые собственники мало инвестировали в свои активы, однако могли вести активную ценовую конкуренцию, поскольку практически вся амортизация превращалась в прибыль. Этот же фактор поставил заслон перед строительством новых производственных мощностей в стране: любой сторонний инвестор, решившийся вложить деньги в отрасль, должен был бы годами «отбивать» первоначальные инвестиции, в то время как у «приватизаторов» они практически равнялись нулю» (*Иноземцев В.* Ловушки приватизации// Бизнес-журнал, №11, 2016. С.6).

② *Нуреев Р.* Россия: особенности институционального развития. -М.: Норма: ИНФРА-М., 2017. С.140, 144, 147.

③ Там же. С.139.

④ *Крыштановская О.* Анатомия российской элиты. – М.: 2005. С.40.

的现实中,国有大型石油和天然气公司领导人是由俄罗斯联邦总统亲自任命,预算政策的主要方向和预算资金支出的优先事项也由总统批准。国家一号人物可以与一些超大型企业的领导者形成信任和非正式关系,这能够决定其"政治权重"。这就是当代俄罗斯权力体系的现实,其中经济领域的权力和政治领域的权力密不可分,关键人物的相互关系总是个人化和非正式的。这种关系的性质导致在组织具有战略意义的交易时为超大型企业管理者提供了很大的自由度,例如,出售(私有化)国有资产,以及在与部委的关系中赋予它们专有特权(法律和正式程序未规定的)。因此,石油天然气巨头的国家地位是纯粹名义上的,这反映在网络媒体大量报道的高层管理人员的巨额奖金上(特别是某些可兑换成超级高档房地产的奖励),也反映在他们拒绝向国家支付股息上。① 这里我们提及一个事实,我们所说的"俄罗斯石油"公司(50.00000001%)的控股权,由"俄罗斯石油天然气"公司拥有,而该公司为100%联邦所有。往往很难评估国家层面与上述公司活动相关决策的合理性和"逻辑性",因为它们的协调机制不透明且隐藏于专家们的视线之外。

不对制度结构(包括权力关系)的系统特征进行分析,就无法理解当代俄罗斯(国家的和私人的)所有权形成和实施的真实机制。以市场角度看待所有权的形成会造成对问题理解的错觉,将其简化为对所售商品(形式上的制度和其固定机制)、购方群体和需求参数、卖方群体和报价参数、价格水平的市场制度等要素的分析。正如尤·瓦列维奇在这方面所写的那样,制度市场上的买方由经济的主要参与者

---

① «Роснефть» отказывается платить в бюджет дивиденды по установленной правительством норме-половина чистой прибыли по Международной системе финансовой отчетности. Аргумент- «мы не госкомпания». Формально контрольный пакет акций «Роснефти» не принадлежит российскому правительству, а контролируется некоей прослойкой под названием «Роснефтегаз», совет директоров которой возглавляет глава «Роснефти» И. Сечин. То есть когда надо получать поддержку из бюджета и преференции «Роснефть» – это госкомпания, а когда платить дивиденды-уже нет» (https://newsland.com/community/5325/content/chastnye-lavochniki/5789527).

（公司、家庭、政府机构）充当。对制度的需求具有双重（和多方向）动机的特点：对于市场中相互竞争的经济实体来说，要降低交易成本（因此，关注有效保护所有权的制度、稳定的立法等），对于以租金为导向的特殊利益群体来说，需要提高交易成本（建立行政垄断、通过非市场方法限制竞争）。换言之，进行制度改革，要么是为了创造竞争环境，要么是为非生产性社会阶层（例如，拥有行政资源的阶层）提取租金创造条件。政府机构和部门既有可能作为需求方，也有可能作为供应方，这可能会造成他们的机会主义行为（创造了提取额外行政租金的条件）。①

然而，在对制度市场进行建模并导出制度均衡推理公式的同时，人们不能忽视这样一个事实，即在建立和重新分配所有权的过程中，既嵌入了市场交易也嵌入了非市场交易的社会关系起着至关重要的作用。确定这样或那样的制度选项（包括所有权再分配方案），不仅仅且经常是不完全取决于节约（最小化）交易成本的标准，而是取决于占主导地位的社会关系。因此，官僚机构中强大的社会和政治派别（占主导地位的分配同盟）在公民社会和民主制度不发达的情况下，对所有权进行了有益于自身的重新分配（这不可避免地引起政治游戏规则的改变）。在这种情况下，对经济效率的考虑要么后退到第二位，要么完全不作考虑。如果说，R. 科斯（R. Coase）证实了法律体系对经济有效运作的巨大意义，那么在这些历史条件下发展起来的社会关系也有不小的作用。对"经济"和"市场"（及其简化模型）的抽象概括没有考虑到社会再生产的经济和非经济方面的交织和相互渗透以及人类相互作用的复杂完整性。经济现实的本体论必须考虑到社会互动在经济交易中的首因效应，不存在"纯粹的"经济交易，它们总是与文化、社会联系（网络）、非经济因素（包括非正式制度）相结合。② 经

---

① См.: Валевич Ю. Институциональное равновесие//Эковест, № 2, 2002. С. 276 – 300.
② *Шевелев А.* Интегральный（трансдисциплинарный）подход в философии, политической экономии и институционализме//Проблемы современной экономики, №3（67）, 2018.

济行为者的实践是通过社会关系的集合来实现的,通过规范来调节,并通过文化以共同的理念进行渗透。所有的社会互动都"贯穿"着权力关系。上述这些因素在俄罗斯现实下导致了统治阶级旨在寻求和获取租金的寻租行为,换言之,不是旨在创造价值,而是为了重新分配价值。"习惯性思维方式"[①] 和相应的行为模式不断重现,其目的是建立占用租金收入的机制。

俄罗斯统治阶级由政治和经济上占统治地位的群体组成,即政治精英和商业精英,其间的相互关系由暗箱游戏规则和非正式协议来调节,旨在实现权力—所有制体系内利益和好处的平衡。俄罗斯的政治监督和调节职能主要由官僚机构执行。实际上,"职业政治家"(立法者)是一个附属品,是最高官僚机构和商业精英的"对话框架"。与临时和多变的"政治家"相比,处于官僚阶层顶层的官员是具有真实(而非外表上)的政治资本以及行政资源的稳定和永久性人物。权力—所有制体系中的行政资源是一种政治和经济现象,因为它是由一系列相互作用的政治和经济因素共同构成的。因此,不同主体在权力等级中处于不同的地位,会产生不同的政治影响,这会促使形成受控商业结构的经济垄断。后者的垄断确保了政治—行政"顶层"的财政基础得到加强,反过来又形成行政资源。在普京执政期间,国家通过阻止寡头集团的扩张,设法恢复对政治决策的垄断。目前,总统最重要的任务是由派别斗争的仲裁员和调停者转变为持续的国家利益的代言人和提供者。执行这项最重要的任务可以成为俄罗斯政府实现根本转变的起点。排在议程上的不是在政治参与者之间的选择,而是必须回归理性,政权中的关键人物应掌握理性政治艺术。为此,重要的是首先要明白:如果不修复破裂的基础(关系系统),就无法修复或重建房屋。在不牢固的基础上就无法建立"正确的制度"。权力的两难抉择显而易见:精英的交替轮换和国家的转变要么是通过有理性的进化变化实现(虽然注定会有困难和危机表现),要么是通过动荡和混

---

① Веблен Т. Теория праздного класса. М.: Изд-во «Прогресс», 1984. C. 202.

乱来实现。在第一种情况下，有可能建立有效的发展制度，在第二种情况下，俄罗斯国家的消极和前现代特征以及陈旧的权力—所有制体系很有可能在长期内得到巩固。

21世纪初的俄罗斯私有化

上面已经提到，在世纪之交，20世纪90年代的经济改革没有形成优化生产（供应）结构的有效市场形式，而是相对于退化的实体部门而言，过多地发展了贸易和金融中介领域，尤其是具有投机倾向的领域。[1] 从那时以来的近20年，俄罗斯经济结构没有根本改变。俄罗斯商业咨询公司的俄罗斯年度500强公司评级可以证明这一点。2018年，按参与评级者的数量，"贸易"类（53家公司）取代曾经的领先者"金融"类名列前茅，金融类公司由原来的54家降为51家。就货币价值而言，"石油和天然气"类占首位：来自该行业的49家公司占评级参与者总收入的32%。总的来说，在这个指标上两个最大行业——"石油和天然气"和"金融"行业的收入超过了俄罗斯商业咨询公司500强公司中所有参评企业总收入的一半。前100家公司的累计收入占评级企业总收入的75%，前10家（俄罗斯天然气工业股份公司，卢科石油公司，俄罗斯石油，俄罗斯储蓄银行，俄罗斯铁路公司，俄罗斯国家技术集团，俄罗斯商业银行，X5零售集团，苏尔古特石油天然气公司，马戈尼特连锁超市集团，俄罗斯电力公司）占38%。[2] 换言之，俄罗斯国有资产的私有化并没有通过多样化和深思熟虑的产业政策创造一个渐进的经济部门结构，这使得它极易受到外部价格冲击（主要是油价）和卢布汇率波动的影响。结构优势属于出

---

[1] Шевелев А. Права собственности и институциональные изменения в экономике России//Экономические реформы в России и Китае глазами российских и китайских экономистов: Сб. статей/Под ред. В. Т. Рязанова, Л. Д. Широкорада, Чэнь Эньфу, Ли Синя. - СПб. : Изд-во С. -Петерб. ун-та, 2000. С. 207 – 208.

[2] РБК № 10（144）2018.

口商品部门以及商业和金融中介领域。俄罗斯"管道经济"并没有突破性创新和成功商业化,在生产机器人化领域落后于其他国家,高科技产品生产数量不足[1],但积极进口商品并贷款给家庭。经济生产部门的投资没有增长(而且相对于国内生产总值的积累率极低),无法创造所需数量的高绩效工作岗位,但是,即使在人口实际收入停滞和下降的情况下,由于原材料和资金的占用,一小部分获利社会阶层仍是越来越富。很明显,俄罗斯既定的制度体系以及特殊利益的主导群体都由经济结构所派生。还有一种相反的关系:精英阶层的租金导向行为、缺乏战略规划和"投资短视",带有这些特点的低效制度体系几十年来一直阻碍经济的渐进结构变化。这是个恶性循环或者俄罗斯落入的系统性制度"陷阱"。

V. 维诺格拉多夫总结了2000年代中期俄罗斯经济情况的特征:"正在展开又一轮财产再分配,但现在是新的私人所有者之间的再分配。游戏规则仍未明确规定,所有权没有划分,失去了控制和监管职能的国家,即使在与法律规定的所有权密切相关的方面,也尚未学会维护自己的利益……在大型国有企业的基础上,正在形成一种表面为股份制,实际为寡头结构、部族或高级管理人员所有制的特殊公司财产制度,这些寡头结构、部族或高级管理人员都来自过去的统治阶级。与此同时,在这种公司制度的孔隙中,出现了大量的私营企业,营养它的土壤往往是与官僚机构紧密联结在一起的影子投机商资本。"[2] 我们认为,这是对权力—所有制体系的一个很好的描述,在这一体系的框架内,在法律条文背后隐藏着具有俄罗斯特色的内容——私有财产权的形式主义和不安全感、许多方面国家控制的虚假性。因此,以国家在总资产中所占份额的数量来判断经济中国家的实际控制

---

[1] По контрасту с российской ситуацией среди глобальных компаний с капитализацией свыше $1 млрд на Китай приходится 43%, на США-45% и 12% на весь остальной мир. В 2017 году 97 китайских технологических компаний провели IPO (Forbes, № 9 (174) 2018. C. 80).

[2] Приватизация: глобальные тенденции и национальные особенности/Отв. ред. В. А. Виноградов. -М.: Наука, 2006. C. 719.

水平，是一个错误。现实是，官僚资产阶级指导下的民营资本活动的冒牌国家形式取代了国家控制。

在当代俄罗斯，到目前为止，还没有建立起有效的竞争性市场体系，也没有形成规范国有企业并引导其实现公共利益而非私人利益的体制机制。在一种情况下，垄断和不公平竞争占主导地位，而另一种情况则是管理层的无能和机会主义行为。在这方面，21世纪第一个十年结束时专家所作的评价是有代表性的："在国家向经济扩张并创建国有企业多元化项目的背景下，逆向过程——国有资产私有化正在衰减。……结果，经济中的国家份额不断增加。……非私有化企业对资源的利用效率低下，私人利益则落入这些企业的管理层和与之相关的政府官员手中。"[1] 然而，这一结论并不意味着无条件断言国有资产私有化是一种自动触发的机制，私有化可以提高国有资产的使用效率。效率低下的企业，如同那些相当成功和有竞争力的企业一样，既可以是私营企业，也可能是国有企业。无论所有权形式如何，经营的效率取决于一系列条件：管理质量和制度环境，生产和管理组织形式，战略性的市场营销以及技术平台和创新集群内的良好网络结构。[2]

---

[1] Права собственности, приватизация и национализация в России/Под общ. ред. В. Л. Тамбовцева. -М. : Фонд «Либеральная миссия»; Новое литературное обозрение, 2009. С. 294; «Президент в своем послании ставил задачу уменьшения доли государства в экономике. При этом доходы от приватизации в законопроекте ["О параметрах проекта бюджета на 2019 год и на плановый период 2020 и 2021 годов"] - здесь даже смешными не назовешь. В 2019 году-13 миллиардов рублей, в 2020 году-11 миллиардов рублей, в 2021 - ноль доходов от приватизации. Больше того, у нас государственные компании скупают частные активы», - заявил недавно Председатель Счетной палаты А. Кудрин (https: //news. mail. ru/economics/34982587/).

[2] «Проблема состоит не в форме собственности компании, а в эффективности ее работы. А для повышения таковой компания должна быть помещена в рыночную среду и ориентирована на генерирование прибыли (львиная доля которой опять-таки может уходить государству). Такая модель в случае ее качественной реализации способна в российских условиях (где в последнее время в "государственном секторе" производится почти две трети ВВП) обеспечивать за счет перераспределения дивидендов 15% - 20% доходной части федерального бюджета, а не 0, 6%, как в среднем в последние годы. Получать доход от собственности для собственника совершенно не зазорно, хотя в российском правительстве такая мысль, похоже, не особенно популярна» (*Иноземцев В*. Ловушки приватизации//Бизнес-журнал, №11, 2016. С. 8).

与此同时,公司的"市场化"程度在俄罗斯条件下有着本质性的差异。例如,国有且没有私有化的大型国防公司得到国家的直接财政支持,并且往往是生产某些特别复杂的军事产品的垄断者。因此,市场竞争机制不能像经济中的民用部门一样,对其有效性水平产生同样的有效影响。在这方面,分析人士指出,与私营企业相比,俄罗斯国有军工企业经济效率更低。[1]

为了完整起见,需要指出,近年来,尽管私有化进程"衰减",但在媒体上广泛评论的共振式私有化交易已经成为标志。这里指的是,"俄罗斯石油"公司出售19.5%的股份以及该公司收购国有控股"巴什基尔石油"公司50.08%的股份。总的来说,从这两笔交易中,国家预算收入超过一万亿卢布(分别为7000亿卢布和3300亿卢布)。2016年,卡塔尔主权基金(Qatar Investment Authority,QIA)和嘉能可斯特拉塔股份有限公司以105亿欧元的价格收购了国有"俄罗斯石油"19.5%的股权。2018年夏,俄罗斯政府批准了卡塔尔主权基金从已被解散的QIA和嘉能可斯特拉塔股份有限公司购买"俄罗斯石油"14.16%的股份。此外,该俄罗斯公司19.75%的股份归英国石油公司俄罗斯投资有限公司所有。

鉴于俄罗斯经济中私有化进程的复杂性和模糊性,有必要在经济和法律领域建立"游戏规则",以便为产权提供明确的规范和可靠的保护,以及有效的竞争政策。分析人士在这方面指出:"今天,比以往任何时候,都更加需要明确产权的定义以及对它们的一贯保护。有效执行财产权和合同权利的要求直接关系到司法和法律制度的彻底改革以及积极打击掠夺的任务。规范市场'游戏规则',特别是对金融市场体系运作进行有效持续的监控,是极为重要的任务。"[2]

---

[1] Нуреев Р., Бусыгин Е. Экономические санкции как фактор модернизации оборонно-промышленного комплекса России//Journal of Institutional Studies(Журнал институциональных исследований). Том 9, № 3. 2017. C. 111 – 112.

[2] Приватизация в современном мире: теория, эмпирика, «новое измерение» для России: в 2 т. Т. 2/науч. ред. А. Д. Радыгин. -М., 2014. C. 438 – 439.

结　论

在当代俄罗斯已经形成了一个复杂且矛盾的局面。没落衰败（早已耗尽潜力）的国家政策依然存在。很明显，金融体系目前无法实现将储蓄转化为投资的基本职能，并且实际上不能确保中小企业的发展。不愿意有目的地积极发展金融体系的投资部分，强硬并明确支持危机的货币和财政政策，减少消费需求，"淘汰"中产阶级，侵占"各级"专业知识不足的官僚的权力，都严重恶化了经济形势。旨在寻找和获取租金，使交易部门的垄断者和代理人，即（在经济领域占据统治地位的）行政和贸易中介、金融市场参与者致富的再分配再生产战略已经成为主导战略。

如果试图对俄罗斯的发展前景进行简要的评估，重要的是要说明，最好的方法在于形成完善的民主制度（即使是具有不可避免的俄罗斯特色）、竞争性的政治和经济体系以及实现现行权力模式（国家质量）的演变。当然，实现这一前景是一个长期而艰难的过程。在这个过程中，会出现新的社会力量和有影响力的发展联盟，它们将是积极变化的驱动因素。俄罗斯的形态（社会景观）在很大程度上取决于成功解决一个合二为一的问题：建立强大而高效的发展中国家，明确阐述并实现社会公平原则，保护国家利益（基于文化认同和文明自给自足）；形成一个不仅能够遏制全能的"利维坦"的消极表现，而且能够成为积极变革倡导者的成熟公民社会。（武装了理性发展思想并实行合理文化教育及社会导向经济政策的）国家的"合理力量"[①]、关于在网络结构和组织等级空间[②]中形成社会经济创新的民间倡议以

[①] Чихарев И., Столетов О. К вопросу о соотношении стратегий «мягкой силы» и «разумной силы» в мировой политике//Вестн. Моск. ун-та. Сер. 12. Политические науки, № 5, 2013.

[②] В отличие от властных иерархий для гетерархий характерны «поперечно организованные сетевые структуры, отражающие более сильные взаимозависимости, возникающие в процессе сложно организованного сотрудничества» (Старк, Д. Гетерархия: организация диссонанса//Экономическая социология. Январь 2009. Т. 10. № 1. С. 57).

及商界和知识精英在制定全国发展战略的有效参与,只有这些因素协同作用,才能保证国家有可预期的未来。导致财产极其不平等和高度贫困的租金经济应该转变为面向多数人利益的社会经济秩序。技术革命是资本主义制度变迁的驱动力。与此同时,它为各种形式的后资本主义形成创造了机会和先决条件。[1] 无论资本主义制度如何变动和转型,资本主义已经产生了资本主义制度的"普洛克路斯忒斯之床"无法容纳的力量。向后经济形态的转变基于非市场和非官僚沟通形式、合作关系和新价值体系的逐步传播和生根。对于俄罗斯来说,这个世界历史的转型将意味着建立一个整体社会(社会秩序),社会主义和市场经济的最佳特征将在其中融合,产生一个新的社会形态。[2]

参考文献

1. Акинин А., Шевелев А. К вопросу о природе государства и правящего класса в современной России: ответ «Эксперту»//Философия хозяйства, № 6, 2012. С. 61 – 77.

2. Акинин А., Шевелев А. Институциональный анализ в эпоху посткапитализма: пролегомены к новой теории//Философия хозяйства, № 4, 2017. С. 67 – 85.

3. Валевич Ю. Институциональное равновесие//Эковест, № 2, 2002. – № 2. С. 276 – 300.

4. Веблен Т. Теория праздного класса. М.: Изд-во «Прогресс», 1984. – 368 с.

5. Гайдар Е. Власть и собственность: Смуты и институты. Государство и эволюция. -СПб.: Норма, 2009. – 336 с.

6. Иноземцев В. Потерянное десятилетие. М., 2013. – 600 с.

7. Иноземцев В. Ловушки приватизации//Бизнес-журнал, №11, 2016.

8. Крыштановская О. Анатомия российской элиты. -М.: 2005. – 384 с.

---

[1] *Акинин А., Шевелев А.* Институциональный анализ в эпоху посткапитализма: пролегомены к новой теории//Философия хозяйства, № 4, 2017.

[2] Новое интегральное общество: Общетеоретические аспекты и мировая практика/Под ред. Г. Н. Цаголова. -М.: ЛЕНАНД, 2016; *Шевелев А.* (Не) Реальный капитализм и актуальная Россия: тернистый путь к новой цивилизационной парадигме//Проблемы современной экономики, № 2 (66), 2018. С. 43 – 45.

9. Новое интегральное общество: Общетеоретические аспекты и мировая практика/Под ред. Г. Н. Цаголова. -М.: ЛЕНАНД, 2016. –256 с.

10. Норт, Д.; Уоллис, Д.; Вайнгаст, Б. Насилие и социальные порядки. Концептуальные рамки для интерпретации письменной истории человечества. М., 2011. –480 с.

11. Нуреев Р., Рунов А. Россия: Неизбежна ли деприватизация? (Феномен власти-собственности в исторической перспективе)//Вопросы экономики, № 6, 2002.

12. Нуреев Р., Бусыгин Е. Экономические санкции как фактор модернизации оборонно-промышленного комплекса России//Journal Of Institutional Studies (Журнал институциональных исследований). Том 9, № 3. 2017.

13. Нуреев Р. Россия: особенности институционального развития. -М.: Норма: ИНФРА-М., 2017. –448 с.

14. Права собственности, приватизация и национализация в России/Под общ. ред. В. Л. Тамбовцева. -М.: Фонд «Либеральная миссия»; Новое литературное обозрение, 2009. –504 с.

15. Приватизация: глобальные тенденции и национальные особенности/отв. ред. В. А. Виноградов. -М.: Наука, 2006. –854 с.

16. Приватизация в современном мире: теория, эмпирика, «новое измерение» для России: в 2 т. Т. 2/науч. ред. А. Д. Радыгин. -М., 2014. –448 с.

17. Рязанов, В. Т. (Не)Реальный капитализм. Политэкономия кризиса и его последствий для мирового хозяйства и России. -М.: Экономика, 2016. –695 с.

18. Чихарев И., Столетов О. К вопросу о соотношении стратегий «мягкой силы» и «разумной силы» в мировой политике//Вестн. Моск. ун-та. Сер. 12. Политические науки, № 5, 2013.

19. Шевелев А. (Не)Реальный капитализм и актуальная Россия: тернистый путь к новой цивилизационной парадигме//Проблемы современной экономики, № 2 (66), 2018. С. 43 –45.

20. Шевелев А. Интегральный (трансдисциплинарный) подход в философии, политической экономии и институционализме//Проблемы современной экономики, № 3 (67), 2018.

21. IMF Country Report No. 18/276. September 2018 (https://www.imf.org).

22. Novokmet F., Piketty T., Zucman G. From Soviets to Oligarchs: inequality and property in Russia, 1905－2016（http: //www. nber. org/papers/w23712/）.

23. Shevelev A. Structure in Bourdieu's Fields and Realities of Contemporary Russia// Re-Examining the History of the Russian Economy: A New Analytic Tool from Field Theory. Edition by Jeffrey K. Hass. Palgrave Macmillan, 2018. p. 347－365.

俄罗斯审计：发展阶段与发展因素

[俄] Ю. Н. 古佐夫[*]

康晏如 译

引 言

与欧洲和美国大量的相关文献｛关于审计历史的研究参考书目在R. 亚当斯（Adams R.）、A. 阿隆（Alon A.）、A. 阿伦斯（Arens A.）、R. 巴克尔（Backer R.）、D. 弗莱舍（Flesher D.）的专著中得到充分体现[①]｝相比，俄罗斯审计的史料研究仍处于初级发展阶段。目前研究俄罗斯审计演化的著作十分少见[②]。对俄罗斯而言，这是一

---

[*] Ю. Н. 古佐夫，圣彼得堡国立大学经济系副教授、经济学副博士。

[①] Adams R. (2005). 'Audit Framework'. Translation from English Under the Edition of Ya. V. Sokolov (Moscow: UNITI). Адамс Р. Основыаудита. Alon A., & P. D. Dwyer (2012) 'Globalization and Multinational Auditing: The Case of Gazprom and PwC in Russia', Behavioural Research in Accounting, 24 (1), pp. 135 – 160. Arens A. A. &Loebbecke J. K. (2001) 'Auditing. An Integrated Approach'. Translation from English Under the Edition of Ya. V. Sokolov (Moscow: Finance and Statistics). АренсЭ. А., ЛоббекД. К. Аудит. Baker R. C. (2014) 'A Comparative Analysis of the Development of the Auditing Profession in the United Kingdom and France', Accounting History, 19 (1 – 2), pp. 97 – 114. Flesher D. L., Previts G. J. & Samson W. D. (2005) 'Auditing in the United States: A Historical Perspective', ABACUS, 41 (1), pp. 21 – 39.

[②] Bychkova S. (1996) 'The Development and Status of Auditing in Russia', European Accounting Review, 5 (1), pp. 77 – 90. Bychkova S. M. (1998) 'Audit Evidence' (Moscow: Finance and Statistics). БычковаС. М. Доказательствааудите. Bychkova S. M. &Gazaryan A. V. (2001) 'Audit Planning' (Moscow: Finance and Statistics). Бычкова С. М., ГазарянА. В. Планированиеаудите. Bychkova S. M. & Rasmathanova L. N. (2003) 'Audit Risks' (Moscow: Finance and Statistics). Бычкова С. М., Расматханова Л. Н. Риски в аудиторской деятельности. （转下页）

个全新的、未被开发的且具有开创性的科学研究领域,其理论和历史俄罗斯学者此前并不了解。

20世纪80年代后半期,在戈尔巴乔夫改革时期,俄罗斯出现了现代形式的审计。从那时起已经过去了近30年,今天我们有足够的理由断定,"审计已在俄罗斯实行"[①]。

俄罗斯现代审计历史的某些方面已经得到研究人员的关注或者一系列出版物已经对其展开研究。同时,改革的深化为他们把审计历史作为一个整体进程加以理解提供了坚实的基础。自然,这种研究要求合理划分其历史阶段。

最著名的并受到普遍认可的大概是该领域的先驱——英国审计演化阶段的划分。该领域的研究基于英国公司法,在英国,公司法每一次再版都对会计制度和审计业务提出新要求[②]。1844年被认为是使用审计方法的初始日期。随着公司法的完善,审计日趋专业化,出台了强制审计制度,制定了审计标准和审计技术。

在英国立法以及随后的美国立法的基础上,形成了审计演变的如

(接上页)Enthoven A., Sokolov Y., Bychkova S., Kovalev V. &Semenova M. (1998) 'Accounting, Auditing and Taxation in the Russian Federation' (The University of Texas Press). Guzov I. (2016). History of auditing in Russia. Periodization and challenges of development. Audit financiar, XIV, no. (138) /2016, pp. 651 – 658. McGee R. &Preobragenskaya G. (2005) 'Accounting and Financial System Reform in a Transition Economy: A Case Study of Russia' (New York: Springer). Mennicken A. (2008) 'Connecting Worlds: The Translation of International Auditing Standards into Post-Soviet Audit Practice', Accounting, Organizations and Society, 33, pp. 384 – 414. Mennicken A. (2010) 'From Inspection to Auditing: Audit and Markets as Linked Ecologies', Accounting, Organizations and Society, 35 (3), pp. 334 – 359. Samsonova A. (2009) 'Local Sites of Globalisation: A Look at the Development of a Legislative Framework for Auditing in Russia', Critical Perspectives on Accounting, 20 (4), pp. 528 – 552. Samsonova-Taddei A. (2013) 'Social Relations and the Differential Local Impact of Global Standards: The Case of International Standards on Auditing', Abacus, 49 (4), pp. 506 – 538. Sokolov Ya. V. &Terekhov A. A. (2004) 'Essays on the Development of Auditing' (Moscow: FBK Press). Соколов Я. В., Терехов А. А. Очерки развития аудита.

① Mennicken A. (2010) 'From Inspection to Auditing: Audit and Markets as Linked Ecologies', Accounting, Organizations and Society, 35 (3), pp. 334 – 359.

② Cosserat G. & Rodda N. (2009) 'Modern Auditing' – 3rd edition (London: John Wiley).

下阶段①：

1844 年以前——审计的史前期（防止欺诈的平衡检查）；

1844 年至 20 世纪 20 年代末——为预防欺诈和错误对财务报表进行审计确认；

1929 年至 20 世纪 60 年代——在制定第一代审计标准的基础上形成了审计目标体系；

20 世纪 60 年代至 20 世纪 80 年代——制定审计的国际标准并形成风险导向的财务报表行为审计技术；

1990 年至今——完善国际标准和风险导向的行为审计技术。

行为审计基础和技术在国际上的发展是阶段划分标准。以上标准也可以用来分析俄罗斯审计发展的历史阶段。由于起步时间较晚以及市场不稳定，俄罗斯审计发展迅速。与任何快速发展的事物一样，为了确保发展方向的正确需要对俄罗斯审计进行持续的监管。

本研究旨在通过形成审计规范和审计技术发展的时间逻辑结构，对俄罗斯审计活动发展进行阶段划分。审计发展的质的飞跃表现为影响审计活动的规范和技术支持的一系列因素（标准）。

我们认为，俄罗斯审计发展的历史分期标准或因素是：

1. 审计领域的立法发生质的变化；

2. 审计活动标准化实践的完善；

3. 行为审计技术的变革；

4. 独立性原则的演进；

5. 审计师道德行为规范的实行；

6. 俄罗斯审计与国际体系的一体化；

7. 审计报告类型的变化；

8. 俄罗斯审计市场状况；

9. 各种审计活动的发展；

---

① Porter B., Simon J. &Hatherly D.（2012）'Principles of external auditing'（Hoboken：J. Wiley & sons Inc.）.

10. 审计理论与实践的文献阐释的演化；

我们首先依靠个人职业经验列出了审计发展因素。然而，为了论证自己的选择，我们决定在俄罗斯学术引文索引的基础上对俄罗斯经济文献进行内容分析。在进行这一分析的初始阶段获知，俄罗斯学术引文索引中关于审计的文献数量庞大，超过了2.2万个[①]。自20世纪90年代中期开始，数量众多的有关审计的文章、专著、教科书和报告，见证了该行业的迅猛发展。随后的筛选旨在寻找与我们确定的因素类似的相关主题的文献。我们希望以此来确定，这些因素在何种程度上是显而易见的，即对于学界和执业审计师而言明显有意义。为此，针对每个因素都设定了意义相近的检索词或"关键句"（参见表1中的第1列）。搜索是在有关审计的文献范围内进行的。

审计文献的内容分析结果如下（参见表1）。大部分搜索查询的结果超过100个。因此，专业团体（既有学者，也有从业者）将我们标明的主题确定为独立、有趣和重要的研究对象和讨论对象。相反，关于俄罗斯和国际标准的文献的搜索查询得到的结果最多，分别为1681种和1790种出版物（约占总数的14%），这显然表明业界对这一主题的高度重视。

表1　俄罗斯科学文献索引中关键词为"审计发展因素"的文献内容分析结果（截至2018年10月21日）

检索词	俄罗斯学术文献索引中的文献数量	审计发展因素	因素的类型学
审计立法	462	审计领域立法的质变	主动
审计标准	1681	改进审计活动标准化的实践	主动
审计道德	100	审计师行为规范和道德规范的引入	主动
国际审计标准	1790	俄罗斯审计融入国际体系	主动

---

① Porter B., Simon J. &Hatherly D. (2012) 'Principles of external auditing' (Hoboken: J. Wiley & sons Inc.).

续表

检索词	俄罗斯学术文献索引中的文献数量	审计发展因素	因素的类型学
审计理论	635	审计理论和实践的发展演化	主动
审计技术	100	行为审计技术的改变	被动
审计独立性	101	独立性原则的演变	被动
审计报告	729	审计报告类型的变化	被动
审计市场	756	俄罗斯审计市场状况	被动
审计类型	1206	审计活动类型的发展	被动

数据来源：https://elibrary.ru/。

每一个标准都有自己的时间发展顺序。审计活动发展中质的飞跃表现为审计的发展阶段，构成其逻辑结构。实际上我们有一个矩阵，在横向上反映了影响因素，在纵向上反映了该因素功能的时间序列。

同时需要指出，上述因素在审计发展中所起的作用各不相同。通常可以把它们划分为"主动"和"被动"两类。"主动"的因素会引起其他因素的改变和完善，而"被动"的因素是其他因素影响的结果。因此，采用新的审计法（"主动"因素）的可能导致市场和审计技术（"被动"因素）产生重大改变。

俄罗斯审计发展的分期

上述因素时间序列的逻辑加法是俄罗斯审计发展历史的分期。该方法和补充结果由作者于2016年在欧洲会计师大会和国际会计历史学家大会上公布，并发表在期刊《审计金融（*Auditfinanciar*）》（罗马尼亚）上。

1. 前史阶段（俄罗斯审计的产生——"原始"审计）：1987—1993年。这里界定了俄罗斯独立审计历史开始的边界日期：从第一个审计公司成立到第一部审计法案的通过。我们称这一时期是俄罗斯审计发展的原始时期，因为当时审计师在规则和标准之外从业，仅依赖于国际律师协会或苏联国家管控法则。立法和审计标准的制定可以被认为是俄罗斯审计从这一阶段演变到下一阶段的既重要又必要的因素。

2. 俄罗斯审计形成阶段：1993—2001年。这一阶段从第一部标准法案——审计暂行法规的引入持续到审计法第一次修订生效。当时实行了审计国家许可证制度。

3. 国家调节和许可证制度阶段：2001—2008年。俄罗斯审计历史上的这一时期介于审计法两个版本通过的日期。在这一阶段国际合作得到积极发展，根据国际审计标准和审计师道德准则改编的第一版俄罗斯审计标准最终获得通过，明确了审计师的资格要求。

4. 审计自我监管阶段：2009年至今。俄罗斯审计发展史的最后一个阶段非常重要，因为监管中心逐渐向职业协会转移。尽管监管功能仍由国家负责，标准通过的权力仅从政府转移到财政部，然而职业的自我监管组织也获得了部分权力。审计的国家许可证制度取消，审计师业务能力鉴定职能和授予他们开展审计活动的权力已转移到审计师协会。

俄罗斯审计的现代发展阶段的主要特点是，在审计市场不景气、审计人员数量迅速缩减、审计创新在信息和文献上落后、审计质量监控体系加强的情况下自我监管制度的发展，向国际审计标准和风险导向技术的转变。

让我们看一下决定了俄罗斯审计发展分期的各种因素的时间顺序和发展特点。

1. 审计领域立法的质变。俄罗斯审计发展的"主动"因素。这一因素出现的时间顺序与苏联部长会议于1987年9月8日通过的《关于建立苏联审计组织》的决议有关，与之相适应的是在苏联财政部货币经济管理总局的基础上成立提供审计服务的股份公司。审计的标准监管由此开始并于 1991—1993 年研究了《审计法》草案。事实上，这是俄罗斯联邦审计"原始"倡议的时期，从国家监管规则到国际审计标准，根据不同的原则进行。

根据俄罗斯联邦总统 1993 年 12 月 22 日第 2296 号令，第一部审计规范性条例以《开展审计活动的暂行规定》的形式作为企业的独立活动得以实施。该规定与俄罗斯联邦政府后续颁布的决议一起形成了审计认证制度和审计许可证制度。一共引入了四种类型的审计证书和许可证："一般审计""银行审计""保险审计"和"交易所审计，预算外资金审计和投资审计"。审计暂行规定成为俄罗斯审计的第一个总体准则，对审计及其类型进行了界定，指明了审计原则、审计师和客户的权利和义务，以及审计报告的形式。在强制审计的基础上，审计师和审计公司的数量迅速增长。出现了由俄罗斯联邦总统审计委员会批准的第一代审计标准。

2001 年 7 月 3 日颁布的第 119 - Φ3 号联邦法令《审计法》巩固了审计认证制度和许可证制度的规范基础。引入了联邦审计法（标准）（ФПСАД）的新形式，这促进了审计市场的迅速发展。

审计领域监管机制的变化表明，2008 年 12 月 30 日颁布的第 307 - Φ3 号关于审计的新法令得到采纳。在俄罗斯开始实行审计的自我监管制度和审计人员的统一资格认证制度。6 家审计人员的自我监管组织（CPO）成立并开始运作，其中有 5 家直到现在仍在发挥职能："俄罗斯审计局""专业审计师协会""莫斯科审计委员会""俄罗斯审计师委员会""审计协会联合会"。

强制审计数量要求的变化，审计师新资格证书的补考以及审计质量监管制度的加强，都导致审计市场的停滞以及审计师和审计公司数量的急剧减少。对该法律的重新修正意味着将作为俄罗斯审计规范基础的国际审计准则合法化。

2. 审计标准化实践的完善。可见，我们定为"主动"的第一个因素，表明了立法对俄罗斯审计发展的影响。这里需要指出，专门的审计法并非典型，在大多数国家并不存在。公司法关于实行强制审计的要求和独立审计师（公共会计师）制定的专业标准决定了专门审计法的地位。俄罗斯走上了专门审计法的道路，而审计标准最初由政府确立（后来这一职能转移到财政部）。索科洛夫认为，最初"选择了一条相当危险的道路，因为借助于法律很难规范实践，它更适合设置指导实践的矢量"①。

直到1996年，俄罗斯联邦的审计活动是在内部审计标准的基础上进行的。俄罗斯的审计制定并应用了三代俄罗斯的审计标准，目前宣布正在向国际审计标准过渡。第一代俄罗斯审计标准共计39项，是在1996—2001年制定的，并经俄罗斯联邦总统审计委员会批准。就其内容而言，它符合系统导向审计。

俄罗斯第二代审计标准于2002—2008年间创建。俄罗斯联邦政府一共批准了34项标准。它是在分析国际标准基础上建立的，并包含了风险导向审计技术要素的内容。

2010—2011年，俄罗斯联邦财政部制定和批准了包括11项审计联邦标准（ФСАД）在内的第三代审计标准，其内容很大程度上接近国际注册审计师（ICA）的要求。这些标准计划于2014年实施，但实际上是在2016年进行的，可以被视为向国际审计标准过渡的最后阶段。目前，俄罗斯审计是在国际审计标准的规范基础上进行的。

3. 审计技术的变化——"被动"因素。俄罗斯审计的诞生是在监察技术的基础上进行的。它们与实证审核更为一致，即实行核算的检查标准，直观地确定或忽略重要性水平、风险程度和抽样水平。

确定主导的审计技术应用时间序列的复杂性可以通过以下方式解释：审计公司的层次各异，可以分为大、中、小几个层次；缺乏审计师对内部标准使用的客观数据。

20世纪90年代以来，大型国际审计公司（首先是"四大会计

---

① Sokolov Ya. V. &Bychkova S. M. (2005) 'Audit in the 20th Century Russia', Audit Bulletine, 3, pp. 74 – 83. Соколов Я. В. , Бычкова С. М. Аудит в России XX века.

师公司"）立即在俄罗斯开始使用风险导向技术。此外，这些公司员工的培训还要求额外掌握特许公认会计师公会（ACCA）和注册会计师（CPA）要点，其中一个被认为是这些公司合作的必不可少的条件。

2001年制定的塔希斯项目（ТАСИС）《俄罗斯审计–1》促使俄罗斯大型审计公司掌握风险导向技术。审计期间使用的工作文件的技术和技术包已公开。俄罗斯大型审计公司发展这些技术的间接证据是它们进入国际审计网络，以及它们在国际竞争中签订审计合同时所取得的胜利。

1996—2008年期间，俄罗斯的中小型审计公司在审计标准的基础上掌握了审计系统导向技术。中小型审计公司向风险导向技术的过渡才刚刚开始，因为审计外部质量监管揭示了这些公司的典型错误：低水平的审计计划，在形成审计意见之前没有进行总体审查，缺乏样本描述和风险评估。

4. 独立原则的演化——"被动"因素。在"原始"审计期间无法遵循独立性原则，也并未予以核实。这一原则的规范性引入可以追溯到1993年，而独立性原则的公布始于2002年。2005—2008年，在财政部所属的审计专业协会通过联邦审计法《审计组织服务质量监控》以及审查审计服务质量的临时方法建议和纲要之后，才开始实际核查这一原则。

2012年制定了审计师和审计组织的独立法，其中包括遵守和运用独立性的概念方法，以及包括使用和推广独立性原则的限制的审计报告。该法规对审计师独立的概念做了更详细的规定。

5. 审计师行为规范和道德标准的引入——"主动"因素。俄罗斯审计委员会从20世纪90年代开始独立制定审计师道德行为规范。2003年制定并通过了俄罗斯第一部《审计师职业道德守则》（2007年修订）。

2008年新的《审计法》引入了《审计师职业道德守则》强制执行的规范。目前实行的是2012年通过的《审计师职业道德守则》，其中包括规定了在具体情况下适用的职业道德基本原则。

6. 俄罗斯审计纳入国际体系——"主动"因素。俄罗斯审计融入国际体系的过程可以分为两个阶段。第一阶段为2001—2006年，这一阶段俄罗斯审计获得了国际组织的技术支持（塔西斯项目《俄罗斯审计1和2》、翻译国际审计标准以提高联邦审计标准）。正如Я. 索科洛夫预测的那样[1]，翻译以及基于标准的概念对于俄罗斯审计师来说并不总是清晰和有价值的。特别是，俄罗斯不习惯把审计师的工作与绝对命令联系在一起。许多审计师不喜欢标准，因为遵循标准会增加工作量并限制了其行为自由，使他们的行为易于被审查。

从2016年开始俄罗斯的审计在国际审计标准基础上运作。这在实践中可以提高审计申请的数量（审查，商定程序，尽职调查等）。

7. 审计报告类型的变化——"被动"因素。1996年俄罗斯第一个审计标准《审计报告》的筹备在很大程度上得益于四大会计师事务所的游说，其内容构成以国际审计标准为基础，具有以下几种类型：无条件正面的、有条件正面的和负面的审计报告，以及拒绝发布的审计报告。2002年，出现了有保留意见的无条件正面的审计报告。2010年标准引入了未经修改和修改的审计报告。考虑到重大的非综合性和综合性影响，还确定了审计意见修改类型的决策矩阵。

2016年引入的国际审计标准和新的审计报告格式旨在通过采用对于未经修改的意见至关重要的审计问题来克服"审计师的沉默"，并通过新的审计意见结构为投资者提供更多公开信息。审计关键问题是审计报告新形式的主要创新部分。这种陈述形式有助于加强审计师和评级机构、审计师和公司管理负责人之间的互动，以及改善投资者的

---

[1] Sokolov Ya. V. &Bychkova S. M. （2005） 'Audit in the 20th Century Russia', Audit Bulletine, 3, pp. 74 – 83. Соколов Я. В. ，Бычкова С. М. Аудит в России XX века.

信息基础，以正确理解客户的状况。

8. 俄罗斯审计市场状况。根据一些评估意见，"原始"审计时期存在800—900家审计公司，有不到5000名审计师为其工作[①]。

对俄罗斯审计市场的统计观察始于2006年。专家的意见结果显示，2005年有4500—5000家审计组织在从事审计活动。为了分析审计服务市场，根据现有可靠和准确的信息，在专家确定的时间段内获知，2005年审计组织的数量大约为4700家。[②]

表2是2004—2008年俄罗斯审计市场发展的数据。在这一时期审计市场发展的特点是审计收入、审计师的数量、审计公司的顾客数量迅速上涨。同时修改审计报告的发布水平大致处于40%—50%。

表2　　　　　　　　　　2004—2008年俄罗斯审计市场

年份	审计组织收入（十亿卢布）	审计组织数量（千）	审计师数量（千）	客户数量（千）	修改审计报告的发布水平（%）
2004	20.5				
2005	28.9	4.7		60.6	48.9
2006	34.3	6.1	36.7	80.3	43.1
2007	41.7	7.1	37.9	84.9	44.9
2008	50.1	6.4	38.8	93.0	45.1

数据来源：minfin.ru [33]。

表3是2009—2017年俄罗斯审计市场发展的主要数据。在这一时期俄罗斯审计市场发展的主要特征是审计公司收入水平停滞。在审计公司数量相对稳定的情况下，随着审计自我监管和新的统一资格证书的引入，审计人员数量也急剧缩减。这种情况下修改审计报告的发

---

① Terekhov A. A. (1998) 'Auditing' (Moscow: Finance and Statistics). ТереховА. А. Аудит.
② https://minfin.ru.

布水平迅速降低。

表 3　　　　　　　　2009—2017 年俄罗斯的审计市场

年份	审计组织的收入（十亿卢布）	审计组织的数量（千）	审计师的数量（千）	客户数量（千）	修改审计报告发布水平（%）
2009	49.6	6.9	38.8	92.7	44.2
2010	49.1	6.3	26.3	60.6	41.4
2011	50.0	6.2	26.8（1.1）	75.6	33.8
2012	51.0	5.7	24.1（3.2）	70.0	29.0
2013	52.2	5.5	23.0（3.2）	68.4	25.9
2014	53.6	5.3	22.2（3.4）	67.9	23.5
2015	56.1	5.1	21.5（3.5）	71.8	22.7
2016	57.1	5.0	19.6（3.6）	74.5	23.3
2017	55.4	4.8	19.6（4.0）	78.1	21.1

数据来源：minfin.ru [33]。

审计公司收入停滞的趋势和审计师数量的减少近期还将持续下去。

9. 审计类型的发展——"被动"因素。在审计实践发展的同时，咨询和外包会计服务技术也正在形成。如果说在 2005 年，非审计活动产生的收入占审计公司总收入的比重为 35%，那么在 2008 年，这一比重为 40%—55%，2013 年——46%—63%，2017 年——44%—52%。[①] 换言之，目前莫斯科地方审计公司的主要收入来源是提供咨询服务和会计服务。这间接证明了审计市场垄断的加强。

10. 审计理论与实践的文献阐释的演化——"主动"因素。20 世纪 90 年代，对国外审计文献的翻译经 Я. В. 索科洛夫教授的校订得以

---

① https://minfin.ru.

俄罗斯审计：发展阶段与发展因素 / 245

实现。① R. 亚当斯（Adams R.），A. 阿伦斯（Arens A.），J. K. 洛贝克（Loebbecke J. K.）的著作②及《蒙哥马利审计学》标准教科书也翻译了过来③。作为塔西斯《俄罗斯审计1》项目的一部分，这些出版物为审计风险导向技术的发展作出巨大贡献。作为该项目的成果，出版了 С. А. 列米佐夫、Н. А. 塔巴琳娜的专题著作《审计：现代方法——依据国际审计标准和联邦审计法所作报告篇章的审查》④，第一次对俄罗斯的审计风险导向计划作出了阐释。

В. В. 斯科巴拉在审计文件运转领域⑤、С. М. 贝奇科娃在审计计划、风险评估和审计证据领域⑥，А. А. 捷列霍夫、И. И. 叶利谢耶娃

---

① Sokolov Ya. V. &Bychkova S. M. （1999）'About Independent Financial Control in Russia at the Turn of the Century', Auditing, 8, pp. 52 – 60. Соколов Я. В., Бычкова С. Н. О независимом финансовом контроле в России на рубеже веков. Sokolov Ya. V. &Bychkova S. M. （2005）'Audit in the 20th Century Russia', Audit Bulletin, 3, pp. 74 – 83. Соколов Я. В., Бычкова С. М. Аудит в России XX века. Sokolov Ya. V. &Terekhov A. A. （2004）'Essays on the Development of Auditing'（Moscow：FBK Press）. СоколовЯ. В., ТереховА. А. Очеркиразвитияаудита.

② Adams R. （2005）. 'Audit Framework'. Translation from English Under the Edition of Ya. V. Sokolov（Moscow：UNITI）. Адамс Р. Основыаудита. Arens A. A. &Loebbecke J. K. （2001）'Auditing. An Integrated Approach'. Translation from English Under the Edition of Ya. V. Sokolov（Moscow：Finance and Statistics）. АренсЭ. А., ЛоббекД. К. Аудит.

③ Defliese P., Jaenicke H., O'Reilly V. & Hirsch M. （1997）'Montgomery's Auditing'. Translation into Russian by S. M. Bychkova under the Edition by Ya. V. Sokolov. （Moscow：Audit：UNITI）. ДефлизФ. Л., ДженикГ. Р., О'РейлиВ. М., ХиршМ. Б. АудитМонтгомери.

④ Remisov S. A. &Tabalina N. A. （2003）'Auditing：Modern methodology：Audit of Financial Statements In Compliance with ISA and Federal Standards on Audit Activities（FPSAD）' （Moscow：FBK：Press）. Ремизов С. А., Табалина Н. А. Аудит: современная методика: Проверка разделов отчетности согласно МСА и ФПСАД.

⑤ Bychkova S. M. （1998）'Audit Evidence'（Moscow：Finance and Statistics）. Бычкова С. М. Доказательствоваудите. Bychkova S. M. & Gazaryan A. V. （2001）'Audit Planning'（Moscow：Finance and Statistics）. Бычкова С. М., ГазарянА. В. Планированиеваудите. Bychkova S. M. & Rasmathanova L. N. （2003）'Audit Risks'（Moscow：Finance and Statistics）. Бычкова С. М., Расматханова Л. Н. Риски в аудиторской деятельности.

⑥ Bychkova S. M. （1998）'Audit Evidence'（Moscow：Finance and Statistics）. Бычкова С. М. Доказательствоваудите. Bychkova S. M. & Gazaryan A. V. （2001）'Audit Planning'（Moscow：Finance and Statistics）. Бычкова С. М., ГазарянА. В. Планированиеваудите. Bychkova S. M. & Rasmathanova L. N. （2003）'Audit Risks'（Moscow：Finance and Statistics）. Бычкова С. М., Расматханова Л. Н. Риски в аудиторской деятельности.

在审计取样领域①出版了重要的研究专著。本文作者同样参加了审计风险导向技术方面的研究②。

遗憾的是，在过去的20年中大量出版的审计教科书通常采用确认审计技术，实行会计标准核查监管。这导致中小型审计公司的员工缺乏对审计风险导向技术的理解，并对审计标准的创新过于敏感。

俄罗斯审计杂志的选题通常侧重于对审计标准的调整和审计计划实施的评论，不进行审计领域的独立学术研究。毫不奇怪，俄罗斯的代表实际上并不出席欧洲会计师大会。

总体上，这一状况表明，大量俄罗斯审计公司在现代审计风险导向技术方面存在严重的信息和创新滞后。

2013—2014年，圣彼得堡国立大学成为审计硕士学位被特许公认会计师公会认证的学校之一。这一实践开始在国内一流大学中传播，有助于审计风险导向理论和实践的发展。

结　论

俄罗斯审计的发展前景将取决于以下"主动"因素：审计立法的

---

① Eliseeva I. I. &Terekhov A. A. （1998）'Statistical methods in Auditing'（Moscow：Finance and Statistics）. Елисеева И. И., Терехов А. А. Статистические методы в аудите. Terekhov A. A. （1998）'Auditing'（Moscow：Finance and Statistics）. ТереховА. А. Аудит.

② 'Current problems of accounting and auditing'（2013），under the Edition by I. Guzov（St. Petersburg：St. Petersburg State University）. Актуальныепроблемыучетаиаудита，под. Ред. Ю. Гузова. Guzov I. （2014）'Algorithm of company's reorganization audit'，Audit Journal, 2014, 11, pp. 12 – 22. ГузовЮ. Алгоритмаудитареорганизациикомпании. Guzov I. （2013）'Risk-oriented approach and the problems of formation of the system of internal control' Audit Journal, 1, pp. 62 – 71. Гузов Ю. Риск-ориентированный подход и проблемы формирования системы внутреннего контроля аудиторских фирм. . GuzovI., StrelnikonikovaO. （2015）'PlanningPracticeinarisk-focusedaudit'，AuditJournal, 1, pp. 29 – 41. Гузов Ю., Стрельникова О. Практика планирования в риск ориентированном аудите. Guzov I., Strelnikonikova O., Perestoronina L. （2014）'Theoretical basis of the audit of internal control system'，Journal of economic integration, 10, pp. 58 – 64. Гузов Ю., Стрельникова О., Пересторонина Л. Теоретические основы аудита системы внутреннего контроля. GuzovI. N., StrelnikovaO. V., BykovV. A., SobolevaG. V., SokolovYa. V., …Terenteva T. O. （2008）'Auditing'（St. Petersburg：St. Petersburg State University）. Гузов Ю. Н., Стрельникова О. В., Быков В. А., Соболева Г. В., Соколов Я. В., Терентьева Т. О. Аудит.

质变、审计标准化实践的完善、俄罗斯审计向国际体系的融合，以及"被动"因素审计报告类型的变化。这些因素对于未来5到10年的俄罗斯审计发展具有决定性作用，其基础是向国际审计标准的过渡，从2022年开始在欧盟框架内建立统一的审计服务市场，以及采用新型审计报告。新的《审计法》的通过以及俄罗斯中央银行实行审计监管功能将对俄罗斯审计市场产生重大影响。

俄罗斯经济金融化的特征及其
对经济增长的影响

[俄] В. В. 伊万诺夫*
康晏如 译

金融化：先决条件与实质

相对而言，"经济金融化"的概念是不久前才出现在学术文献中的。美国经济学家哈·马格多夫和保·斯威齐①的研究成果对这一概念进行了描述，他们是这一领域的先锋。在他们的研究中，金融化不仅体现为金融资本在国民经济发展中日益增长的作用，而且还表现在国家权力机构针对金融领域业务的开展而强行制定的特权规则。

金融部门对实体经济的运行产生了不同的影响。20世纪八九十年代以前，金融资本的主要功能是为实体经济部门的经济增长创造条件，然而随着金融部门收益率的增长，情况开始发生改变，包括国际资本市场在内的金融市场的快速增长、高收益金融工具的出现和货币经济向非银行性金融机构的转向都证明了这一改变。

实证研究表明，直到21世纪初，西方发达国家的金融化进程与经济增长之间存在稳定的关系。此外，金融部门主要为高科技企业的

---

* В. В. 伊万诺夫，俄罗斯圣彼得堡国立大学信贷与金融理论教研室主任、教授、经济学博士。

① Magdoff H., Sweezy P. Stagnation and the Financial Explosion. Economic History As It Happened. Vol. IV. N-Y.: MonthlyReviewPress, 1987. pp. 139 – 143.

发展作贡献，这些企业在很大程度上依赖长期的外部融资[①]。20世纪末，发达国家中的金融资本开始占据主导地位，这一进程伴随着包括各种基金公司在内的宏观、中观和微观金融控股公司、新的金融工具的出现以及金融市场的放松管制，这不可避免地导致了各种金融危机的爆发。

借助于商品衍生物，金融化的进一步发展体现为原料市场的金融化。尤其是石油和天然气这类资源的价格开始由金融衍生工具（期货市场）市场决定。与此同时，这些市场的价格波动常常由开采或消费这类资源的国家之间的相互政治关系所决定。这些国家本身成为金融化进程的重要催化剂，增加了金融市场的借贷。

作为经济范畴，金融化开始被真正视为"金融和金融工程日益增长的系统力量"[②]。金融权力的最高表现是金融业代表在国家权力机构中占据主导作用。

这样，"金融化"不仅被视为金融资本对实业资本的统治过程，还应被视为金融资本代表的"系统性权力"的增长过程，既制定商业规则也制定整个社会经济规则，与实体经济的投资收入相比，金融资本可以获得更高的收入。

金融化、金融市场及其基础建设，与各种类型的金融金字塔（金融传销公司）的建立直接相关。金融化把各国的资本市场整合到一个单一的投资空间，其框架内的金融资源竞争具有全球性质。

根据一系列统计数据可以确定金融化对各国经济发展影响的性质，如金融业的产值在国内生产总值中的比重、金融与实体经济的投资比例、金融市场交易规模、企业债务和国家债务指标等数据。

---

① R. Rajan, L. Zingales, "Financial Dependence and Growth", American Economic Review, №88, 1998.

② Осик Ю. И. Деглобализация мировой экономики как следствие её финансиализации// Международный журнал прикладных и фундаментальных исследований. – 2014, №1 часть 2. С. 202.

美国金融化的特点

美国的金融化进程更加活跃。毫无疑问，1945年布雷顿森林协议所确立的美元世界货币地位加快了这一进程，当时美元与黄金紧密挂钩，44个国家的货币与美元挂钩。一些国家经济的美元化导致美元在美国的发行不受监管。黄金对美元发行的保障程度受到质疑（35美元1常衡盎司黄金[①]）。向不与黄金挂钩、自由兑换货币的牙买加货币体系的过渡（1971—1978年）巩固了美元作为更稳定和更安全的货币地位，加速了资本自由流动，促进了国际资本市场的迅速发展。1999年11月美国通过了《金融服务现代化法案》（格雷姆—里奇—比利雷法）。该法案开启了金融控股、放松监管金融市场的道路。金融控股公司不仅可以进行存款、投资和保险业务，还可以进行一系列非金融业务。

金融控股的迅速发展伴随着新的高风险的金融工具、金融操作的快速增长，而这些操作通常不会反映在金融机构的资产负债表中。金融操作的非透明性加速了金融领域影子业务的增长，并最终导致2008年金融经济危机的爆发。与2007年相比，2008年美国的国内生产总值下降了0.3%，而2009年相比上一年则下降了3.5%[②]。为了克服深重的金融经济危机，美国当局采取了前所未有的措施。

2008年10月通过了《紧急经济稳定法案》，旨在解决以下问题：恢复抵押贷款体系；通过税收优惠刺激经营主体和居民的经济活跃度；保障商业银行的流动性（财政资源）。

为了完成这些任务采取了各种政府干预方法，旨在"改善"经济的金融和实体部门。其中，学术界最关注的是美国联邦储备系统

[①] 1常衡盎司=31.1034768克。

[②] ВВП США по годам．［Электронный ресурс］．Режим доступа：http：//www.kyrs-dollar-euro.ru > vvp-usa-po-godam.html（дата обращения 05.10.2018）．

（FRS）购买商业银行的非流动性债券和抵押证券的政策。这一反危机措施第一次被日本中央银行使用，在文献中它被称为"量化宽松方法"。美联储的货币政策对该方法的使用持续到2014年。美联储向商业银行购买了大量临时非流动性证券，其中向"房地美"和"房利美"购买了5万亿美元的类似证券①（相当于2008年美国国家预算收入的一半）。

国内文献较少关注美国政府为支持实体经济所采取的措施，同样就难以估计到这些措施对于克服2008—2009年金融经济危机的意义。2009年2月，美国总统签署了《美国经济复苏和再投资法案》，该法案规定要加大政府对以下领域的支出：

投资基础建设（建筑，以及修复公路、铁路、机场、海港、供水和下水道系统、污水处理和水力设施）；

创造就业岗位；

发展公共交通；

对小型商业公司实行优惠税收政策；

更新教育机构的技术设备；

扩大对创新产品制造和服务领域的科研资助；

提高失业救济金；

扩大对困难群体（3000多万人）的食品援助。

该法案优先考虑了美国实体经济以及美国人口中最困难群体的利益。

2010年7月通过的《多德—弗兰克法案》是美国整顿金融体系的关键一步。该法案禁止商业银行进行多项证券交易；限制了商业银行在对冲基金和私募股权基金中的总比重；明确规定了清算大型银行的程序，拒绝牺牲预算资金来拯救这些银行；确立了归还被清算银行资产的程序，这些资产是在宣布破产之前"衍生"出来的。

---

① Гребенников П. И. Современная практика стабилизационной политики по преодолению экономического кризиса//Финансы и Бизнес，№ 3，2018. С. 9.

本质上《多德—弗兰克法案》的目的是抑制金融资本在美国经济中的扩张，通过采取更严格的国家措施来调节金融市场的运作。该法案开启了实体资本与金融资本代表之间公开的夺权斗争。目前，民主党人和共和党人之间的斗争实际上反映了美国实体经济和金融部门利益之间的权力斗争。

金融化进程的国际监管

2007—2009年的世界金融危机清楚地表明，有必要对世界资本市场进行国际（超国家）监管，正如2008年11月14—15日在华盛顿举行的G20峰会宣言所反映的那样。宣言中写道："我们致力于加强合作，共同努力，推动全球增长，实施全球金融体系所需的改革"①。宣言指出，全球金融危机的主要原因是对金融市场所具有的风险缺乏防范意识，风险管理措施薄弱，金融产品的复杂性和不透明性，过度杠杆操作，金融机构追逐持久的超额利润。

2009年在伦敦举行的二十国集团首脑峰会上设立了金融稳定委员会（FSB），其任务是筹备对证券市场进行监管和调控的国际法案，以及监督峰会所通过的决议。金融稳定委员会在为2017年汉堡峰会筹备的报告中指出，尽管影子银行业务大幅减少，但全球13%的财政资源仍集中在该领域。与此同时，专家不排除新形式的影子银行服务的出现和快速发展。

俄罗斯联邦的金融化特征

俄罗斯联邦经济金融化进程与向市场经济的过渡、国家社会经济

---

① Декларация саммита «Группы двадцати» по финансовым рынкам и мировой экономике. ［Электронный ресурс］. Режим доступа: http: // www. rodon. org/polit-081117125206（дата обращения 05. 10. 2018）.

体制的转变直接联系在一起。市场改革的主要工具是国有企业和市政企业的私有化证券。俄罗斯公民获得的私有化证券可以用来购买私有化企业的股份。根据1992年10月7日俄罗斯联邦第1186号总统令《关于在国有和市政企业私有化过程中建立证券市场的措施》，国内设立了662个支票投资基金，累积并随后投入约4500万张私有化证券（约占国内签发的私有化证券总数的32%）[1]。支票投资基金从居民手中购买私有化证券来交换它们发行的股票，然后用这些私有化证券来购买私有化企业的股票。

在国家对支票投资基金缺乏影响的情况下，后者的活动实际上不受任何监管。大部分的支票投资基金在2008年年中前已被清算，它们的资产预先转到了其他金融机构和组织的资产负债表，或者转入离岸区域[2]。可见，通过私有化证券进行的资本原始积累显然具有半犯罪性质。一小撮人通过欺骗近三分之一的私有化证券所有者而变得富裕。

20世纪90年代初俄罗斯联邦金融市场的发展整体上没有受到国家有力的监控，这让各种金融金字塔（金融传销公司）有机会出现。它们的创始人向投资者（基金存款人）承诺高收益率，这一收益率即使在理论上也不可能维持很长时间。向投资者支付收入是通过吸引新投资者的资金来实现的。俄罗斯最有名的金融传销公司[3]有以下几个：

股份公司"俄罗斯之家塞林格"，1992—1997年，约200万人与该公司签订合同；

MMM股份公司，1992—1997年，5年内发行了2700万张股票和7200张证券，向投资者支付的月收益率达到200%，涉及投资者人数为1000万—1500万人。

"哈别尔投资"有限责任公司，1993—1997年，对"投资者"的

---

[1] Чековый инвестиционный фонд: http://www.rusconsult.ru/glossury/?/.

[2] История развития инвестиционных фондов в России.: http://www.investika.ru/content/articles/index.php?!D=1061.

[3] Википедия. Финансовая пирамида.

债务总额约为 80 亿卢布;

"统治者"有限责任公司,该公司在 1993—1994 年的活动致使 16000 人损失 5367 亿卢布和 260 万美元。

国家短期债券(ГКО)也是一种金融金字塔。为了偿还债务,俄罗斯联邦财政部通过发行国家短期债券提高了借款额和借款利率。1998 年第二季度的借款利率达到 49.2%。1998 年 8 月国家宣部无力支付内债。

俄罗斯联邦金融市场的发展是在"转型衰退"的背景下发生的,其特点是经济实体部门的衰退和居民生活水平的恶化。除 1997 年外,直到 1999 年,随着金融机构资本的增加,俄罗斯国内生产总值逐年递减。其中,从 1993 年 1 月 1 日至 1997 年 1 月 1 日,俄罗斯银行的资本总额从 2.424 亿美元增加到 33.4 亿美元。①

表 1　　　　　俄罗斯国内生产总值增长率的变化　　　　　(%)

年份	国内生产总值增长率	年份	国内生产总值增长率	年份	国内生产总值增长率
1991	-5.0	2000	10.0	2009	-7.8
1992	-14.5	2001	5.1	2010	4.5
1993	-8.7	2002	4.7	2011	4.3
1994	-12.7	2003	7.3	2012	3.7
1995	-4.1	2004	7.3	2013	1.8
1996	-3.6	2005	6.4	2014	0.7
1997	1.4	2006	8.2	2015	-2.8
1998	-5.3	2007	8.5	2016	-0.2
1999	6.4	2008	5.2	2017	1.5
				2018 年前 9 个月	1.5

数据来源:俄罗斯年度国内生产总值:1991 - 2018, http://global-finances.ru。

---

① Экономика переходного периода. Очерки экономической политики посткоммунистической России 1991 - 1997 гг., гл. ред. Е. Гайдар. М.: Институт экономических проблем переходного периода, 1998. C. 514.

俄罗斯联邦金融市场的发展与周期性危机相关。其中最严重的几次金融危机是1998—1999年、2008—2009年、2004—2005年。危机伴随着卢布的贬值。1998年8月卢布从1美元兑9.33卢布贬值到15.91卢布；从2008年8月至2009年1月，在"可控"贬值的背景下，卢布从1美元兑24.55卢布贬值到35.37卢布；从2014年9月至2016年1月，卢布从1美元兑39.42卢布贬值到69.62卢布[1]。

如果说金融经济危机发生时，在实体经济方面是国内生产总值的下降的话，那么这期间的银行体系则通过货币操作改善了自己的财务状况。例如，在2008—2009年的金融危机期间，仅在2008年期间，商业银行通过货币操作就获得了2206亿卢布[2]。

俄罗斯金融化进程的特点一方面表现为，金融市场的发展水平很低，无论是在流通的金融资源总量上，还是在高风险的可利用的金融工具上来说都是如此。另一方面，金融资本在宏观经济调节方面具有特殊权力。当前俄罗斯银行和俄罗斯财政部的政策与1995—1998年的经济政策之间区别不大，仍旧使用一套有限的货币政策和财政政策，无视其对实体经济部门产生的负面作用。总体上，这些措施的宗旨是通过调节货币来削弱或抑制通货膨胀，并绝对优先于刺激实体经济投资活动的措施。

金融市场调节监管的功能由俄罗斯联邦中央银行承担。当前，俄罗斯银行利用这些权力优先抑制货币供应量的增长。俄罗斯银行的基本立场依旧是"为货币市场利率接近俄罗斯银行的关键利率创造条件"[3]。俄罗斯银行关键利率的大小首先与卢布的稳定性和强弱相关，即首先与影响俄罗斯金融市场运行的外部因素相关。

俄罗斯中央银行严格的货币信贷政策的目标是把通货膨胀率维持

---

[1] Википедия. Валютные кризисы в России.
[2] Ведомости. 2009, 26 февраля.
[3] Доклад о денежно-кредитной политике. Банк России, №2（10）июнь 2015 г. ［Электронный ресурс］. Режим доступа: http://www.cbr.ru/publ/（дата обращения 07.10.2018）.

在4%的水平,较少考虑俄罗斯国内市场的需求,阻碍了实体经济部门获得必要的金融资源,来实现生产的现代化、国民经济的结构改革,以及实施刺激需求的措施。

毫无疑问,低水平的通货膨胀、国家货币的稳定是国民经济稳固发展、资本积累及后续投资的初始条件。俄罗斯中央银行努力仅仅通过货币政策的方法解决这些任务,同时将"通货膨胀率控制在4%的水平",然而正如世界惯例所表明的那样,这是不现实的。此外,也不可能通过抑制货币供应量的增长来解决这一问题。

对近15年俄罗斯货币供应量和投资增长速度的分析表明,这两个数据之间存在着直接的相关性。为了让投资增长5%,货币供应量的实际增长率(即根据通货膨胀率调整后的)必须至少为20%[①]。

固定资产投资的统计数据表明,在过去5年中,投资额占国内生产总值的比重在19.5%—21.4%之间。这一水平无法让国内生产总值实现比每年2%—2.5%更高的增长率。为了把投资额的增长率稳定地维持在每年4%—5%的水平,其比重需要达到国内生产总值的28%。为了实现财政加力,投资占国内生产总值的比重应像中国那样,达到45%—46%。

企业融资投资的主要来源仍是自有资金。在绝大部分俄罗斯企业中,自有资金的比重超过50%。而在发达国家的公司中,自有资金在投资组合中的比重约为20%,80%的投资资金是借用的[②]。

表2列出了固定资产投资的来源数据。近几年来,公司融资投资的主要来源是自有资金,2016年其比重为51%,剩余49%为募集投资。募集资金中的16%来源于预算资金,而借贷资金只占10%。在保持目前投资融资的做法的情况下,想要确保高经济增长率即使不是

---

① Блинов С. Текущий кризис, его причины и необходимые меры//Эксперт Online, 06 фев. 2015. [Электронный ресурс]. Режим доступа: http://expert.ru/2015/02/6/ (дата обращения 10.10.2018). С. 1.

② Аганбегян А. Г. Социально-экономическое развитие России: финансово-кредитные аспекты//Деньги и кредит, № 1, 2013. С. 9 – 10.

不可能，也是极其困难的。

表2　　　　　　　　固定资产投资中的资金来源　　　　　　　　（%）

	2000年	2010年	2014年	2015年	2016年
总投资	100	100	100	100	100
自有资金	47.5	41.0	45.7	50.2	50.9
募集资金	52.5	59.0	54.3	49.8	49.1
其中：					
银行贷款	2.9	9.0	10.6	8.1	10.4
其他机构借款	7.2	6.1	6.4	6.7	6.0
预算资金	22.0	19.5	17.0	18.3	16.5
预算外国家资金	4.8	0.3	0.2	0.3	0.2
组织和居民的共建资金		2.2	3.5	3.2	3.0
其中来自居民的		1.2	2.7	2.4	2.3
其他来源	15.6	21.9	15.7	12.1	12.2

数据来源：俄罗斯统计数据：《2007年度俄罗斯投资》。

表3列出了受访企业领导人认为限制投资的相关因素。其中，2016年最重要的因素是自有资金不足和国内经济状况的不确定性（61%的受访者）；过高的商业贷款利率（56%的受访者）和高投资风险（50%的受访者）；复杂的借贷机制（46%的受访者）。

表3　　　　　限制投资活动的因素（%，受访者百分比）

	2000年	2010年	2014年	2015年	2016年
产品需求不足	10	19	23	28	27
自有资金不足	41	67	60	61	61
高商业贷款利率	47	31	29	56	56
复杂的借贷机制	39	15	16	42	46
投资风险	35	23	30	60	50
技术基础薄弱	18	5	7	18	22

续表

	2000 年	2010 年	2014 年	2015 年	2016 年
固定资产投资营利性低	8	11	13	22	20
国内经济状况不确定性	49	32	34	66	61
制度规则不完善	36	10	11	27	27

数据来源：俄罗斯统计数据：《2007 年度俄罗斯投资》。

表 4 的数据说明，考虑到通货膨胀，最近几年经济主体的贷款总额没有发生显著变化。

表 4　　　　　　　　向经济主体发放的银行贷款额

日期	向非金融机构和企业主提供的贷款额（百万卢布）	向个人提供的贷款额（百万卢布）
截至 2014 年 1 月 1 日	31582836	8778163
截至 2015 年 1 月 1 日	33241362	8629722
截至 2016 年 1 月 1 日	29995671	5861351
截至 2017 年 1 月 1 日	32395589	7210282
截至 2018 年 1 月 1 日	34818075	9233726
截至 2018 年 10 月 1 日	28436499	8762288

数据来源：俄罗斯中央银行统计数据。

享受政府支持的经济部门的贷款得到增加。特别是农业经济、采矿业以及抵押贷款这类经济活动。最近几年，抵押贷款的利率已经得到预算补贴。抵押贷款主要集中在平均工资最高的地区，主要是莫斯科、莫斯科州、圣彼得堡、秋明等地的居民，即经济上富裕的个人得到补贴。然而这种政策不太可能被认为是合理的。

抵押贷款制度的发展与抵押贷款银行的建立有关，抵押贷款银行免征大部分税费，抵押贷款利率由国家监管。在俄罗斯联邦，资源基础的建立可以依靠俄罗斯银行的贷款，贷款利率相当于通货膨胀。在这种情况下住房抵押贷款可以由通货膨胀水平和确保这些银行正常运作的利息幅度确定。

在俄罗斯遭受经济制裁的情况下,增加国内消费的重要性急速上升。为此有必要提高工资,特别是在国民经济各部门和各行各业就业的低收入人群的收入。根据俄罗斯审计院院长 A. 库德林于 2018 年 9 月 27 日在国家杜马报告中给出的数据,俄罗斯有 1320 万人处于贫困线下①。俄罗斯联邦各主体的平均工资差异在 3—4 倍之间。2018 年 4 月莫斯科的平均工资为 89318 卢布,圣彼得堡——59576 卢布,秋明州——70334 卢布,卡拉恰伊 - 切尔克斯共和国——24856 卢布,伊万诺沃州——24353 卢布,坦波夫州——24807 卢布②。

在 10% 的工资最高和 10% 的工资最低的工人之间,平均工资差异更大,他们之间的工资水平差距可达 17—19 倍③。

俄罗斯联邦劳动报酬在各地区之间的这种差距表明,与其说这是经济问题,不如说这是社会问题,而且对于整个国家来说,解决这些问题比保持 4% 的通货膨胀率要重要得多。

目前传统的"长期"资源,不足以使国民经济过渡到集约发展道路。在世界上一些发达国家,如美国和日本,在货币—工业政策实施的框架内,采用了具体的方法在经济中形成长期资金。其本质是发行货币以资助具体的投资计划④。

这种投资活动资助机制的基础是中央银行发行的回购目标政府证

---

① Выступление Председателя Счётной палаты А. Л. Кудрина на пленарном заседании Госдумы по вопросу «О проекте федерального закона №514334 - 7 "Об исполнении федерального бюджета за 2017 год" [Электронный ресурс]. Режим доступа: http://www.gosman.ru/contacts? news = 54453(дата обращения 10.10.2018).

② Средняя зарплата в России по регионам в 2018 году [Электронный ресурс]. Режим доступа: http://fincan.ru/articles/16 _ srednyaya-zarplata-v-rossii-po-regionam-v-2018-godu/(дата обращения 10.10.2018).

③ Распредение общего объёма денежных доходов и характкреистикидиференциации денежных доходов населения. [Электронный ресурс]. Режим доступа: http://www.gks.ru/free_ doc/new_ site/population/urov/urov_ 32g.doc(дата обращения 10.10.2018).

④ Ершов М. В. Мировая финансовая система после кризиса: тенденции и проблемы развития//Деньги и кредит, № 1, 2013. С. 11 - 18.

券。这些证券不再涉及金融市场的流通，不影响金融市场的流动性。俄罗斯联邦货币当局很清楚这一点。必须对其进行研究和分析，以适应俄罗斯的商业环境。

在经济受到制裁的情况下，许多刺激投资积极性的金融工具在俄罗斯受到限制。所有金融措施都应以促进俄罗斯经济恢复增长为出发点。这完全适用于税收政策。俄罗斯联邦财政部在最近几年注意到，无论是对于纳税人还是纳税机构，必须保障规则明确的税收制度的稳定性。事实上谈论现行税收制度的稳定性是不合理的。例如，从2019年1月1日起计划提高柴油和汽油的消费税，每吨分别提高2700卢布和3700卢布，增值税率从18%提高到20%。继续"财政演习"降低关税的同时提高矿业开采税率。根据俄罗斯联邦中央银行和俄罗斯联邦审计院的估算，所有这些措施会共同导致2019年价格上升，通货膨胀水平将达到5%—5.5%[1]。俄罗斯联邦政府在税收领域的新举措首先会导致俄罗斯人家庭支出的上升。毫无疑问，对此最为敏感的是低收入家庭。

税收新政基本上回避了俄罗斯富裕家庭。这不仅涉及个税，还涉及遗产税和赠与税[2]，该遗产税和赠与税在2006年被废除。遗产税和赠与税在大部分发达国家都存在。不同国家的这种税收之间的本质区别主要在于税率，取决于继承人与遗嘱人的关系。例如，在意大利税率处于4%—8%之间，德国——7%—50%，法国——5%—60%[3]。

俄罗斯联邦恢复遗产税和赠与税的税收制度不仅会补充国家和市政预算的收入，而且在一定程度上将促进个税公平，这同样重要。

为了刺激投资活动，俄罗斯联邦实施了减税和税收特惠政策。在

---

[1] Кудрин видит риски падения реальных доходов населения. ［Электронный ресурс］. Режим доступа：http：//tass.ru/ekonomika/5770366（дата обращения 10.10.2018）.

[2] 这种税有不同的名称，例如，2006年以前，在俄罗斯其被称为与"通过继承或捐赠的方式转让给个人所有权的财产税法"相应的税收。

[3] Forbs：Дети олигархов получат $ 211 млрд от предприятий СССР. ［Электронный ресурс］. Режим доступа：https：//sobityadnya.ru/blog/43634359732/privatizatsiya-glazami-Forbs：-Deti-oligarhov-poluchat-$-211-mlrd？tmd=1（дата обращения 10.10.2018）.

2018年，这些税收优惠额度约为3万亿卢布，获得税收优惠的公司的投资额却非常小。目前，很大一部分投资性的税收优惠用于消费，而非企业的发展。似乎应该采用其他更加有效的促进投资的税收机制。例如，企业和组织只有对实体经济部门进行投资时才能申请投资税减免。

近年来，在俄罗斯联邦的税收制度中，税收管理得到显著改善。首先是增值税。联邦预算中此项税收的收入大大超过计划数字。企业所得税的管理较为复杂。现在，许多公司的财务报表的可信度受到严重质疑，主要问题在于企业将各种成本包括在生产成本（服务，工程）以及其他费用组合的合理程度。尽管俄罗斯银行针对通过"皮包公司"向企业（组织）兑现资金的银行采取了相当严厉的措施，但该领域的影子业务规模仍然非常庞大，这反映在执行"兑现"的公司的利润数据方面。

在这方面应密切关注爱沙尼亚的经验，该国将企业所得税排除在税收体制外[1]。该税收取消后爱沙尼亚的亏损公司数量明显减少。我们认为，在俄罗斯联邦用包括产品成本（工程、服务）和其他开支在内的物质资源税取代企业所得税是合理的。税率应根据经济活动的类型加以区分。

结　论

金融化是有规律的经济金融发展的过程，其中资产在金融市场上以可自由流通的形式出现。经济金融化的最初先决条件是：

使经济陷入资金饱和状态的固有的通货膨胀（20世纪美元的购买力下降为原来的二十分之一）；

价格和汇率不固定，这与向牙买加货币体系过渡有关，该体系以

---

[1] Денис Кривоблоцкий. Эстония и её налоговая система.［Электронный ресурс］. Режим доступа：https//www. impex. academy/nalogovaya-sistema-estonii/（дата обращения 03. 10. 2018）.

与黄金无任何挂钩的货币交易为基础（避免黄金平价）；

国民经济的波动性。

金融化的发展，毫无疑问具有国别特点。在俄罗斯联邦，这一进程的调控在法律和事实上都由俄罗斯银行和俄罗斯财政部实施。同时，俄罗斯国家权力执行机构的政策完全自相矛盾。俄罗斯中央银行采取紧缩货币政策首先是为了抑制国内货币供应量的增长，结果导致大多数经营主体无法获得贷款，进而影响了经济增长。同时，俄罗斯财政部借助于预算资金对包括银行业在内的个别经济领域和经济活动进行直接资助。财政部通过增加预算收入、扩大对企业和个人的税收负担来消除预算赤字，这又不可避免地导致通货膨胀的增长。此外，财政部定期购买外汇以补充各种基金。这种定期的大规模的外汇购买将导致这些货币汇率的上升并加剧通货膨胀。可见，当一个部门努力降低通货膨胀时，另一个部门则采取了加剧通货膨胀的措施，形成"恶性循环"。

综上所述，俄罗斯联邦有必要改变现有的货币政策和财政政策，以恢复国内经济增长。

俄罗斯经济新工业化和新工业革命

[俄] M. A. 鲁缅采夫[*]

李晓华 译

始于20世纪90年代的俄罗斯经济去工业化几乎涵盖了所有实体经济领域，它导致工业生产总量及工业生产质量的下降。在去工业化的条件下，大量不同领域的科研机构和联结科学与生产的试验设计机构消失。这些科研机构的竞争力不但没有得到提高，还破产了；它们曾在新技术应用到工业过程中发挥了重要作用。实体部门的企业在技术上依赖外国公司，特别在遭受制裁的情况下，这种依赖程度更高。机床工业的进口份额超过90%、机械工业和电子产品的进口份额超过80%，这足以说明问题。俄罗斯企业对技术和工业设备进口的严重依赖要求俄罗斯经济发展模式必须转变成为建立在新工业化基础之上的经济发展模式，即根据新工业革命的原则，系统性地改变经济关系。本文将指出，新工业革命在其规模和影响上可与重塑世界的农业和工业革命浪潮相提并论。以经济数字化为基础的新技术原理（自然过程建模）的应用将使生产关系和社会制度发生根本性变化，从而导致全球不稳定性加剧。在考虑到新工业革命和俄罗斯欧亚（大陆）经济固有的经济转型规律特点的情况下，本文尝试发掘新工业化的逻辑和驱动力。

---

[*] M. A. 鲁缅采夫，圣彼得堡国立大学经济理论教研室教授、经济学博士。

一 新工业革命是全球不稳定因素

新工业革命的研究者把其看作几乎所有生产部门的技术工艺基础发生的深刻变革。① 这些变化最终将推动生产和消费领域进行不可逆转的改进，将重新建构社会生活的所有体系及其调节方式。新工业革命初期的本质是独立技术集群的发展。

第一，这是信息技术，其构成了将异构技术集群联合到一个统一平台的基础。由于共同的信息算法，这一平台包括了研究—生产—销售整个链条。这成为对美国、中国、欧盟和俄罗斯社会数字化举措极大关注的原因，也使一体化的 NBIC 聚合技术运用到生产中。

新工业革命的信息技术构成可划分为三个领域：1. 大数据。收集、存储、处理在线模式下全球任何地方的完整信息数据，并按使用者的需要予以提供。今天，大数据是一个国家和企业的核心资源，它保障其所有者在智力、政治和经济方面的支配地位。2. 认知计算和专家系统。其基础是能够改进和顾及已犯错误的智力模拟程序，最终在一系列行业创建具有大规模智力潜力、能够解决复杂问题的专家系统。3. 云计算和分布式计算——创建可供数百万普通用户同时使用的信息平台。这些平台稍微限制了大数据领域大企业的垄断权利。

第二，在经济活动的组织中开启生产小型化和本地化进程，其同直接的，而不是间接市场、生产者—消费者之间个性化的关系以及网络物流联系在一起。杰里米·里夫金认为，商品和服务的生产者和消

---

① Рифкин Дж. Третья промышленная революция: Как горизонтальные взаимодействия меняют энергетику, экономику и мир в целом. Пер. с англ. В. Ионова. М.: Альпина нон-фикшн, 2014. 410 с.; Шваб К. Четвертая промышленная революция. Пер. с англ. АНО ДПО «Корпоративный университет Сбербанка», 2016. М.: Эксмо, 2016. 278 с.; Anderson K. Makers: The New Industrial Revolution. L.: Grown Business, 2012. 260 P.; Marsh P. The New Industrial Revolution: Consumers, Globalization and the End of mass production. Yale University Press, 2012. p. 223.

费者对大数据和软件产品供应商的依赖性将增强，这些供应商仍将是IBM、谷歌、亚马逊这些最大的计算机公司和其他数字巨头。[①]

第三，新工业革命的主要方向是生产和人们整个生活的自动化和机器人化。最近出现了新的软件和微电子开发，它们可以在降低其生产成本的同时，成倍地提高机器人的效率。例如，传送带上美国机器人的成本在一两年内可以收回。诚然，大规模机器人化带来的社会后果，首先是失业率上升的问题尚未得到解决。

第四，工业革命的一个重要方向是3D打印和增材制造技术，即分层和分阶段构造物体。这种趋势正在向社交网络和实体经济部门发展。例如，普林斯顿大学的毕业生马尔钦·雅库博夫斯基创建了一个社交网络，其中工程师、设计师和3D打印爱好者共同开发了地球村建设项目——我们将在"地球村"中为您提供所需的一切。与此同时，最大的公司正在寻求3D打印的工业应用，如：波音、三星、开能、通用电气和其他知名公司。我们还将在材料科学和基本新材料生产方面取得突破，包括生产具有预定性能的材料、复合材料和纳米技术。

第五，这当然是最广泛意义上的生物技术。在这里，我们重点介绍个性化药物的工业、各种类型的再生医学、3D打印用于生产供体器官的行业。旨在创造人工生命的生物信息学和生物工程学引起争议。今天在计算机技术和DNA研究的基础上已能够制造出人造细菌和微生物，将来可能会出现治疗各种疾病的有效疫苗。

至于新工业革命将来所依赖的能源，"绿色"能源或可再生能源已经在媒体、众多专家和社会活动家那里得到广泛普及。未来属于新型核能、提取天然气和含油元素的先进技术，这一观点似乎更现实一点。从长远来看，我们可以期待在热核聚变领域取得重大成果。

---

① Рифкин Дж. Третья промышленная революция: Как горизонтальные взаимодействия меняют энергетику, экономику и мир в целом. Пер. с англ. В. Ионова. М.: Альпина нон-фикшн, 2014. 410 с.

值得注意的是，新工业革命与以往工业转型之间的根本区别。第一次和第二次工业革命引起技术工艺的改变，通过机械加工天然材料（原材料、金属、木材等）改变物质形状。第一次工业革命建立在煤和蒸汽能源使用的基础上，第二次工业革命建立在石油和电力的基础上。但工业技术的本质——大量使用机器来改变天然物质的形式并没有改变。新工业革命的原则完全不同。信息技术、机器人技术、纳米和生物技术、3D打印、增材制造技术和认知计算之间有什么共同之处呢？一些在原子—分子层面影响物质内部结构，另外一些模拟人类智力，并创建基于人工智能的控制系统。这样，新工业革命的本质可以定义为逐渐涵盖人类生活所有领域的自然和智力过程的建模和再生。就变革的规模和深度而言，新工业革命能够与改变人类文明类型和历史进程的农业、工业化浪潮相比较。

历史学家费尔南多·阿梅斯托得出的结论是，农业和工业浪潮的早期阶段伴随着人们生活恶化、经济发展停滞、危机趋势增强并充满不确定性。例如，农民的生活并不容易，但比第一代工人阶级富裕。此外，与工人相比，农民保持一定的独立性，能够控制劳动条件。同样，第一批农民的生活水平和生活质量低于原始采集者。从历史发展的角度来看，农业和工业化浪潮改善了人们的生活，促进了经济发展，但农业和工业化时代的早期阶段持续了足够长的时间：100年到200年。[1]

从一种经济类型向另一种经济类型的任何过渡伴随着倒退的过程，不稳定的增加和对生产力发展的阻碍。20世纪工业成就的史前史就是这方面的例证，丹麦历史学家罗曼就注意到了这一点。基础创新风暴、"福特制"和消费社会的出现是50年灾难的结果，这场灾难包括两次世界大战、几次革命、帝国的崩溃以及欧洲旧资产阶级贵族秩序的破坏。两次世界大战的外部刺激作用对在经济中大规模引入技

---

[1] Фернандо-Араместо Ф. Цивилизации. Пер. с англ. Арсеньев Д., Колесников О. М.: АСТ: АСТ МОСКВА, 2009. 768 с.

术创新至关重要。因此，罗曼提出"进步中断准则"，根据该准则，先前发展模式的潜力耗尽之后就会出现分水岭时代或发展中断阶段，①在此期间，在不稳定的条件下就会形成新的技术范式，出现新的历史主体，产生新的经济增长区。

显然，在全球不稳定日益加剧的情况下也将出现新的工业革命。在当代世界，不稳定性加剧表现在以下方面：

——通过增加货币供应量扩大总需求而刺激经济增长的有效性降低。实际上也不可能扩大市场，这导致地缘政治竞争加剧；

——宏观经济失衡和财政赤字正在雪崩式增长并接近极限，主要再生产比例和金融部门脱离资本主义现实历史的这种不平衡显然并不为人所知。

——在财政赤字的背景下，技术突破所需要的资源明显缺乏。新工业革命最新"转型技术"的本质是其大规模应用需要现代社会无法提供的大规模投资。最新技术的发展是飞速发展，这导致世界经济主要行为体之间确保新工业未来取得突破所必需的资源竞争加剧。

——企业家创新精神消失。对企业界来说，有组织的网络创新以及改进革新的合理化比建立在基础性发明基础上的极端创新更具吸引力。学术界和政界普遍存在着创建有效的旨在弥补企业家动机不足的国家创新体系的想法就是间接证明。这里提出关于用优化创新过程的制度取代创造性的人类自发力量的问题本身就是明证。

——全球市场的增长已达到极限，这引发不稳定（贸易战、制裁）的不断增长，并导致在宏观区域间竞争的基础上形成世界经济新结构。强大区域联盟的出现将加剧全球竞争，并可能导致战争和冲突

---

① Бадалян Л. Г., Криворотов В. Ф. История. Кризисы. Перспективы. Новый взгляд на прошлое и будущее. /Под ред. и с предисл. Г. Г. Малинецкого. Изд. 2－е. М.：Книжный дом 《ЛИБРОКОМ》，2012. 288 с.

升级。此外，不稳定加剧导致就业人员中缺乏保障和缺乏社会认同度的无产者的比例增加。

在不稳定性加剧的条件下，当代或"晚期资本主义"通过人为地建立巨型市场来消耗金融部门和家庭消费领域的过剩资本，并通过人为操纵和再分配性优化来确保资本的增长。主要公司和国家对金融市场的操纵、在投资市场和原料商品市场定价，以及实施制裁和贸易战的升级，这些都为我们提供了一个市场关系退化为唯意志论经营方式的例子。

在新工业革命伊始的背景下，当代转型危机的一个明显特征是：面对未来不确定性日益增长的风险，预测和经济管理战略的有效性下降。国家标准宏观经济战略的有效性由于不连续的转型过程特征，即脱离了通常的逻辑而下降。奇点的概念对于理解转型过程的本质十分重要。奇点是经济体系"转型的垂直阶段"[1]，在经济发展线性方法基础上预测其变化是徒劳的。从习惯了的经济逻辑的视角预见未来，这在较长时间内是不可能的。由于经济的可预测性和未来确定性的丧失，经济主体的目标不匹配，它们的计划变得难以相容，经济上的信任程度下降。在奇点光学中，减少不确定性必须先要管理经济体系中长期再生产的基本过程。受不确定性风险影响较小的是实物地租的来源，这使得国家和公司为控制自然资源和领土以及获得实物地租的权利而进行的斗争激化。但当代地缘政治导致经济更趋简单化，而不是发展。我们在哪里可以发现新的高质量的经济参数产生？在持续转型危机的背景下，这些参数的管理能够激发俄罗斯新工业化的动力，并扩大规划视野。如何将新工业革命的新的高质量参数有机地融入具有自身特色和历史节奏的俄罗斯社会发展中去？为了回答这个问题，我们将试图在不稳定条件下、面临新工业化的挑战背景下揭示俄罗斯历史发展的特点和逻辑。

---

[1] Деменюк С. Л. Неофеодализм（Ренессанс символизма）. СПБ.：ООО «Страта». 216 с.

二 大型基础设施项目在俄罗斯大空间开发中的作用

乔万尼·阿里吉把"资本主义"和"地域主义"划分成对立的执政方式或权力逻辑。这一点对研究俄罗斯—北部欧亚大空间的经济非常重要。与资本主义国家不同,"领土统治者把他们统治的疆域大小和人口数量多少等同于他们的权力大小,并将财富(资本)视为实现地域扩张欲望的手段或副产品"[①]。俄罗斯的经营管理通常是在大空间未充分开发和资金短缺的情况下进行的,这需要权力的集中、再分配(财富的集中再分配)和劳动力资源的动员。

延续这一思想,可以合理地推测:从经济的视角出发,通过资源再分配的形式来实现地域发展的逻辑形成一种特殊的价值或利益——地域发展的大型基础设施项目改变现有的社会分工体系,并将不同种类的欧亚地域和经济结构结合在一个社会—国家体系中。在这方面,迈克尔·曼的国家基础性权力的概念令人感兴趣。他认为,国家基础性权力渗透社会关系结构,并为实现自己的权力创造必要的逻辑联系。"基础性权力是中央集权国家在其统治疆域内有效贯彻其政治决策的能力,不管其是专制权力或是非专制权力,这是集体的、渗透社会的权力,它通过国家基础设施来协调社会生活。"[②] 于是,区域经济条件各异的大空间的整合与配套建设以及通过基础设施项目对大空间的开发,决定了俄罗斯国家和经济演变的历史节奏。

当目前的社会和经济结构模式寿终正寝,在俄罗斯就会产生权力中心的更迭和发展方向的变化。新中心实施长期战略——大型基础设

[①] Арриги Дж. Долгий двадцатый век: Деньги, власть и истоки нашего времени. Пер. с англ. А. Смирнова и Н. Эдельмана. М.: Издательский дом «Территория будущего», 2006. с. 75.

[②] Манн, Майкл (социолог): биография. Постоянные типы (функции) государственных действий по Майклу Манну. The Autonomous Power of the State, 1984. URL: http://peoplelife.ru > 179936 (дата обращения 30. 09. 2018).

施项目，其中新土地的经济建设成为目标，而国家对货币和资本流动的控制使经济服务于经营管理这一超级任务。短期内此类项目的受益者是新精英，他们剥夺以前精英的资产并挪用其剩余产品，部分是生活必需品。但在长时期内俄罗斯人民则是主要的受益者。

K. 佩雷斯、С. Ю. 格拉济耶夫、M. 广冈研究了基础设施在经济技术创新发展中的作用。K. 佩雷斯将技术革命定义为一批有崭新且动态的技术、产品和部门的强大集群；它们能振兴经济并能延长长足发展趋势。每项技术突破都将其影响力扩展到远远超出其源起的经济领域。因为每次技术革命都包含一套广泛应用的相互关联的技术，所以每次技术革命都使得整个生产体系得以现代化和更新，从而提升其效率水平。根据佩雷斯的说法，每一次新的技术革命都依赖主导的交通基础设施类型；佩雷斯因此特别强调出现在几次技术浪潮中的铁路的意义。铁路出现在第二次技术革命期间，并组成了新的基础设施。此外，铁路通过改进其技术特性和使用每个后续技术革命中的新技术而得以改善。[1]

在格拉济耶夫的理论中，技术经济的发展是一个技术范式不断更迭的过程。技术范式的生命周期大约是一百年，但它的主导地位持续40—60年。作者将技术范式的更替定义为"连续替换技术相关产业大型综合体的过程"[2]。根据格拉济耶夫的说法，今天正在形成一个新的第六代技术范式，它的形成和发展将决定未来二三十年的世界经济发展，其关键因素是纳米技术和基因工程。

铁路是第二代技术范式的核心。随着第四代技术范式和更高效的公路运输的出现，蒸汽机车和铁路似乎将成为历史，但电动牵引和自动化的应用为该行业的发展提供了新的动力。当电力出现时，铁路成

---

[1] Перес К. Технологические революции и финансовый капитал. Динамика пузырей и периодов процветания. Пер. с англ Ф. В. Маевского, научн. ред. пер. С. Ю. Глазьев, В. Е Дементьев. М. : Дело, 2011. 231 с.

[2] Глазьев С. Ю. Теория долгосрочного технико-экономического развития. М. : ВлаДар, 1993. с. 125.

为新电力技术生产投资的最初方向之一。在第六代技术范式中,铁路可以成为纳米技术应用的"火车头领域"之一。①

因此,在 К. 佩雷斯和 С. Ю. 格拉济耶夫的理论中,交通基础设施发挥着双重作用:它作为领先的创新部门之一,通过与其他部门的系统性关联确保创新的推广,同时它接受来自新的、开拓性经济部门的创新和投资。

创新发展通常与工业生产领域和新技术的出现有关。日本研究人员广冈提出了一种包括基础设施因素在内的更广泛的方法,他引入了 trunk-innovations——主干创新的概念,把能源、资源、发动机、运输、信息技术和通信归入"主干创新"的概念中,主干创新塑造了基础设施并引发了制度变革。"主干创新是一种对经济具有深刻影响的创新,它有助于新的基础设施和网络的出现,它们以能源、驱动力、资源、交通工具、通信手段等某种形式自主产生,这些类型的基础设施和网络由于其协同影响,为经济的发展提供强大推动力,大大扩展了市场,并刺激了引发整个经济'升级'的各种后续创新。"广冈指出,由主干创新引发的创新的积极推广是长期的,其持续时间可达 70—100 年。②

因此,根据广冈的观点,包括交通基础设施领域在内的主干创新能够推动经济长期发展,促进经济领域的基础创新和协同效应。

由此可见,俄罗斯的历史,在我们看来,是权力中心、社会经济制度以及发展地域发生周期性变化的历史。③ 与表现资本主义经济动

---

① Нанотехнологии как ключевой фактор нового технологического уклада в экономике. Под ред. академика РАН С. Ю. Глазьева и профессора В. В. Харитонова М. 《 Трованm 》,2009. 304с.

② Акаев А. А. Современный финансово-экономический кризис в свете теории инновационно-технологического развития экономики и управления инновационным процессом//Системный мониторинг: Глобальное и региональное развитие/Ред. Д. А. Халтурина, А. В. Коротаев. М. : УРСС, 2009. с. 141 - 162;Hirooka M. Innovation Dynamism and Economic Growth. A Nonlinear Perspective. Cheltenham. Northampton (MA): Edvard Elgar, 2006. 426 P.

③ Румянцев М. А. Путь российского хозяйства и отечественная мысль//Российская хозяйственная мысль: своеобразие, история, перспективы/Под ред. Ю. М. Осипова, Е. С. Зотовой. М. : ТЕИС, 2013. 389 с. (. с. 81 - 90).

态的康德拉季耶夫波或库兹涅茨周期不同，国内经济的节奏与俄罗斯大空间组织的基本因素——新的空间通信有关。我们可以把俄罗斯经济转型的长期发展动态和特征界定为发展中心和政治经济精英的周期性更迭；这种更迭是以周边空间加速发展、实行新的社会经济机构和技术为基础的；这得益于那些把地域经济条件不同的国家联成一体并为创新型经济增长提供条件的大型基础设施项目的实施。交通基础设施对于扩大贸易额或俄罗斯与周边欧亚国家在考虑经济的自然地理条件进行"大陆内交换"的重要性已由 П. Н. 萨维茨基研究过。[1]

下面我们将探讨一下大型基础设施项目是如何成为俄罗斯工业化的决定因素的。

三 大型基础设施项目和俄罗斯工业化：历史与当代

对当前转型危机挑战的回应是在经济和社会中系统性的、有针对性的政治经济变化，其在物质层面是新工业化的进程。国内经济学家充分论证了俄罗斯新工业化的必要性。[2] 与技术范式变化理论或经济技术范式的理论相比，这种方法侧重于主体因素的关键作用，特别是国家在转型过程中的调节作用。基础设施项目产生经济发展动力，它催生和推动俄罗斯—欧亚大空间的工业改进和发展。

将俄罗斯空间连接在一起的交通项目有西伯利亚大铁路、贝加尔—阿穆尔干线，俄罗斯国家电气化计划以及苏联和俄罗斯的能源管道。大型开发项目只能由国家启动和推广（对私营部门来说风险过大，投资回收期过长）。当然，私营部门、科学界及社会人士成为大

---

[1] Савицкий П. Н. Континент Евразия. М. : Аграф, 1997. 464 с.
[2] Бодрунов С. Д. Какая индустриализация нужна России//Экономическое возрождение России. 2015. №2. С. 6 - 17; Рязанов В. Т. (Не) Реальный капитализм. Политэкономия кризиса и его последствий для мирового хозяйства и России. М. : Экономика, 2016. 695 с.

型项目的参与者，例如，通过公私伙伴关系机构进行合作。这些项目创造了工业突破的动力。挪威经济学家赖纳把因生产规模而得到的不断增长的回报、人力资源的改善、生产能力的提高，作为经济技术高效发展的标准，纳入宏大的项目中。① 俄罗斯新工业化作为具有客观前提以及依赖过去发展的系统性大型项目，其能否成功取决于人为因素——对经济增长动力和地区的确定和支持。

大型基础设施项目经济一直建立在财富再分配或集中再分配基础上。在这些项目中，所谓"东方专制主义"国家的堤坝和灌溉渠道建设、罗马和拜占庭帝国的水管和道路建设、中国长城的建造、成吉思汗欧亚帝国独特的邮政和运输系统、"中亚奇迹"——帖木儿帝国的建筑和城市文明的发展都具有世界意义。大型项目是为获得未来发展收益而进行的现有资源交换。依靠从外围到中央资源的重新分配以及居民税收资助经济发展优先部门，开发具有长期社会经济再生产潜力的新地域。

结果是经济体系产生一种特殊的效益——大型基础设施项目的效益。把经济效益划分为市场效益和国家经济部门提供的效益的标准几乎不适用于它。大型项目给整个社会带来积极的长期外部影响：新的生产资源和原材料的使用、新的销售市场的创造、地域经济和文化的发展，以及相关行业相互订单的增长带来的就业和资本投资的稳定增长。特别重要的是将各类经济范式合并为单一经济综合体，规模效力促使总体结果的增加和总生产成本的降低。对于欧亚大空间的经济而言，连接当地市场和加速经济发展的有效运输通信系统至关重要。因此，交通基础设施不仅具有直接的，而且还具有长期的间接效力，它受制于以下因素：规模效应、企业链条的增长、创新向其他部门的推广、投资的增长、贸易周转的加速以及新地域的社会效益、定居程度

---

① Райнерт Э. Как богатые страны стали богатыми, и почему бедные страны остаются бедными. Пер. с англ. Н. Автономовой под ред. В. Автономова. М. : Высшая школа экономики (Государственный университет), 2014. 384с.

和文化发展情况。

俄罗斯帝国的大型铁路项目。我们对19世纪下半叶俄罗斯帝国大型铁路项目的历史经济分析表明，在大型项目的实施过程中建成了一条运输大动脉，它成为俄罗斯工业和社会发展的动力。[1] 我们特别注意到西伯利亚大铁路的意义，该铁路将俄罗斯的欧洲部分、乌拉尔、西伯利亚和远东连接起来。在西伯利亚建设铁路的决定为农业和工业发展创造了机会。在国家缺少不冻海域的情况下，交通运输领域大型运输项目的增效作用对俄罗斯帝国大陆经济的工业化具有非常重要的意义。

另外，大型项目无法消除的"影子伙伴"是社会再分配冲突的激化。将资源重新分配到优先产业部门是通过从其他行业和地区转移资源来实现的，其结果会导致物质和资金流动的不平衡：一些经济行为体受益，而其他经济行为体的状况急剧恶化。大项目的受益者和赞助者之间的再分配冲突已具规模，给社会带来危害。

俄罗斯帝国铁路大型项目的实施导致获得国家资源的资本主义企业和银行与其他增加了公共债务的行为体之间的不平衡。大资本家和权力精英——铁路项目的受益者和国家居民之间的再分配冲突愈演愈烈。帝国当局利用国家再分配机构的力量来实现工业现代化和工业的增长，但结果是传统企业家的道德被暴利和投机思想所践踏；这种思想在大资本家和帝国行政精英之间蔓延，俄罗斯的社会矛盾大大增加。

所有这些毋庸置疑，但也有一个不容质疑的事实：随着时间的流逝，整个社会、所有阶层和阶级都会从铁路中获益。今天，当我们乘火车旅行时，我们使用了19世纪下半叶至20世纪初的帝国再分配结果，它为俄罗斯铁路网奠定了基础。因此，大型基础设施项目伴

---

[1] Румянцев М. А. Большие проекты в евразийской экономике//Проблемы современной экономики. 2017, №2. C. 33 – 37; Дубянский А. Н., Румянцев М. А. Институциональные аспекты интеграции Российской империи в XIX веке//Journal of Institutional Studies. 2017. T. 9. №3. C. 133 – 146.

随着再分配冲突，它需要协调社会矛盾的努力。在短期内，权力精英和与之相关的经济行为者成为受益者；从长远来看，将当代人和后代人统一在一起的整个社会是受益者。要想解决当代新型工业化面临的任务必须考虑通过实施大型基础设施项目实现俄罗斯工业化的历史经验，俄罗斯的北极项目是俄罗斯新型工业化的重要方向之一。

俄罗斯的北极项目。众所周知，北极地区拥有丰富的石油、天然气和矿产资源。随着数字技术和太空地质勘探的发展，物流效率提高，同时由于全球变暖带来北纬地区航行条件的改善，北极地区自然资源的开采变得非常有利。将俄罗斯在北冰洋的北海航线变为永久跨大陆的线路对俄罗斯和世界经济的发展都具有重要意义，这将减少从东南亚到欧洲运输货物的时间、距离和成本。

俄罗斯拥有北冰洋最长的海岸线，拥有北极极地地区最大的领土。俄罗斯（苏联）创建了高纬度地区最强大的多元化工业，建立了北极圈以北地球最北边最大的城市，这就是俄罗斯对巩固和加强其在北极地缘政治和地缘经济地位感兴趣的原因。俄罗斯北极项目建立在一系列具有战略性质文件的基础之上，这些文件决定了项目的运行机制和实施目标。这些文件包括：《2020年前俄罗斯联邦北极地区国家政策的基本原则以及未来前景》（2008年）、《2020年前俄罗斯联邦北极地区发展和国家安全保障战略》（2013年）以及俄罗斯联邦国家方案《2020年前俄罗斯联邦北极地区社会经济发展和国家安全保障国家纲要》（2014）。为了协调北极项目参与者的活动，设立了北极发展问题国家委员会。关于北极战略发展的文件即将到期，在制裁和资源限制增强的背景下，文件规定的许多内容很明显将无法按时完成。因此，在2017年制定了新版的北极发展国家纲要，并将其实施期限延长5年。总的来说，俄罗斯的北极项目是包括社会经济和地缘政治计划，以及在联邦和地区层面保障这些计划实施的管理机构在内的大规模项目。① 在北极项目的任务中，我们将重点介绍与新工业化直接相关的方向。

1. 社会经济发展支柱区。В. А. 什特罗夫认为，在20世纪90年代的市场改革之后，许多北极地区处于低迷状态，部分原因在于北极地区的骨干企业在苏联时期的创建不是以市场效率为标准，而是以提供各种资源保障国家自给自足为目标。② 北极是当代俄罗斯为数不多的战略规划对象之一，这决定了该地区对经济的重要性。因缺乏恢复和发展整个北极大区域的资源而决定在俄罗斯联邦主体地区建立支柱开发区；它们将作为交通基础设施的中心，并成为促进俄罗斯北部高纬度地区新投资项目的基地。每个支柱区都是一个包括工业、农业、物流和社会项目在内的综合性长期项目，例如，计划在沃尔库塔支柱区的煤炭开采中用新的生产设施代替落后生产，建立北乌拉尔最新的运输物流中心。楚科奇支柱区的重点是海上、航空和公路运输领域的项目，以及采用新技术标准的采矿业。显然，最近几年石油和天然气综合体将在北极地区的发展中发挥主导作用；已开启的在地质勘探中利用信息平台、大数据和太空卫星开采石油天然气大陆架，以及未来采矿使用的最新生产技术都具有创新性。这些项目的积极参与者是俄罗斯最大的国有企业——天然气工业股份公司和俄罗斯石油公司。

2. 北海航路。北海航线以前多半是一条航行非常艰难的沿海航线，尤其是东部航线。随着亚马尔油气田的开发以及两个新的液化天然气和原油运输港口——萨贝塔港和诺维港的建设，情况发生了变

---

① Ивантер В. В., Лексин В. Н., Порфирьев Б. Н. Государственное управление развитием арктической зоны Российской Федерации: задачи, проблемы, решения. М.: Научный консультант, 2016. 194с.; Инфраструктура Арктической Зоны РФ: состояние, экономические инструменты развития и приоритетные проекты управления. URL: http://eee-region.ru. (дата обращения: 10.09.2017); Романцов В. С., Лазарев А. А. Особенности программно-целевого управления развитием Арктической зоны России//МИР (Модернизация. Инновации. Развитие). 2016. Т. 7. №2. С. 219-221.

② Штыров В. А. Вячеслав Штыров: Северный полюс наш. URL: http://izborsk-club.ru/14153. (дата обращения 30.09.2018).

化。如果再加上由于大陆架开发和支柱区的建设而增长的传统货物流量，那么我们可以说北方路线正在成为北极沿海地区的永久通道。东西横跨大陆的北极海上航线将来对亚洲和欧洲托运人具有吸引力，类似于苏伊士运河和巴拿马运河。在北极地区国家发展规划的框架内正在建造三艘核破冰船，设计生产更具创新性的系列破冰船。计划利用大数据调试冰上信息系统"北方"，并配备现代研究设备和自动运行平台机器人"北极"。在阿尔汉格尔斯克和因迪加地区建设多功能深水港，正在重建迪克森、提克西等港口。[①] 北海航线的发展形成石油天然气开采、造船、核能、信息技术、港口建设、物流、太空领域相互关联的企业集群，促进科学研究的发展。反过来，这些企业形成乌拉尔、西伯利亚、圣彼得堡的相关产品供应商的企业链，促进"经济的提升"——基础设施和生产创新的协同作用。

3. 铁路建设。建设从摩尔曼斯克到阿纳德尔横跨北极的中转铁路干线问题已提上日程。该干线将成为计划建设的白海—科米—乌拉尔干线、因迪加—索斯诺戈尔斯克、沃尔库塔—乌斯季卡拉等铁路线的支点。横跨北极的铁路应该与北部铁路相连。因此，北极所有地区都将被铁路覆盖。北部铁路众多路段的现代化以及未来横跨北极并由国家伙伴和大型公司（俄罗斯铁路公司、俄罗斯天然气工业股份公司）以特许权的形式参与建设的未来横跨北极铁路干线的新路段已经动工。[②] 可以预测，未来将在基础设施和资源基地建成俄罗斯新工业综合体横跨北极铁路干线。

我们列出以下几个阻碍北极项目实施的因素：1. 小型飞机和当地航空线路的危机状态。应该将居民点连接起来，并确保在北极地区人烟稀少地区的内部通信。2. 北极地区的社会和人口问题。为北方居民建立新的福利和保障制度，有必要采用定期轮换的方法吸引来自乌

---

① Штыров В. А. Вячеслав Штыров: Северный полюс наш. URL: http://izborsk-club.ru/14153. （дата обращения 30.09.2018）.

② Там же.

拉尔南部、西伯利亚和远东地区的劳动力。3. 进口替代问题未解决。如果在俄罗斯建造原子破冰船，那么柴油电动破冰船、冰级油轮和散货船则主要在韩国、德国和芬兰订购。4. 与美国制裁相关的金融和信贷限制。

结　论

或许，俄罗斯新工业化的产生是在新技术基础上回归到俄罗斯固有的空间发展周期中，因此关注的焦点是大型基础设施项目战略。这种战略的实施将需要国家、社会人士和一些大公司目标明确的、具有超市场特征的坚忍不拔的行动。

对新工业化主体来说，大型基础设施项目保障应有的信任水平和可管理性，降低未来的不确定性。其中的经济联系贯穿在许多社会实践和基于相互义务的经济交流中。可见通过规模经济、创建具有协同效应的企业链以及引入根本性创新的新区域，大型项目创造了稳定的增长源。最终形成了俄罗斯新工业化的先决条件和驱动力。大型基础设施项目在全球性不确定的背景下成为一种"秩序参数"；它确保全球经济混乱条件下的稳定，同时也是创新型经济增长的推动力。

可以预测生产力和发展中心将向国家东北部转移。这符合俄罗斯历史发展的节奏和当代世界经济趋势（资本积累中心向东南亚过渡，沿东西和南北线路建设横贯大陆的高速公路）。20世纪20年代至30年代的俄罗斯欧亚学者已经证明过把俄国主要工业综合体迁至乌拉尔和西伯利亚的必要性，这是很有意义的。当代文献为在东部地区部署新型工业化管理中心的合理性提出了论据，并指出了俄罗斯北极项目的特殊作用。[1]

俄罗斯工业化的正反经验表明，国家和社会在实施大型项目时面

---

[1] Рязанов В. Т. (Не) Реальный капитализм. Политэкономия кризиса и его последствий для мирового хозяйства и России. М.: Экономика, 2016. 695 с.

临着最大限度地降低部门和地区不平衡风险，以及协调再分配冲突的任务。面对不确定性，在制定长期新工业化战略时不可能不考虑经济的简单化，社会监控的严格化以及将居民转变为承担适应变革转变成本的"输血者"的风险。

显然，当代世界经济和技术的进展、社会发展模式更迭的必然性将导致世界发展类型的变化。乔万尼·阿里吉发现的资本主义体系积累周期被新欧亚，首先是俄罗斯与中国的空间权力积累周期所取代。所有这一切导致经济发展中的领土主义逻辑脱颖而出。以前许多经济学家认为，领土主义逻辑在阿里吉的创造性遗产中处于边缘地位。通过基础设施大型项目和世界及国家技术领先中心的更换，重组大欧亚空间的时代刚刚开始。

2018年9月11日至13日在符拉迪沃斯托克第四届东方经济论坛上讨论的问题很有意义。中国领导人习近平提出建立一个新的大区——拥有自身贸易和投资程序以及地区各国的共同项目"东北亚经济圈"。在这方面，中国大型基础设施项目"一带一路"引起了人们的兴趣。日本首相安倍晋三宣布日本准备成为从白令海峡到南太平洋地区经济空间的一体化组织者，将太平洋西北部变成世界中转区，与俄罗斯共同在千岛群岛建立物流枢纽。跨韩铁路建设前景，以及与之相关的东北亚地区技术转让和资本、商品、服务流动的变化也让人关注。在新的地缘政治现实中，俄罗斯需要从推动本国国家利益的任务出发，与该地区的主要国家制定多领域合作战略，首先是利用大型基础设施项目作为新技术标准基础上新工业化的推动力。